天津市哲学社会科学规划研究项目成果

新时代教师身份认同与能动性的关系研究
——基于天津高校英语教师专业成长的经验调查

展素贤　著

北京理工大学出版社
BEIJING INSTITUTE OF TECHNOLOGY PRESS

版权专有　侵权必究

图书在版编目（CIP）数据

新时代教师身份认同与能动性的关系研究：基于天津高校英语教师专业成长的经验调查／展素贤著．－－北京：北京理工大学出版社，2024.2
　ISBN 978-7-5763-3555-2

Ⅰ.①新… Ⅱ.①展… Ⅲ.①外语教学-教学研究-高等学校 Ⅳ.①H09

中国国家版本馆 CIP 数据核字（2024）第 044243 号

责任编辑：徐艳君　　**文案编辑**：徐艳君
责任校对：周瑞红　　**责任印制**：施胜娟

出版发行 ／ 北京理工大学出版社有限责任公司
社　　址 ／ 北京市丰台区四合庄路 6 号
邮　　编 ／ 100070
电　　话 ／ (010) 68914026（教材售后服务热线）
　　　　　　(010) 68944437（课件资源服务热线）
网　　址 ／ http：//www.bitpress.com.cn

版 印 次 ／ 2024 年 2 月第 1 版第 1 次印刷
印　　刷 ／ 保定市中画美凯印刷有限公司
开　　本 ／ 787 mm × 1092 mm　1/16
印　　张 ／ 11.5
字　　数 ／ 254 千字
定　　价 ／ 92.00 元

图书出现印装质量问题，请拨打售后服务热线，负责调换

本书为天津市哲学社会科学规划研究项目成果，
暨天津市哲学社会科学规划项目
《新时代教师身份认同与能动性关系研究——
基于天津高校教师成长的经验调查》
资助

前 言

作为高校一线教师和教师发展促进者,作者亲历了我国数次高等教育改革,目睹并感受了每次改革给作者和同事所带来的教师身份和教师能动性的冲击,进而影响了教师专业成长。

特别是在新时代,"党和国家对我有什么样的身份期待?""我要成为什么样的高素质高校教师?""我要采取怎样的能动性行为去追求我的专业发展?""我怎样才能获得教师专业成长?"这一系列有关高校教师身份认同和能动性行为、教师专业发展和专业成长的问题,是新时代每一位高校教师不能回避也必须回答的,这是因为在教师专业成长的个体生命历程和社会化过程中,教师身份认同和能动性在其中发挥着关键作用。

通过对身边高校优秀教师群体的现实观察和历史回望,作者意识到一位优秀教师的专业成长可能是教师"内隐"的教师身份认同和教师能动性共同作用的结果,两者息息相关、相互作用,并不断与教师所"坐落"的外部教育生态系统发生联系、进行互动,共同促进了教师专业成长。

有鉴于此,在本书中作者试图通过系统、科学的实证手段,从生命历程理论和生态学交叉理论视角,基于我国社会历史变迁中的天津高校英语教师专业成长的经验调查,在宏大时空背景下,聚焦经历我国社会历史变迁的天津高校教师的身份认同构建和能动性发挥,以探究新时代高校教师身份认同和能动性之间的相互关系,构建新时代高校英语教师专业成长的运行机制。

本书共九章,通过定量和定性相结合的混合研究范式,探究了高校英语教师身份认同和能动性之间的关系、运行机制及特点,深入研究了两者之间的关系如何影响高校英语教师专业成长。

本书能够出版,感谢自愿参加本研究的所有高校英语教师,为保护他们的个人隐私,在这里不能透露他们的姓名,感谢他们敞开心扉,讲述他们所经历的专业成长故事;感谢作者的科研团队成员薛齐琦、高立霞、朱海萍、侯方兰和陈媛媛,感谢她们的团队合作精神、严谨治学的态度和对本研究所作的贡献;感谢北京理工大学出版社梁潇、梁铜华和其他人员,感谢他们始终把社会责任扛在肩上,他们认真负责的态度和踏实做事的工作作风令我敬佩；感谢天津市哲学社会科学规划研究项目的资金支持（项目编号：TJSR20—009；项目负责人：展素贤）。

  因作者能力有限，本书难免存在一些局限，不免存在各种不足，希望各位同仁和读者不吝赐教，感谢你们的批评和指正。

作　者

目 录

第一章 研究背景 ... 1

第一节 新时代政治、政策话语体系：党和国家对高校教师的政策规约和角色期待 ... 1
第二节 教师教育领域的话语体系：教师素质和教师专业发展 ... 2
一、教师素质 ... 2
二、教师专业发展 ... 3
三、教师专业成长 ... 4
四、教师职业身份认同和教师专业发展能动性 ... 6
第三节 研究动机 ... 7
第四节 研究意义 ... 9

第二章 文献回顾 ... 10

第一节 教师身份认同的相关概念、特征、构建和影响因素 ... 10
一、教师身份认同相关的三个核心概念 ... 10
二、教师身份认同的四个特征 ... 13
三、教师身份认同的社会、能动和叙事的动态构建 ... 14
四、教师身份认同的影响因素 ... 15
第二节 能动性、教师能动性及其影响因素 ... 16
一、能动性概念界定 ... 16
二、教师能动性的概念及内涵 ... 16
三、教师能动性的影响因素 ... 18
第三节 教师身份认同和教师能动性的关系 ... 19
第四节 小结 ... 20

第三章 理论框架 ... 23

第一节 生命历程理论 ... 23

一、主要理论观点 …………………………………… 23
　　二、选择理据 ……………………………………… 24
第二节　生态学理论 ……………………………………… 25
　　一、布朗芬布伦纳的人类发展生态学理论 …………… 25
　　二、教师专业成长的生态学趋向 …………………… 28
　　三、教师能动性的生态学趋向 ……………………… 29
　　四、选择理据 ……………………………………… 30
第三节　交叉理论视角构建 ……………………………… 31

第四章　研究设计与实施 …………………………… 32

第一节　研究目标 ………………………………………… 32
第二节　内容框架 ………………………………………… 33
第三节　基于混合研究范式的经验调查 ………………… 34
　　一、混合研究范式的选择理据 ……………………… 34
　　二、混合研究范式设计 ……………………………… 36
　　三、基于混合研究范式的经验调查 ………………… 36
第四节　小结 ……………………………………………… 39

第五章　先导研究 ……………………………………… 40

第一节　先导研究目的 …………………………………… 40
第二节　先导研究过程 …………………………………… 42
　　一、研究问题 ……………………………………… 42
　　二、研究过程 ……………………………………… 42
第三节　先导研究结论 …………………………………… 43
　　一、3名个案教师身份认同的自我感知类型 ………… 44
　　二、教师身份认同构建的情境塑造 ………………… 50
　　三、身份认同构建的共性特征 ……………………… 52
第四节　主要发现与讨论 ………………………………… 54
　　一、主要发现 ……………………………………… 54
　　二、讨论 …………………………………………… 55

第六章　问卷调查 ……………………………………… 57

第一节　问卷调查目的 …………………………………… 57
第二节　问卷设计过程 …………………………………… 58
　　一、高校英语教师能动性量表的开发 ……………… 58
　　二、量表验证 ……………………………………… 60

三、验证结果 …………………………………………………………………… 61
四、调查问卷 …………………………………………………………………… 63
第三节 问卷调查过程 …………………………………………………………… 64
一、样本选取 …………………………………………………………………… 64
二、问卷发放 …………………………………………………………………… 64
三、数据分析 …………………………………………………………………… 64
第四节 研究结果 ………………………………………………………………… 65
一、天津高校英语教师能动性现状 …………………………………………… 65
二、天津高校英语教师能动性的影响因素 …………………………………… 72
第五节 主要发现与讨论 ………………………………………………………… 76

第七章 叙事探究的设计与实施过程 …………………………………… 78

第一节 选择理据 ………………………………………………………………… 78
第二节 研究目标 ………………………………………………………………… 79
第三节 研究过程 ………………………………………………………………… 81
一、研究对象 …………………………………………………………………… 81
二、进入现场 …………………………………………………………………… 83
三、采集数据 …………………………………………………………………… 84
四、分析数据 …………………………………………………………………… 85

第八章 叙事探究结论 ……………………………………………………… 90

第一节 隐退淡出期的"50后"：积极能动践行的教学科研型高校英语专家教师 …… 90
一、"国家需要，党的需要就是我的志愿"：改革开放初期"被动"成为高校英语教师 …… 90
二、"我要努力"：能动建构高校英语教学科研型教师 …………………… 91
三、"你想当好老师的话，必须不断提高自己"：积极影响教师能动性践行 …… 94
第二节 高峰转折期的"60后"：能动调整引导的导师型高校英语教师 …… 98
一、"我们那个年代是改革开放发展时期，确实需要外语人才"：师范、理想导向的职业趋向 …… 98
二、"趁着现在还不算老，干自己感兴趣的"——能动调整引导的导师型高校英语教师 …… 101
三、"上好每一堂课，点亮学生心中的一盏灯"——积极影响教师能动性的践行 …… 106
第三节 稳定期被认可的"70后"：积极能动践行的教学科研型高校英语教师 …… 112
一、"喜欢这个工作"：个人情感和职业发展前景导向的教师职业选择 …… 112

二、"只要有一天你站在这个讲台上,你就得不断地学习,不断地充电":个体主体能动建构的教学科研型高校英语教师 ·················· 113

三、"做好这份工作":积极影响教师能动性的践行 ·················· 115

第四节 专业成长期的"80后":协调多重角色的教学经验型高校英语教师 ······ 120

一、"个人兴趣及个人职业目标起了决定作用":专业志趣导向的高校英语教师职业的主动选择 ·················· 120

二、"我想当个好老师":个体主体能动建构的教学经验型高校英语教师 ··· 122

三、"踏踏实实把课教好":积极影响教师教学能动性的践行 ·················· 126

第五节 适应生存期的"90后":有激情的学习型高校英语教师 ······ 129

一、"主要看自己的兴趣爱好"——兴趣导向自主选择高校英语教师职业 ···· 129

二、"在做教学的基础上,再去做科研"——能动建构教学科研型的学习型高校英语教师 ·················· 132

三、"高校英语教师就是一个集教学和科研于一体的职业"——身份认同影响能动性践行 ·················· 133

第六节 讨论:高校英语教师身份认同和能动性的互动关系、运行机制与特点 ······ 137

第九章 主要发现与讨论 ·················· **144**

第一节 研究回顾 ·················· 144

第二节 主要发现 ·················· 145

一、高校英语教师能动性现状、践行和影响因素 ·················· 145

二、高校英语教师教师身份认同内涵、建构及影响因素 ·················· 147

三、教师身份认同与能动性关系、影响因素和运行机制 ·················· 149

四、新时代高校英语教师专业成长的运行机制 ·················· 150

第三节 理论贡献 ·················· 151

第四节 实践启示 ·················· 152

一、对新时代高校教师发展的实践专业启示 ·················· 152

二、对新时代高校教师专业发展促进者的启示 ·················· 153

三、对政策制定者的建议 ·················· 154

第五节 研究局限和未来研究建议 ·················· 154

一、扩大研究对象 ·················· 154

二、推广性研究 ·················· 154

三、拓展应用性研究 ·················· 155

附录1 调查研究中的高校英语教师专业发展能动性调查问卷 ·················· **156**

附录 2 叙事探究的连续、迭代访谈提纲 ……………………………… **158**

附录 3 叙事探究的最后一轮深度访谈提纲 ……………………………… **160**

参考文献 ……………………………………………………………………… **161**

第一章 研究背景

本章旨在提供研究背景。首先，勾勒新时代现实背景图，叙述新时代高校教师专业成长过程中的重大政治、政策事件，试图建构新时代高校教师专业成长的政治、政策话语体系；回望教师教育领域，明晰与本研究相关的几个核心学术概念；同时，基于作者高校英语教师身份的现实观察，提出本研究所关心的理论和现实问题；最后，陈述研究目的和研究意义。

第一节 新时代政治、政策话语体系：党和国家对高校教师的政策规约和角色期待

党的十八大开启了中国特色社会主义新时代。以习近平同志为核心的党中央领导全国各族人民，开拓创新，推动中华民族复兴的伟大事业发生了历史性变革，"经过长期努力，中国特色社会主义进入了新时代，这是我国发展新的历史方位"。历史证明，只有共产党，才能使中国人民站起来，富起来，强起来。

在我国发展新的历史方位中，高等教育步入新时代。"百年大计，教育为本。"习近平在党的十九大报告中明确提出要办好人民满意的教育，这是重要民生工程之一，突出了教育在中华民族伟大复兴中的重要作用，"建设教育强国是中华民族伟大复兴的基础工程，必须把教育事业放在优先位置，加快教育现代化，办好人民满意的教育"；确立了我国教育的总体发展目标和根本任务，"要全面贯彻党的教育方针，落实立德树人根本任务，发展素质教育，推进教育公平，培养德智体美全面发展的社会主义建设者和接班人"，"坚持把服务中华民族伟大复兴作为教育的重要使命"。同时，进一步明确了高等教育发展的具体目标，"加快一流大学和一流学科建设，实现高等教育内涵式发展。"

高校教师是高等教育改革和发展的动力之源。"教育大计，教师为本。"党的十八大以来，以习近平同志为核心的党中央把教育摆在优先发展的战略地位，坚持教育强国方略，"坚持把教师队伍建设作为基础工作"，先后出台《中共中央国务院关于全面深化新时代教师队伍建设改革的意见》（2018）、《新时代高校教师职业行为十项准则》（2018）、《教育部关于高校教师师德失范行为处理的指导意见》（2018）和《关于加强新时代高校教师队伍建设改革的指导意见》（2020）等政策文件，对广大高校教师落实立德树人根本任务提出了新的更高要求，从政策层面指导、规约高校教师德行，引导高校教师成为有理想信念、有道德情操、有扎实学识、有仁爱之心的"四有"好老师，成为学生的"四个引路人"，以最优秀的人培养更优秀的社会主义接班人，要求广大教师将课程思政落在

实处。

可见，在新时代政治、政策话语体系中，党和国家期盼每一位高校教师应有时代担当，承担起培养民族复兴大任的时代新人责任。"放眼全球，我们正面临百年未有之大变局"。在我国高等教育新时代，面对国家发展、民族复兴和人民对满意教育的迫切需求，面对21世纪新一轮科技革命和产业革命所带来的巨大挑战，面对互联网+信息化教育时代所带来的知识获取、学习方式和教学模式的革命性变化，每一位高校教师需"因势而谋、应势而动、顺势而为"，这是新时代赋予每一位高校教师的责任，更是我们不负人民重托的使命担当。

在高等教育的新时代，"党和国家对我有什么样的身份期待？""我要成为什么样的高素质高校教师？""我要采取怎样的能动性行为去追求我的专业发展？""我怎样才能获得教师专业成长？"这一系列有关高校教师身份和能动性行为、教师专业发展和专业成长的问题，是每一位高校教师不能回避也必须回答的，这是因为只有教师确证了自己的身份认同，有了目标性的专业发展规划，采取有意识的能动行为时，才能由内及外，全身心投入新时代高校教育改革之中，才能由下至上完成党和国家所赋予的使命担当，新时代高校教育改革才有源源不断的巨大动力。

由此可见，新时代政治、政策话语代表着新时代高等教育改革所倡导的教育价值，指导着高校教师专业成长和专业身份的构建。所以，对以上问题的系统、科学探寻，不仅需要在新时代政治、政策话语体系中寻找答案，还需要在这些问题背后的教师教育领域之学理层面进行探究，故有必要回顾国内外教师教育领域有关教师素质、教师专业发展和教师专业成长、教师身份认同和教师能动性的内涵。

第二节　教师教育领域的话语体系：教师素质和教师专业发展

在国内外教师教育领域，受科学主义和人文主义两大哲学思潮的影响，研究者对教师素质和教师专业发展的定义和内涵有着不同的阐释。

一、教师素质

在定义教师素质时，持有科学主义哲学观的研究者多从教师作为专业技术人员层面，将"教师素质"这一概念称为"教师专业素质"，并定义为"教师在教师教育和教育实践中获得的，在教育活动中体现出来并直接作用于教育过程的，具有专门性、指向性和不可替代性的心理品质。教师的专业素质是教师从事教育工作的心理条件，主要包括教育知识、教育专业能力和教育专业精神"（孙晨红等，2016）。而持有人文主义哲学观的研究者则认为，教师素质除教师专业素质外，还包括教师作为"人"的道德品格和人格素质，即教师在教育教学活动中表现出来的、决定其教育教学效果、对学生身心发展有直接而显著影响的内在要素的总和（林崇德等，1996；Korthagen，2004），是教师在思想、道德、心理、身份认同、文化等层面必须具备的基本条件。

在新时代政治、政策话语体系中，党和国家期盼一名新时代高校教师兼具多重角色，需具备以下素质特点：

（1）思想政治素养高。坚持以习近平新时代中国特色社会主义思想为指导，坚定"四个自信"，拥护中国共产党的领导，贯彻党的教育方针，坚持立德树人根本任务，传播中华优秀传统文化，做到爱党、爱国，立场坚定。

（2）师德素养高。潜心教书育人，公平公正对待学生，对学生有公心，有爱心。

（3）专业素养高。严谨治学，坚守学术良知，潜心问道，勇于探索，不断追求专业发展。

（4）积极奉献社会。履行社会责任，贡献聪明才智，树立正确义利观。

可见，新时代高校教师的这些素质特点，打上了新时代的烙印，不仅体现了习近平总书记所论述的"四有"好老师的特质，强调政治素养和师德素养，而且体现了新时代高校教师责任义务和使命担当，同时包含了教师教学、科研素养和服务社会意识。这些素质特点为我国高校教师专业发展和专业成长指明了方向，丰富了已有国内外教师教育领域有关教师素质和教师专业发展研究。

二、教师专业发展

根据辞海定义，在哲学层面，"发展"指"事物由小到大、由简到繁、由低级到高级、由旧质到新质的变化过程"（夏征农、陈至立，2010）。

在教师教育研究领域，有关教师专业发展（teacher professional development）的概念界定，可大体分为三种代表性观点。第一种观点是从个人发展角度，把教师专业发展理解为教师个体内在专业素养提高的过程（肖丽萍，2002；姜勇，2015），即自我职业发展（self-professional development）或"生涯发展"（career development）的过程；第二种观点主要从职前教育或在职教育活动出发，将教师专业发展视为促进教师专业成长（professional growth）的途径和策略，即教师教育（teacher education）（徐锦芬、文灵玲，2013）；第三种观点融合了以上两种观点，将教师专业发展理解为教师教育的发展和教师个体由非专业人员成长为专业人员的过程，即教师专业成长的过程以及促进教师专业成长的过程（张莲，2013），包括教师专业的发展和教师个体的专业发展（张忠华、况文娟，2017）。

在阐释教师专业发展内涵时，在科学主义哲学思潮的影响下，研究者主要从教师专业化视角，强调教师作为一个发展中的专业人员所必备的专业理念、专业道德、态度的转变、知识的积累、技能的娴熟、能力的提高和情意的发展等（唐玉光，1999）；而在人文主义哲学思潮的影响下，特别是在人学、关系教育学、社会建构主义理论和学习共同体等交叉理论影响下，国内外学者认为教师专业发展不能仅局限于科学主义哲学范畴指向下的"能力为本"的模式（叶菊艳，2017），将教师发展和教师学习视为孤立学习知识和技能的过程，而应将教师学习和发展置于教师所处的社会文化环境之中，理解教师是什么样的人，处在什么样的工作环境（卢乃桂、王夫艳，2010），探究教师与"他人"（学生、同事和领导）在学习共同体内的互动交流过程中，教师对自己身份的理解，不断追问"我是谁"和"我何以属于这个群体"等问题，即教师专业身份认同的建构是教师专业发展的核心内容（王艳，2013），试图将"作为'人'的教师"和"作为'教师'的人"有机统一起来（李茂森，2009）。因此，教师专业发展重要旨趣还应包括教师学习能力、教师反思能力和教师专业身份及其构建的过程（徐锦芬等，2014；吴艳、陈永明，2017）。于教师而言，专业发展不仅是随着教龄的增加，教师知识、教学技能、教学本领、参与专业发展活动经验的量的积累，即在其专业发展阶段中，从一名新手教师成长为专家教师的过程（连榕，2004），更是教师建构专业身份，充分发挥能动性，引发教师个体生命成长和实现自我潜能的质的改变（Edwards，2005；张娜、申继亮，2012）。

在人文主义和科学主义融合的哲学范畴基础上，我国学者朱旭东（2017）在"全专业"教师属性基础上提出了高校教师基于"教会学生学习""育人""服务"等三个维度的教师专业发展观，强调了教师的教学、育人和服务社会的素质特点，这一教师专业发展观与新时代高校教师素质特点比较吻合。可见，对一名高校教师而言，其专业发展是多维度的，包括专业维度、教学维度、育人维度、科研维度、服务社会维度、个人维度和组织维度等。

通过回顾教师素质和教师专业发展这两个概念，可以看出两者有着密切关联，教师素质是教师专业发展的基础和重要内容，教师专业发展则是提升教师素质的手段和路径。同时也发现，学界在界定教师专业发展时，常与教师自我发展、教师教育和教师专业成长视为同一概念；实际上，三者虽有联系，但彼此有所区别。首先，教师教育（特别是职前教师教育）是常规化的教育教学手段，是通过课程体系设置、教师培训和教育实习，促进职前教师成长为合格教师的受教育的过程，这一过程包含教师自我发展和教师专业成长；其次，教师专业发展则指教师在其职前或在职教师生涯中，通过个人努力、接受教师教育培训或参加各种提升教师素养的在职教师发展活动，不断提升道德素养、教学理念、专业素质、服务社会的能力，建构专业身份认同，发挥能动性，是促进教师专业成长的途径和策略，旨归是促进教师专业成长。如新时代教师专业发展旨在不断促使新时代高校教师成长为政治理想信念坚定、道德素养高尚、专业素质优良、服务学生和社会意识强的高素质教师。可见，教师专业成长不完全等同于教师专业发展，故有必要进一步厘清教师专业成长内涵。

三、教师专业成长

如前所述，学界已有研究常将"教师专业成长"与"教师专业发展"混用（范蔚、俞明雅，2015），但两者有所区别。

从字面上讲，"成长"指个体充分发挥自身内部力量，调整、适应并借助外部环境，使自身朝着"好"的方向变化、发展并不断成熟的过程。可见，成长中包含着变化和发展。

在教师教育研究领域，通过梳理诸多教师专业成长的定义，可大致将其分为三类。

第一类，从教师个体成长视角，强调教师自我发展所产生的好的结果，即在教育信念、专业知识、技能和能力等方面得到发展（唐玉光，1999）。这种教师专业成长观，未充分考虑促进教师专业发展的手段和策略，重在考虑教师作为专业人员的自我发展观，很大程度上忽略了教师作为"人"的价值存在。

第二类，从教师专业成长是否符合社会规范化的教师德性要求视角界定教师专业成长,即"教师成长就是教师学会教学、不断习得与教师有关的角色期望和规范的社会化过程"(赵昌木,2004)。这种教师专业成长观,视教师为"客体"(容中逵,2019),强调教师在社会话语体系中的责任和角色担当,教师需通过自己的实践活动去满足国家、社会和家长的需要。同时,将教师视为被动学习者,关注教师"学会"和"习得",一定程度上忽略了如何发挥教师的"主体"地位和教师能动性、专业自我和反思能力,以最终完成社会角色和责任担当。

第三类,随着教师专业发展的生态学转向(宋改敏、陈向明,2009;黄国文,2016)和后现代化转向(姜勇,2015;陈金平等,2023),一方面,从生态学视角关注教师个体社会化发展,重视教师"坐落"的"场域"对教师专业成长的影响,主张教师专业成长是个体与环境互动、发生联系的结果,强调"环境""氛围"对教师专业成长的影响;另一方面,基于"师本化"视角,"以教师发展为本,通过唤醒教师的事业追求和自我价值,从而促进教师的和谐发展"(赖俊明,2010)。这种教师专业成长观,视教师为拥有主观能动性的个体,强调教师的主体地位和教师能动性作为教师的关键能力在教师专业成长中的作用(Lipponen、Kumpulainen,2011;Toom et. al,2015),更加强调教师专业成长的"内在性""自觉性",重视在满足他人和社会需求的基础上,"其所从事的活动对自己生命存持需要的满足作用"(容中逵,2019),"教师的觉醒和声音代表了教师获得解放的程度,代表着教师的专业发展及认同走向了使命水平"(陶丽、李子健,2018)。换言之,外在对教师角色期盼不能成为教师的专业身份,而必须经过教师个体身份确证,并积极发挥教师能动性与外部环境的互动,才能增强教师个人使命感,建构教师专业身份认同。可见,教师的使命感和身份认同在教师专业成长占有重要地位(Korthagen,2004)。

从图1.1教师成长的"洋葱"模型中可见,教师的使命感(mission)和教师身份认同(identity)处在教师成长的核心,由里及外依次为教师信念(beliefs)、教师能力(competencies)、教师行为(behaviour)和环境(environment),这一教师专业成长观不仅包含了第一类的教师专业技术层面的能力提升和第二类的外部环境需要教师如何改变、

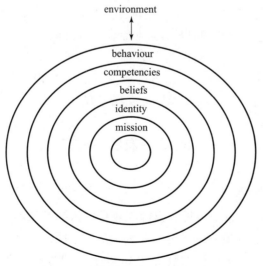

图1.1 教师成长的"洋葱"模型

怎样影响教师专业发展，而且强调了在专业成长中，教师使命、身份认同、教师信念、能力、行为及环境的影响以及彼此之间的层级关系。具体而言，在强调教师外部环境的形塑作用时，更重视教师使命和身份认同在促进教师专业成长中的核心地位，即教师有怎样的身份认同，会牵扯到最内核的教师使命感，向外会逐层影响教师形成怎样的教育信念、发展怎样的能力、做出怎样的行为以及对环境造成怎样的影响。

所以，在个体教师专业成长的社会化过程中，一方面，外部环境，如教师政策、任务、角色期盼，对教师成长有规约、形塑和促进作用，影响着教师专业成长；另一方面，一名教师成长的核心动力来自教师建构怎样的身份认同，发挥怎样的能动性。在解决教师专业技术层面"会不会"问题之前，应首先解决教师心理动机层面的"愿不愿"问题（欧阳护华，2016）。换言之，制约教师专业成长的关键问题乃是教师身份认同和教师能动性问题（操太圣，2011；付维维，2020）。

从这个意义上讲，教师身份认同是促进教师素质和教师队伍质量提升的核心（叶菊艳，2018），而赋予教师主体地位，促使教师发挥"能动者"角色，发挥教师能动作用应成为推动教育变革的核心动力（操太圣，2011）。

基于以上分析，作者认为，教师专业成长，指教师作为主观能动性的社会个体，具有被唤醒的强烈时代使命感和身份认同感，通过个体能动性"内驱力"的驱动以及外部环境的"外力"指引或牵引，教师个体有意识地朝着角色期盼和"好"的专业发展方向，提升道德素养，增强教育理念，丰富教师知识，提高教育能力，教师行为发生改变并日臻完善。

所以，在个体教师专业成长的社会化过程中，一方面与外部社会政策、文化环境交织在一起，并与其所"坐落"的政治、社会、文化的生态环境相关联，形成了自我与社会、个体能动与结构制度之间的社会性与个性的张力，故有必要从个体教师的生命历程和生态学视角，探究教师专业成长的生态环境系统间的相互关系及其机理（宋改敏、陈向明，2009）；另一方面，还应意识到，虽然教师专业成长必然在社会框架内发生，受其外部生态系统的影响，但教师专业成长的内在根源，则是教师自我身份认同和积极能动性发挥（叶菊艳，2018；付维维，2020；张莲、左丹云，2023），故有必要探究教师身份认同和能动性之间的可能关系、运行机制以及表征特点，考察两者之间的关系如何在教师专业成长的生态系统中相互作用，共同促进了教师专业成长。从这个意义上讲，教师专业成长既是教师素质不断提升的过程，又是教师专业发展的过程和结果，更是教师身份不断得以确证和主体能动性得以发挥的动态历史发展过程。

四、教师职业身份认同和教师专业发展能动性

（一）教师职业身份认同

从以上教师专业成长讨论中可见，教师职业身份认同是教师专业成长的核心动力。具体而言，教师专业成长虽有赖外层（能力和环境）和内层（使命、认同和信念）的相互作用，但教师根本性改变有赖内层的改变（Korthagen，2004），教师身份认同在教师专业成长中起着核心作用。故在详细探讨有关教师职业身份认同（见第二章）之前，有必要

简单定义一下"身份""认同"和"教师职业身份认同"（又称"教师身份认同"，以下简称"教师身份认同"）这三个概念。

根据辞海定义，"身份"，亦作身分，指"人的出身、地位或资格"（夏征农、陈至立，2010）；而"认同"，在社会学中则"泛指个人与他人有共同的想法。人们在交往过程中，为他人感情和经验所同化，或者自己的感情和经验足以同化他人，彼此产生内心的默契。分有意和无意的两种"（夏征农、陈至立，2010）。

与辞海中定义的"身份"和"认同"有所不同，在教师教育领域，对教师身份认同有诸多定义，一般而言，教师身份认同指"我是谁或是什么人，我赋予自己的意义是什么？别人赋予我的意义是什么"（Beijaard，1995），即回答"特定情境中我是谁"的问题。对这一问题的回答，教师身份认同强调情境中的自我、情境与自我的相互影响，又强调个人、机构与社会在形成教师身份认同中的动态关系（史兴松、程霞，2020），这种视角转换有利于我们正确认识教师在教育实践中的主体性地位，发挥教师的主观能动性，更好实现教师自身的意义构建，从而使教师成为积极的实践者和主动的改革者（方玺，2017）。

（二）教师专业发展能动性

在回顾教师专业成长的定义中发现，虽外部环境对教师专业成长有一定影响，但归根结底，是由于教师个体在其专业成长过程中，受其强烈的时代使命和身份认同感知的内在驱动，通过充分发挥教师专业发展能动性而实现的。所以，从这个层面讲，教师专业能动性是教师专业成长的核心动力（Priestley等，2015）。

在我国教师教育领域，教师专业发展能动性（又称"教师能动性"，以下简称"教师能动性"），指教师个体在其专业发展实践过程中，积极主动地为改变自身专业发展境遇及其所处的专业发展环境做出选择，并朝着自己所选择的方向施加影响的个人品质（张娜、申继亮，2012）。虽然教师专业发展能动性是教师内隐的个人品质，但是品质影响教师身份构建、个人决策以及由此所采取的行动等。

所以，在本研究中，教师能动性，指在社会变迁以及文化转型的时空背景下，教师通过设立目标、积极行动达成目的、建构身份，影响个人生活轨迹，并对结构化环境施加影响（Goller，2017）的能力和活动。

第三节　研究动机

1989年作者从师范大学英语教育本科毕业后，被分配到一所师范类高校从事高校英语教学。自此，身份从一名职前英语教师转变为一名在职高校英语教师。也正是由于师范教育背景、师范教学经历和学术兴趣，作者在从事高校英语教学的同时，开始关注并致力于外语教师专业成长的研究和实践，成为一名高校英语教师发展促进者。

作为一线教师和教师发展促进者，作者亲历了我国数次高等教育改革，目睹并感受到每次改革给作者和同事带来的教师身份和教师能动性的冲击与影响。特别是在新时代高等教育改革和课程思政背景下，为全面落实立德树人根本任务，实现高等教育内涵式发展，教育部启动了新文科建设、"双万"计划和新一轮高等外语教育改革，相继颁布了《外国语言文学类教学质量国家标准》（教育部，2018）和《普通高等学校本科外国语言文学类专业教学指南》（教育部，2020），明晰了一名高校英语教师应具备的基本素质，包括必备的教学资格、学历、学科知识、教育学知识和能力、教学反思和改革能力以及科研能力等：

（1）符合《中华人民共和国教育法》《中华人民共和国高等教育法》规定的资格和条件，履行相关义务；（2）具有外国语言文学类学科或相关学科研究研究生学历；（3）具有扎实的外语基本功、教学设计与学习的理论和方法，对教育学、心理学等相关学科知识有一定了解；（4）具有扎实的外语基本功、教学设计与实施能力、课堂组织与管理能力、现代教育技术和教学手段的应用能力，以及教学反思和改革能力；（5）具有明确的学术研究方向和研究能力。（教育部，2018）

同时，也指出了高校英语教师专业发展的内容和途径：

学校应制定科学的发展规划和制度，通过学历教育、在岗培养、国内外进行和学术交流、行业实践等方式，使教师不断更新教育理念，优化知识结构，提供专业理论水平与教学和研究部能力，教师应树立终身发展的理念，制订解释可行的发展计划不断提高教学水平和研究能力。（教育部，2018）

这些高校英语教学改革的政策和措施，旨在为各高校英语教师素质提升和教师专业发展提供方向和指导，而在落实这些政策和措施的过程中，裹挟着学界对英语专业危机的担忧（蔡基刚，2023）、外语教学的学科定位导致的教师身份认同的困惑（周燕，2019）、取消英语专业的呼声和消减大学英语课时的行为，于是在身边的同事中，作者发现出现了三类教师群体。第一类是"冷眼旁观者"，他们感受到了改革的春风，给他们带来了新鲜和好奇，日常交流中多了一些改革新词，但态度上"事不关己高高挂起"，没有追求专业发展的迹象，无论提供什么样的促进教师专业发展活动，这一群体教师没有任何积极参与教师专业发展活动和积极能动性的行为，行动上依然"我行我素"；第二类为"积极探索者"，他们感受到党和国家改革高等教育的决心和良苦用心，也切实体会到自己肩上所担负的时代责任，由此产生了压力并转换为追求专业发展的行动，制定了自我专业发展目标，积极参加各种教师发展活动，申报各类科研和教改课题，但在追求各自专业发展道路上时常感到孤独、迷茫、困惑，存在"我是谁"的身份认同危机现象；第三类是"坚定践行者"，在政策、措施的感召下，借助教师专业发展的良好外部环境，这类教师有强烈的使命担当和身份认同感知，制定了明确的自我专业发展目标，坚定践行教育改革理念、政策和措施，充分发挥积极能动性，努力实现自己制定的自我专业发展目标，从而获得了教师专业成长。

通过观察和反思，无论第一类教师群体中的教师能动性的缺失，即教师丧失在结构框架内积极、有目的地引导其工作的能力和行为（Toom, 2015；卢乃桂，2009），还是第二类教师群体中的教师身份认同危机，即教师失去了行为的坐标、自我确认的标准和定向，有不知所措的迷茫感，表现为被沮丧、焦虑、不安全感等消极情绪所困扰（操太圣，2011；李清雁，2016），而这种现象不是作者所观察到的教师个案，是当今存在的比较普遍的现象（张华、许斌，2017；容中逵，2019；刘艳、蔡基刚，2021），都在很大程度上制约了教师专业发展和教师专业成长，导致这类教师群体的教学和科研成果不凸显；仅有第三类教师群体既有强烈的使命、身份归属感，又有积极的能动性行为，获得了教师专业成长，科研成果和育人成效突出，同时也印证了教师专业成长"洋葱"模型中所强调的教师身份认同和能动性在教师专业成长中的核心地位（Korthagen，2004；Toom，2015）。事实上，回顾我国高校英语教育发展史，在我国社会历史变迁和教育改革环境中，我们听说并亲历了不同时期的大批高校优秀英语教师，甚至是处在不利于教师专业发展的"文化大革命"时期，他们有坚定的理想信念，使命责任在肩，有强烈的教师身份认同感和教师能动性，促进了其专业成长（展素贤、薛齐琦，2021）。

正是基于对身边三类教师群体的现实观察和历史回顾，作者意识到一位优秀教师的专业成长可能是教师"内隐"的教师身份认同和教师能动性的相互作用，并不断与教师所"坐落"的外部教育生态系统发生联系、互动，共同促进了教师专业成长。同时，教师身份认同和教师能动性在很大程度上又植根于教师的专业成长（黄景，2010）。

也正是基于作者的教育背景和教学、科研实践，自2018年后，作者一直思考并试图通过实证研究，解决一个核心研究问题，即经历我国社会历史变迁的天津高校英语教师，在其专业成长的个体生命历程和社会化过程中，教师身份认同和教师能动性以怎样的关系和运行方式，促进了教师专业成长？这不仅是一个值得探究的学术问题，更是一个现实问题。

第四节 研究意义

受核心研究问题的驱动，作为一名天津高校英语教师和教师发展促进者，拟立足自己所熟悉的高校英语教学科研实践，从生命历程理论和生态学理论视角（详见第三章），采用定性和定量相结合的混合研究范式，基于我国社会历史变迁中的天津高校英语教师专业成长的经验调查，探究新时代教师身份认同和能动性关系，以促进新时代高校英语教师专业成长，并给其他学科教师专业成长带来启示。从上述角度看，这一研究有着重要的学术价值和应用价值。

学术价值体现在：①基于生命历程理论和生态学理论视角，从主要基于西方社会文化背景和教师工作情境的教师专业成长研究，转向基于我国社会文化背景和教师工作情境，研究教师身份认同和能动性关系，这在一定程度上将拓宽教师专业成长研究的理论基础。②以高校英语教师这一重要职业群体为研究对象，所得出的身份认同和能动性关系研究成果，能为其他学科教师和其他领域的相关研究带来启示。

应用价值表现在：①研究成果可服务在职教师教育，为其提供理论指导和可借鉴的实践途径，促进我国高校英语教师专业成长；②为高校英语教师和其他学科教师提供可借鉴的理论指导和实践途径，帮助他们创建适宜的工作文化氛围，促进英语教师及其他学科教师身份认同构建以及能动性发挥，助力教师专业成长。

为回答核心研究问题，第二章将回顾与核心研究问题相关的教师身份认同和教师能动性的已有研究，提供研究理据，建构文献框架。

第二章 文献回顾

本章将针对本研究的核心研究问题（见第一章），回顾国内外已有教师身份认同、教师能动性及其两者之间关系的相关研究，在梳理、分析的基础上，总结已有研究成果，为本研究提供研究理据，建构文献框架。

第一节 教师身份认同的相关概念、特征、构建和影响因素

进入21世纪，随着教师专业发展的后现代化转向（姜勇，2015）和社会文化转向，研究者从视教师为"客体"的能力提升，转向视教师为"主体"的职业身份确证和与社会文化环境的互动，教师身份认同（包括第二语言教师身份认同）研究，已成为国内外教师教育领域的活跃主题，基于CiteSpace的文献计量分析和定性数据分析，发现在概念界定、特征分析、身份构建和影响因素等方面取得突出成果（展素贤、侯方兰，2022）。

一、教师身份认同相关的三个核心概念

针对研究目的和研究问题，与本研究相关的核心概念为"身份认同"（identity）、"教师身份认同"（teacher identity）和"二语/外语教师身份认同"（second language teacher identity）。在国内外教师身份认同研究中，由于研究者常将"教师身份认同"和"教师专业身份认同"（teacher professional identity）、"教师职业身份认同"（teacher professional identity）混用，所以，为探究我国新时代高校英语教师身份认同与能动性之间的关系，"身份认同""职业/专业身份认同""教师身份认同""教师专业身份认同""教师职业身份认同""外语/英语/二语教师（职业/专业）身份认同"均被用于国内外文献检索及梳理中（薛齐琦、展素贤，2021；展素贤、侯方兰，2022）。

（一）身份认同与构建

"身份认同"最早出现在西方哲学领域，20世纪60年代后进入心理学和社会学领域，扩及文化学、政治学、法学和文学等多学科领域，但不同学科对身份认同的阐释不同。例如：心理学将身份认同定义为"个体对自我身份的确认和对所归属群体的认知以及所伴随的情感体验和对行为模式进行整合的心理历程"（张淑华等，2012），侧重个体心理层面的"认同"归属，关注个体心理健康；在社会学领域，社会学家则将认同分为自我认同和社会认同，着重从社会变迁及文化转型的时空背景下来考察人的社会化过程，探

究人如何在社会化过程中与社会互动，并在社会框架中将他人或群体的价值、标准、期望和社会角色，内化为个人行为和自我认知体系，关注社会主体对个人身份或角色的合法性确认（李清雁，2016），侧重社会主体的"身份"归属。

反映在学术领域，对身份认同的研究经历了从认知学视角到社会学视角的转换，形成了本质主义和建构主义之争（Pennington 等，2016；李清雁，2016；卢晓中、王雨，2020）。持有本质主义观点的研究者，倾向于把身份认同看作是不受外界环境和经验影响的一元、统一且稳定的本质（Tajfel、Turner，1986），如同一个外在标签，是先天赋予的，或通过主体意志和理性就能达到（李清雁，2016）；而从建构主义视角出发，研究者则认为身份认同是一个持续、动态、互动、与个人的社会经历和所处的社会情境相关的过程，是复杂、流动、变化和不稳定的建构过程，即"在即时即地'那个人'被认为是一种'身份存在'，但在互动中可随着时间和场域的变化而变化。所以，那个人的身份会变得模棱两可或不稳定"（Gee，2001）。

正是由于身份认同的流动性和不稳定性，作为社会主体，一个人可同时拥有多重身份（Gee，2001）。例如，作为一位高校英语教授，在回答和看待"我是谁"时，第一，可把"我"看作一个自然人，这是由自然力发展而来的"我"的状态，称之为"自然认同"；第二，"我"也是一名教授，是机构内部授予我的职位，即机构身份；第三，"我"还是他人话语中比较勤奋的人，即话语身份；第四，"我"还参与或分享高校英语教师专业团体的特定教学、科研、社会服务实践，能够在这一"亲和群体"（affinity group）实践中分享经验，"我"的这一身份被称为"亲和身份"。可见，第一种身份认同是个人身份认同，第二种身份认同是机构赋予我的身份和地位，第三种身份则为别人话语中期盼我所应有的角色身份，第四种身份则是团体赋予我的身份和应有的集体实践，可被视为"集体身份"（李子建、邱德峰，2016），第二种身份和第四种身份统称职业/专业身份认同，包含诸如专业身份、教学身份、科研身份等多重子身份认同。

由于建构主义更符合本研究目的，所以作者认为对身份认同的研究实质上是回答"此时此刻我是谁"的问题，而对这一问题的回答，既是个人身份与情境身份、集体身份的融合变化过程，又是个体与社会情境进行互动、协商的建构过程，反映了一个人的特征，指导了人的实践，同时又受社会语境的影响。换言之，身份认同虽反映了个体特征，但不是预先确定的，而是与个体成长的社会经历和所处的社会场域相关，是自我感知和别人眼中"我"的统一和确证。身份认同的形成和建构是人类成长和成熟的一个重要方面，也是确定一个人在社会中的地位的一个重要方面（Pennington 等，2016）。所以，基于建构主义视角，对身份认同的研究，需放在社会变迁以及社会情境的时空背景中，考察人们如何进行自我身份的选择、认同和构建。

而个体身份认同建构，即个体身份认同的形成过程，则关注了哪些因素影响了个体身份认同的形成、发展和变化。从建构主义视角看，个体身份的形成一方面受社会地位、社会政治、文化情境等外在的结构因素影响，另一方面又受个人能动性驱动。

（二）教师身份认同

"教师身份认同"这一概念，最早于 20 世纪 80 年代进入教育领域，自 20 世纪 90 年代，我国学者开始教师身份认同研究。伴随着全球范围内的教育变革和教师专业发展研究的深入,教师身份认同逐渐成为国内外学者的研究热点,职业身份认同概念在教育和应用语言研究中相继引起广泛关注,并将教师专业成长的社会性和个人生命历程结合起来。

在已有文献中,有关教师身份认同的概念内涵的讨论多围绕"身份认同""教师身份认同""专业身份认同""角色规定""教师自我""自我""身份"等展开,常与教师职业身份认同和专业身份认同混用,研究者尝试厘清身份认同与"角色""自我"和"身份"之间的关系,并从不同理论视角给予了不同的教师身份认同概念,但迄今尚未统一(展素贤、侯方兰,2022)。

尽管如此,国内外学界已基本达成共识,认为教师身份认同是对"我是谁或是什么人,我赋予自己的意义是什么?别人赋予我的意义是什么"(Beijaard,1995)的回答,即回答"特定情境中我是谁"的问题。可见,教师身份认同一方面包含教师个体对"教师"这一职业身份的自我认同,即教师个体对认知知识(cognitive knowledge)、能动意识(sense of agency)、自我意识(self-awareness)、自信(confidence)、身份识别以及与他人(如学生、家长、同事、领导等)关系的认知(Izadinia,2013;容中逸,2019);另一方面又包括教师个体的自我认同与他人所认可的教师身份的统一,以及由此形成的对教师身份所独具的地位角色、职责功能的主观感知、认可接受和付诸践行的程度(李江,2019)。

(三)二语教师身份认同

由于组织和职业特征显著影响个体职业身份认同(张淑华等,2012),所以国外学者自20世纪末及21世纪初展开了二语教师身份认同研究,21世纪初始,我国学者也开展了对国内外语教师身份认同的研究。

在过去20年中,国内外二语/外语教师身份认同研究呈指数级增长(Tsui,2007;Barkhuizen,2017;Kayi Aydar,2019;王艳,2013;寻阳,2015;许悦婷、陶坚,2020;刘育红,2022;陈金平等,2023;张莲、左丹云,2023),常定义"二语/外语教师身份认同"为二语或外语教师所持有的教学信念及其对所承担的社会和文化角色的确定和认同(Richards,2008;寻阳、郑新民,2014)。

同时,更多国内外二语教师教育研究者,则和其他学科教师教育研究者一样,采用不同学科理论,如从历史社会学视角、社会实践共同体理论、身份认同理论、建构主义理论、生命历程理论、社会文化理论、生态学理论等视角,阐释二语/外语教师身份认同概念(展素贤、侯方兰,2022)。基于已有文献,二语/外语教师身份认同内涵大体包括三部分。第一部分是教师个体自我意识、对个体生命历程的自我反思和回望,与个人情感有关,自感能够积极投入工作并有能力从事职业行为(寻阳等,2014),故被视为实际身份认同或情感身份认同。同时,还包含教师对理想、规范化的语言教师的期望(Farrell,2017),被定义为目标身份认同或想象的身份认同(Sfard、Prusak,2005)。无论实际身份认同还是目标身份认同,对二语教师而言,均在特定的社会政治文化背景中形成。换言之,教师身份同时也被定位在嵌入了显性和隐性表达价值观的特定社会文化背景中,具有变革性、能动性和倡导性的目标导向(许悦婷,2011);第二部分是二语/外语教师职业身份认同,包含职业层面的职业价值观和职业归属感以及专业层面的外语教学理念和外语教学水平,可被视为二语/外语专业身份认同;第三部分则是教师所处的社会结构,称之为处境身份认同(寻阳等,2014),表现在教师自感的组织支持层面。

所以,学者普遍认为,二语教师身份是个人生命历程、文化、社会影响力和制度价值观不断变化的混合物,会随着角色和环境的不同而改变。因此,改革被接受、被采纳、被适应、被持续或不被持续的方式和程度,不仅受到教师个体情感的影响,而且会对他们的身份认同产生影响(Day等,2006),所以国内学者(寻阳等,2014)也将对教学改革的认同视为教师身份认同的重要组成部分。

综上,作者认为一名高校外语教师的身份认同,指高校外语教师个体对"此时此刻我是谁""我想成为怎样的高校英语教师"的回答,是个体所持有的教学信念、科研意识及高校外语教师对所承担的社会和文化角色的确定和认同,是自我感知和别人眼中"我是怎样的高校外语教师"的统一和确证。高校英语教师身份认同内涵包括:

(1)个人身份认同,与个人积极情感有关,由实际教师身份认同和目标身份认同两部分组成。

(2)高校英语教师职业身份认同,与教师所从事的英语专业和教师职业有关,由职业身份认同和专业身份认同组成,包括职业身份认同的职业道德价值观和职业归属以及专业身份认同的高校英语教学理念和英语教学科研能力。

(3)处境身份认同,自感在社会结构中,得到组织支持并认同现行改革。所以,一名高校外语教师要建构一个满意的外语教师专业身份,需要的不仅仅是简单的适应,而是要在社会结构中,基于对社会文化环境中的变革性和倡导性目标导向,积极采取主观能动性行动。

二、教师身份认同的四个特征

从上述国内外研究者从不同理论视角界定、阐释身份认同、教师身份认同和二语教师身份认同的概念中,可归纳出教师身份认同具有社会情境性、复杂多样性、动态关系性和能动性等特征(Beijaard等,2004)。

第一,教师身份认同具有社会情境性。如上所述,教师身份认同概念本身不仅包含社会情境,而且植根于社会结构,并受社会政治文化因素的影响和塑造。换言之,虽然身份认同是教师对"我是谁""我赋予自己什么意义""别人赋予我什么意义""我希望成为谁"的自我感知,但这些感知具有社会性质,受外在环境的深刻影响(Akkerman、Meijer,2011),它们的形成,依赖于在特定社会文化情境中获得的传统、实践、话语、角色和物质条件(Coldron、Smith,1999;Ruohotie-Lyhty、Moate,2016),并随着社会文化情境的变化而变化。

第二,由于教师身份认同随着社会文化情境的变化而变化,所以教师身份认同不是一成不变的,而是复杂的,或多或少由多个彼此协调的子身份或多重身份组成(Gee,2001)。子身份这一概念与教师的不同背景和人际关系有关。其中一些子身份具有广泛联系,可被视为教师专业身份的核心,而其他子身份可能更为外围。对于教师来说,这些子身份不冲突似乎是必要的。换言之,子身份彼此应处在平衡状态,否则会产生教师身份冲突甚至身份认同危机。职前教师常遇到这种冲突(李霞、徐锦芬,2022),而在职教师也可能会在教育变革或直接工作环境发生变化的情况下经历身份冲突（许悦婷，2011）。总之，子身份越集中，改变或失去该身份的成本就越高。

第三，由于教师身份认同随着社会情境的变化而变化，导致教师身份认同复杂多样，并处在动态变化中。换言之，身份认同不是一个人的固定属性，不是一成不变的，而是一种持续变化的过程，其变化和发展发生在一个主体间领域，是一种关系现象（Beijaard等，2004），既是教师自我对经验进行解释和重新解释的持续过程，又是教师对个体所在特定语境的认可过程（Gee，2001），同时又是教师专业自我和个人自我斗争、调和的结果。一方面，教师受所处外部环境（如学校文化、社会政治因素）的影响，意识到自己作为教师身份所应有的角色，形成专业自我。另一方面，教师的个人成长史和教师内化的个体实践知识，促使教师去做"我要做"的事情，在实践中形成了个人自我的教师身份（许悦婷，2011），这同时也是教师专业学习和专业发展永不停止的过程（刘育红，2022）。因此，从教师专业发展视角看，教师身份认同不仅回答"此时此刻我是谁"的问题，也回答"我想成为谁"的问题，从这个意义上讲，教师身份认同是一个不稳定的持续专业学习和发展的动态过程。

第四，虽然教师身份认同具有社会情境性，但同时能动性——教师与环境关系的主动性又对社会结构产生重要作用，因此，教师的选择构成了教师职业身份（Coldron、Smith，1999）。从这个意义上讲，能动性是教师身份认同的核心。

具体而言，在教师专业发展过程中，教师积极参与（Beijaard等，2004），朝着他们所追求的专业发展目标，通过多种方式，利用可用的外部人力或物质资源，以实现其专业发展目标。可见，教师专业身份不是教师所拥有的东西，而是他们用来使自己成为教师的东西。同时也进一步说明，不同的社会、政治、文化环境形成了教师个体尝试努力、追求专业发展的特定条件，教师个体尝试和努力与其外部人力或物质资源条件息息相关，促进教师积极的身份认同构建。但同时，教师在社会空间中的积极位置可能被要求从众的政策或制度所破坏，这可能会边缘化他们在社会空间中的位置（Tusi，2007）。

三、教师身份认同的社会、能动和叙事的动态构建

如同社会学结构主义和建构主义之争，在国内外教师教育研究领域，在质疑结构主义身份认同观点的同时，研究者相继采用后现代主义、后结构主义及话语分析等理论解读教师身份认同特性及构建过程，认为身份认同不是固定不变、静止的，而是动态复杂的社会建构过程，同时又受教师能动性的影响，具有社会性和能动性特点。所以，教师身份认同构建蕴含着社会性与个性的张力，通过外部集群形塑和内部自我统整，教师身份认同方可形成（叶菊艳，2017；容中逵，2020）。

此外，通过文献梳理，二语/外语教师身份认同在社会建构的能动性过程中，是通过叙事、实践和活动三种途径实现的。外语教师身份认同之所以是在叙事中构建的，是因为教师身份是"体验中的生活故事"（stories to live by）（Connelly、Clandinin，1999），不仅涉及个人和社会的互动，还涉及时间的跨越和空间的变化。所以，这些故事能为教师本人和其他教育工作者提供一条叙事线，成为实现教师身份认同建构和解读教师身份认同双向目标的有效途径。

一方面，这些叙事帮助教师个体理解自我及其实践，构建两种身份：一是实际身份（actual identity），即自己认同的身份；二是目标身份（designated identity），即他人指定的身份（Sfard、Prusak，2005）。换言之，通过叙事，教师能够不断对自身职业经历和专业发展过往进行反思和重新诠释，对自我身份产生新的认识和感知。此外，在教师叙事过程中，研究者也常采用教师的隐喻（metaphor）这一框架，以使教师能明确表达对自己职业身份和教学、科研实践的认识（Lynnette、Pinnegar，2017；Jin、Cortazzi，2022）。

另一方面，通过解读教师叙事，剖析叙事背后所反映的，教师在特定时空政策、制度影响下形成的不同人际群体共享的信念、行为和实践，以帮助研究者探究教师身份的形成、发展和变化。这是因为教师在叙事时，会纳入他们人际群体所经历的不同时空下的社会政治文化、教育政策和变革，以为自己的经历赋予意义和文化脚本，从而使自己的故事变得"合情合理"（叶菊艳，2013）。所以，从叙事视角研究教师身份认同变得愈加突出（王月丽、赵从义，2021）。

综上，教师在叙事时，受其所在文化期望、个人环境以及政治文化历史情境和当前背景等的影响（Bien、Selland，2017）。从这个意义上讲，解读教师身份构建动态性最合适的方式，是教师叙事。所以，未来研究需关注特定场域或具体情境中的教师身份认同构建的动态过程，通过叙事，进一步考察教师能动性发挥与身份认同的社会建构的动态互动机制，以深入探究教师专业成长问题。

四、教师身份认同的影响因素

实际上，国内外研究者在解读教师身份认同概念及其构建的过程中，多从影响教师身份认同的因素进行概念界定和内涵阐释，即"一方面，教师职业身份或位置是通过他或她自己的选择由生命历程决定的，另一方面，是社会所'赋予'的"（Coldron、Smith，1999）。

通过进一步梳理国内外文献发现，影响教师身份认同的因素大体可归为宏观、中观和微观层面（李茂森，2009）。宏观层面指国家教育政策、社会文化环境，中观层面为学校组织文化、学校情境，微观层面则包括教师个体知识和态度。

就宏观层面的社会文化环境而言，如上所述，教师作为社会个体，时刻受到社会制度背景所内化的意识取向和行为期待的制约，并不断在专业自我和个人自我的协商中实现自我身份的转变。

就中观层面的学校文化环境而言，制度要求、教师培训、领导支持及与同事和学生互动会影响教师身份认同的构建。从这个意义上讲，教师所处的学校场域不仅为教师提供了人际环境，更为教师在与他人互动交往的"关系"中，通过积极参与实践共同体或学习型组织（王艳，2013），通过与所处的语境和自我背景的协商、斗争、合作、调整，得到自身反馈性经验，促进自我认同转变，实现参与集体实践的合法化，建构教师身份认同（Pennington等，2016）。

最后，就教师主体因素而言，教师个人经历、价值观念、能动性等因素对其身份认同形成意义重大。例如Chan和Clarke（2014）在教师合作中指出，教师的个人信念和价值观影响着教师身份的转化和确立，强调教师身份认同是主体特质的集合体，教师个人生命历程及意识形态不断在其身份认同建构中发挥作用。所以,教师身份认同建构过程既是教师个体实践知识形成的过程,也是教师发挥个体能动性的过程(张莲、左丹云,2023)。

第二节 能动性、教师能动性及其影响因素

在全球教育与课程改革浪潮中,国际学界关于教师能动性的研究呈上升趋势(展素贤、陈媛媛,2022),至 20 世纪 80 年代,教师能动性概念进入国内研究者的视野,逐渐成为教师研究的热点话题。

一、能动性概念界定

"能动性"一词源于法律和商业领域对委托人和代理人的区分,后者被授予代表前者自主行事的能力。从社会学角度而言,"能动性"指人类对结构化的环境施加力量,通过设立目标、积极行动、不断反思进而达成目的、建构身份,影响个人的生活轨迹(Bandura,1999)。换言之,能动性指社会个体影响语境,而不仅仅是对语境有所反应(Liddicoat、Taylor – Leech,2020)。

然而,这种能力既不是个人拥有的某种"权力",也不是他们在任何情况下都可以利用的一种"权力",而是一种"嵌入"的个体参与社会的能力,这种能力具有历时性——缘于过去(在其"迭代"或习惯性方面)、面向未来(作为一种想象替代可能性的"投射"能力),针对现在(作为一种"实践 – 评估"能力,将过去的习惯和未来计划与当下的偶然性联系起来)(Emirbayer、Mische,1998)。在这种历时性的能动过程中,代表着个体的意志、自主、自由和选择,意味着个体所发起的有目的、并付诸行动的能力。所以,从个体能动性的历时性角度或生命历程角度看,能动性可被视为个体对自己的生活施加控制和指引的能力。

此外,能动性还被理解为必须在特定的时间关系背景下采取行动并通过参与来实现的东西。换言之,能动性不是人们拥有的东西,而是人们做的事情。它指行动者在具有时间 – 关系特点的行动情境(contexts – for – action)中参与的"质量",而不是参与者本身的质量。因此,我们可将这种对能动性的理解描述为一种生态理解,因为它侧重于在特定的"生态"内、在特定的行动情境下,能动性是如何在社会结构中实现的(Biesta 等,2015)。

综上,对能动性的任何描述不仅需要情境化的方法,而且需要生命历程维度。所以,在分析能动性时,需同时考虑行动情境和时间维度,即需在个体传记和生活过程的背景下,在行动情境的历史背景中,理解主体取向的变化和差异(Priestley 等,2015)。

二、教师能动性的概念及内涵

(一)教师能动性概念

国内外研究者在界定能动性概念时,基本达成共识:能动性指个体能够发挥主体作

用，控制自我生活，确立目标，并具有采取行动的能力。所以，能动性遂成为在动荡变化的社会环境中保持稳定性和建构身份的重要保证，亦成为所有职业人群均须具备的能力（Bandura，1999）。

基于以上共识，国内外研究者试图定义并阐释"教师能动性"这一概念的内涵，不过，"教师能动性"这一概念直到21世纪初才开始被使用。已有文献中，除了"教师能动性"这一概念，还出现了"教师职业能动性""教师专业发展能动性"和"教师身份能动性"等名称及不同阐释。通过比较发现，教师能动性这一概念涵盖了这三个概念，而其他三个概念则是教师能动性的细化和深化，本研究中视教师能动性为教师专业发展能动性，并交叉使用。

在已有文献对教师能动性概念界定和阐释中，大体可梳理为三种观点：第一种观点视教师能动性为教师的优秀品质或特质（variable）的体现。如："教师专业发展能动性是指在专业发展实践过程中，教师个体积极主动地为改变自身的专业发展境遇及其所处的专业发展环境做出选择，并朝着选择的方向施加影响的个人品质。"（张娜，2012）。第二种观点认为教师能动性是教师这一职业群体所具有的潜能（capacity）或能力（competence），"意味着教师在[社会]结构框架内积极、有目的地引导其工作的能力"（卢乃桂、王夫艳，2009）。对语言教师而言，教师能动性则被定义为教师在实现其专业目标方面的对话和关系感，包括教师通过规范的行动计划和指导变革的能力（Miller、Gkonou，2018）。第三种观点认为教师能动性不是教师自身品质、潜能或能力，而是教师在特定文化环境中为引起结果变化，自觉主动采取某种策略或行动以及所做的事情（Priestley等，2015；王青、汪琼，2020），如教师能动性是"教师凭借专业能力在教育教学中作出决定和选择，通过采取专业行动对教育事件施加影响，并最终取得成效的一种行动状态"（桑国元等，2019），这里强调的是教师作为职业主体，在与环境互动的过程中，根据目的作出选择、采取的目的性行动，对其工作环境、职业身份和专业发展施加影响，同时受到职业主体和工作情境的交互影响（Etelpelto等，2013）。

综上，作者认为高校英语教师能动性乃教师在社会变迁以及文化转型的时空背景下，在特定社会文化环境中，通过设立目标、积极行动，达成目的、建构身份，并以各自方式塑造自我生活，在影响个人生活轨迹的同时，对结构化环境施加着影响（Goller，2017）。

（二）教师能动性内涵

鉴于教师能动性在教师身份认同和教师专业发展中所起的核心作用，国内外学者在界定教师能动性的同时，也努力采用不同理论视角阐释教师能动性的内涵。

Eteläpelto等人（2013）从以个体主体为中心的社会文化理论视角，视教师能动性为教师在一定社会文化情境中，所采取的目的性行为，以影响教师工作，认为教师能动性包含教师对工作的影响、教育改革的参与和职业身份的协商等三部分。Priestley等人（2015）则从生态学角度出发，认为教师能动性是"过去影响"、"当下实践评估"和"未来指向"三个层面交互作用的结果，并进一步解释"过去影响"指教师生活和职业经历对教师能动性的影响，"当下实践评估"则指教师当下所做的教学实践和评估活动，而"未来指向"则指教师对工作的期望。桑国元等人（2019）基于哲学、社会学、心理学视角下的理论框架,通过教师能动性量表的研制与开发,验证"教学效能""角色责任""专业认同""自主调整""决策参与"为教师能动性的五个结构要素,强调能动性作为一种复合性素养体现在教师的知情意行之中。张娜(2012)从社会认知理论视角,解读教师能动性为教师在其职业发展实践中,为提升自身专业发展水平,积极主动发挥其内在潜能和借力外部资源的能力,认为教师能动性由个人能动性和环境能动性两个维度组成。其中,个人能动性指教师为实现其职业发展目标所付出的个人努力,环境能动性则指教师通过与工作有关的人员的交流与合作,用以改善其专业发展行为。高立霞、展素贤(2021)从社会文化理论视角出发,发现高校外语教师能动性的特殊性,不仅包含教学能动性和学习能动性,而且还包含科研能动性。

综上,从教师专业发展和教师身份认同建构视角看,高校英语教师能动性乃是教师为提升自身专业发展水平,积极主动发挥内在潜能和借助外部资源的能力,既包括个人能动性,又包括环境能动性;而从所自主确定的目标和所实施的积极行动看,教师能动性包含教学能动性、学习能动性和科研能动性。

三、教师能动性的影响因素

如上所述,国内外研究者在解读能动性及教师能动性的概念及内涵的过程中,不仅采用多种理论视角进行解读,也从影响因素层面对教师能动性进行了概念界定和内涵阐释。通过进一步梳理已有文献发现(展素贤、陈媛媛,2022),外部情境中的宏观和中观的结构性因素以及教师个体的微观层面,影响着教师能动性的发挥和教师专业成长。

早期研究者多从人与社会结构的关系出发,将能动性界定为个体有意识的选择。教师能动性因个体复原力、信仰体系(Wallace、Kang,2004)、认知能动性、个人信念等因素的不同而不同,因此,教师主动权(ownership)、意义建构(sense-making)、教师身份认同等教师个体内部因素对能动性的影响广受学者关注。同时,教师能动性还与教师所拥有的专业兴趣、价值观和人生体验等其他内在因素交织在一起。

随着研究视角的拓展和教育、教学改革的实施,国内外主流观点认为,教师能动性源自个体能动力(如承诺、价值、角色、信念、教师的学习经历、职业发展经历及性格特征)等个体因素和能动空间(如社会改变、角色期待、社会关系)等情境因素的互动,教师并非被动接受环境,而是具有改变环境和人生轨迹的意识和能力,教师能动性的发挥是个人因素和环境因素共同交织的结果,个人能动性与环境互为影响,共同组成动态发展的教育生态(刘新阳,2019)。

具体而言,教师与中观的学校制度、组织结构、环境资源以及宏观的政治、文化等境脉因素形成了"双向形塑"过程——这些因素促进或制约着教师能动性发挥的同时,也因教师能动性而受到影响与塑造(Biesta 等,2015)。如齐亚静等人(2020)采用教师专业发展能动性量表,对我国 2600 名中小学教师进行问卷调查,发现中观的教师工作特征对教师专业发展能动性具有重要影响,且不同类型的工作特征所发挥的作用也不尽相同。

此外,如图 2.1 所示,个人因素中的个人生活史和专业工作史构成了教师能动性的"迭代"维度,一方面影响教师能动性的"实践-评估"维度,另一方面也影响教师能动性的"目标"维度;同时,"迭代"维度和"目标"维度影响着"实践-评估"维度;

而在"实践-评估"维度中,宏观和中观的"文化""组织结构"和"环境条件"成为这一维度的三个影响因素;三个维度共同影响了教师能动性的形成和发挥。总之,教师能动性受教师工作、生活的微观、中观和宏观生态系统的影响。

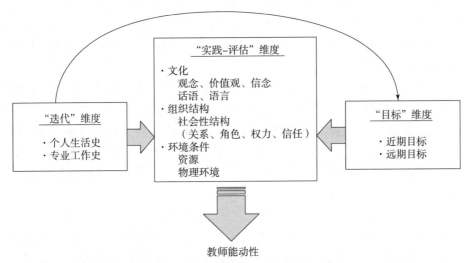

图2.1 教师能动性的生态取径框架

第三节 教师身份认同和教师能动性的关系

从上述文献回顾中发现,个人身份认同发展与社会背景之间存在相互作用,个人能动性与外在环境也存在双向形塑作用。

所以,国内外研究者的关注点,从之前将身份认同或个人能动性视为两个孤立的概念,转向着眼于身份认同如何与个体职业能动性相关联(Ruohotie-Lyhty,2016),并将职业身份认同纳入教师能动性的结构要素中,发现职业身份认同与能动性之间是密不可分、复杂动态的关系(Hiver、Whitehead,2018)。

特别是进入21世纪,越来越多的国内外研究者多采用定性研究方法,从后结构主义(Zembylas,2003)、社会文化理论(Lee、Schallert,2016)、话语分析理论(Barrett,2005)、生命历程理论(Elder、Johnson,2003)、社会生态学(Ng、Boucher-Yip,2016)等不同理论视角探究教师身份认同和能动性之间的关系。一方面,发现教师身份认同有多样性、变化性和社会性特点,意识到在教师身份认同的建构过程中,教师能动性的重要地位以及社会文化环境对教师身份认同建构所起的作用(展素贤、薛齐琦,2021);另一方面,也发现个体能动性源于个人自我及其身份的概念空间(Bandura,1999),在某种程度上,教师能动性可被理解为一种"运动中的身份"(Buchanan,2015)。但同时,能动性也受到责任要求、社会文化结构和话语的影响。所以,教师能动性不能简单理解为一种个人内在潜能或品格,更取决于教师个人职业发展路径、教学信念、价值观、外部资源等因素,能动性需要通过个人与社会互动中所采取的能动行为去识别。

此外，研究者也注意到教师身份认同与能动性的互动关系，并从教师能动性与身份认同关系出发，揭示两者的双向互动关系如何促进教师专业成长：或解释教师身份认同如何影响教师教学、教师专业发展以及精力分配等方面的能动选择与践行，或解释教师能动的教育教学和专业发展行为如何增强教师身份认同（桑国元等，2019），抑或解读高校外语教师如何发挥能动性，作出教学研究"选择"，采取相应行动，促进教师专业成长（黄景，2010；高雪松等，2018）。

例如：在综合评判社会结构主义理论、后结构主义和社会文化理论视角下的能动性研究以及生命历程理论视角下身份认同研究的基础上，Eteläpelto等人（2013）在哲理层面，倡导未来研究者需转向以职业主体（如教师）为中心的社会文化理论和生命历程理论，来阐释教师身份认同和能动性之间的关系，研究重点需放在宏大的社会文化背景中，从教师主体所经历的生命历程视角，探究教师在职业生涯中其身份认同如何构建，并与能动性相互影响，共同促进了教师专业成长（Benson，2017）。

具体到外语教师教育领域，国内外研究者从生态学理论视角，拓展并丰富了语言教学中的教师能动性与政策回应研究（Ng，2016），发现语言教师能动性是在与社会环境中各种因素交互作用过程中形成的。在这一过程中，一方面受教师个体所处的微观和中观生态的影响，另一方面也受到宏观的历史、政治、经济、文化和社会等更为复杂的生态变量的影响，这些微观、中观和宏观的生态因素共同构成了语言教师专业成长的生态系统。此外，还进一步解读了教师如何在语言教学、课程改革中，发挥个体能动性，回应变革，并采取行动；在个人的微观生态中，还发现教师身份认同的构建，体现了教师对自己角色的定位，且受到个人经历、意识形态和教学信念的影响，并与个人能动性的发挥密切相关。

但遗憾的是，研究者在使用生态学探究教师能动性，并发现其与教师身份认同构建有着密切的关系时，却忽略了教师能动性也如同教师身份认同建构一样，是一个贯穿教师专业发展始终的生命历程，即不同年龄、性别、职称、学历、经验的教师在职业发展的不同阶段，会呈现不同的状态（王莲，2019）。此外，现有文献中，缺乏从生态学及生命历程理论视角，探究立足我国教育改革场景，将身份认同和教师能动性的历时变化与共时差异相结合，来揭示教师能动性和身份认同关系如何促进教师专业成长的研究。

第四节 小 结

综上，国内外教师身份认同和能动性关系研究存在以下特点：

首先，国内外研究者对教师身份认同和能动性这两大类研究主题分别展开了深入、广泛的研究和讨论，意识到两者在教师专业成长中的重要作用，发现两者存在密切关系，但两者之间的关系和运行方式的研究仍需深化和拓展。

其次，在西方社会文化背景下，以职业主体为中心的社会文化理论和生命历程理论，在教师身份认同和能动性关系研究中所取得的成果值得借鉴，但不一定适合我国的社会文化环境，需开展基于我国社会文化背景和教师工作情境的教师身份认同和能动性关系的本土化研究。

最后，基于生态学理论的教师能动性研究为探究教师能动性打开了新的研究视角，却忽略了从生命历程理论视角探究教师能动性的历时过程，故有必要结合生态学及生命历程理论，将历时变化与共时差异统一起来，去探究我国新时代高校教师能动性和身份认同的关系。

有鉴于此，本研究拟从生态学和生命历程理论视角，基于我国社会历史变迁中的天津高校英语教师专业成长的经验调查，在宏大时空背景下，聚焦经历我国社会历史变迁的天津高校教师的身份认同构建和能动性发挥，以探究新时代高校教师身份认同和能动性之间的相互关系。

为实现本研究目的，围绕核心研究问题（见第一章），基于已有文献回顾所建构的研究框架（如图2.2所示），拟解决以下三个研究子问题。

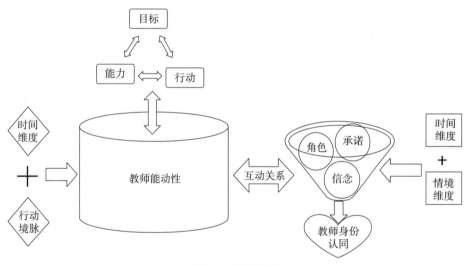

图2.2 研究构架

研究子问题1：处在我国不同社会历史情境中的天津高校英语教师，在其个体生命历程中，怎样发挥了教师能动性，促进了教师专业成长？探究处在宏大时空境脉中的高校英语教师，哪些因素影响了教师能动性？教师具有怎样的能动性行为？具体而言，回答特定社会文化情境中"教师怎样做"的问题，包括教师确立的职业目标、发挥的内在潜能和借力外部资源的能力，以及对结构化环境所采取的积极行动等。对这一问题的回答，需要研究教师能动性的时间维度和行动境脉。

研究子问题2：处在我国不同社会历史情境中的天津高校英语教师，在其个体生命历程中，怎样建构了教师身份认同，促进了教师专业成长？探究处在宏大时空境脉中的高校英语教师，建构了怎样的教师身份认同？哪些因素影响了教师身份认同建构？具体而言，回答特定社会文化情境中"教师是谁"的问题，包括情境中自我坚守的高校英语教师，其职业道德承诺、教育信念和所承担的社会、专业角色以及情境与自我的相互关系等。对这一问题的回答，需要研究教师身份认同的时间维度和情境维度。

研究子问题3：高校英语教师身份认同和能动性以怎样的关系和运行方式，促进了高校英语教师专业成长？具体而言，在回答研究子问题1和研究子问题2的基础上，提升并凝练高校英语教师身份认同和能动性之间的关系，以及两者之间的关系又如何与教师所处的生态系统中的生态"因子"发生关联，共同促进了教师专业成长，最终建构新时代高校英语教师专业成长的运行机制。

第三章 理论框架

本章中,作者拟梳理生命历程理论和生态学理论的代表性理论观点及选择理据,以建构本研究的交叉理论框架,解读、分析高校英语教师身份认同和能动性之间关系数据。

第一节 生命历程理论

一、主要理论观点

20世纪初期,以托马斯(Thomas)和兹纳涅茨基(Znaniecki)为代表的芝加哥社会学派在研究个体和社会变迁的关系时,提出了生命历程理论(Thomas、Znaniecki,1996),这是跨领域、跨学科的研究产物。其研究对象主要是个体生命过程中的一些重要事件和角色,这些事件通常包括求学、参加工作、结婚生子、退休等;而角色或地位大致包括阶级或家庭成员资格、教育、婚姻和政党成员资格、宗教归属等(李强等,1999)。生命历程理论作为一种研究视角,强调社会结构对个体成长的影响,其主旨是将生命的个体意义与社会意义有机联系起来,致力于通过对个体生命轨迹的多阶段研究来创造新理论、新方法,从而使个体通过社会和历史环境提供的机遇和限制作出选择并采取行动,构建其生命历程。

生命历程理论的基本观点可归纳为"一定时空中的生活""生活的时间性""相互联系的生活"和"个人能动性"等四个方面(Elder,1999)。

第一,强调一定时空中的生活。"个人的生命历程嵌入了历史的时间和他们在生命岁月中所经历的事件之中,同时也被这些时间和事件所塑造"(Elder,1999:304)。在不同社会历史条件下,不同年代、不同个体所感受到的社会限制及所拥有的生活机会不同。

第二,重视生活的时间性。一系列的生活转变或生命事件对于某个个体发展的影响,取决于它们什么时候发生于这个人的生活中(Elder,1999)。生命历程理论认为,个体某一生命事件发生的时间性或时机,决定了该生命事件对于个体发展的影响程度,即某事件在何时发生甚至比这一事件本身更具意义。生活的时间性包含历史时间、社会时间和生理时间三个维度。首先是历史时间,指个体的出生年份,从这一时间可看出历史事件和环境对个体生命历程的作用力,即历史型塑出的"先赋性命运";其次是社会时间,指扮演特定角色的恰当时间,是依据社会对个体不同发展阶段的社会期待制定的,反映了社会文化因素对个体发展的实时影响;最后是生理时间,指个体的实际年龄,代表个体在生命周期发展中所处的实际阶段。生命历程理论正是要通过对生命事件发生时间的考究,来体现不同生命事件对教师身份认同的影响,以展示教师身份认同的动态变化。

第三,重视相互联系的生活。生命存在于相互依赖之中,社会—历史影响经由这一共享关系网络表现出来(Elder,1999)。人总是生活在由亲属、朋友等构成的社会网络中,在成长与生活互动中同他人建立起繁杂的社会关系。在个体互动的世界和社会关系网中存在着一些对个体发展有突出影响的"重要他者"(significant others)(Mead,1934;Sullivan,1953),他们与个体之间构成"相互关联"的命运,也就是在这些人的生命历程中所发生的生命事件可能对与之联系的个体产生重大影响。

第四,突出个体能动性。个体能够通过自身的选择和行动,利用所拥有的机会,克服历史与社会环境的制约,从而建构他们自身的生命历程(Elder,1999)。在生命历程研究中,虽然存在着历史制约和时间控制,但个体的能动作用和自主选择可使得他们在一定社会建制中,根据自身所处的环境主动建构自己的身份。这种建构除了受个体所处的外部环境的作用,还受个人内在特征的影响,即受个体能动性的影响,会导致同样的生活环境中产生不同的发展结果。

综上,生命历程理论研究框架主要包括四方面的内容:关注整个生命历程中年龄的社会意义;研究社会模式的代际传递;关注社会事件和社会变迁对个人生活史的影响;强调个体能动性的重要作用。这就要求研究者在研究个体生命或其专业成长中,考量个体成长的不同"时间"和"空间"这两个重要变量,更需关注个体成长的历史环境、年龄效应等。简言之,就是要通过社会结构和社会历史来研究个体成长的生活史和专业发展史。

二、选择理据

从梳理的如上生命历程的主要理论观点看,之所以采用生命历程理论,是由于"生命历程理论范式研究不仅要求在一个共同的概念和经验性研究的框架内对个体生命事件和生命轨迹的社会形式做出解释,而且注重考察影响这些事件和轨迹的社会进程"(李强等,1999)。

就高校英语教师而言,他们在各自的职业生涯中,经历了从新手到熟练专家等不同角色的变化(连榕,2004),且在他们专业成长的社会化过程中扮演着不同的其他社会角色,而这些角色的形成一方面可能受其个人年龄和生命事件的影响,另一方面可能受时空背景、关键事件、关键人物、个体能动性等的影响,这些影响有可能是他们成长中的转折点,而每一次关键性的转折点都会给教师所建构的身份认同和能动性带来变化。

可见,生命历程理论不仅与历史变迁和社会变动基本契合,而且该理论强调人类个体,例如高校英语教师群体,在特定的历史和社会环境中发挥个体能动性,在各自生命历程中,构建专业发展路径,达成身份认同。所以,用生命历程理论来研究高校英语教师身份认同和能动性关系是合适的。

第二节 生态学理论

追根溯源,"生态学"(ecology)源于希腊文,由词根"oikos"(家庭或住所)和"logos"(研究)构成。从字面本意看,生态学指研究生物住所的科学,强调有机体与其栖息环境之间所形成的各种关系(Odum、Barrett,2009)。在1866年,德国生物学家海克尔(Ernst Haeckel)最早提出生态学概念,认为生态学是生物与环境、生物与生物之间及生态系统之间一种关系的科学。随后,作为现代快速发展的一门学科,细化或与其他学科交叉融合,广泛应用到自然科学和人文科学领域,形成了诸如微生物生态学、植物生态学、动物生态学、人类生态学、生态语言学、社会生态学、教育生态学、环境生态学等多学科体系。

在教师教育领域,国内外学者倡导采用生态取径,研究教师专业成长(宋改敏、陈向明,2009)、教师能动性(Ng、Boucher-Yip,2016;陶丽、顾佩娅,2016;刘新阳,2019)和外语教师专业发展(彭建娥,2015;顾佩娅,2016;刘宏刚,2021),出现了生态学或生态取径趋向。

一、布朗芬布伦纳的人类发展生态学理论

在生态学研究范畴,最具代表性并具有广泛影响力的当属俄裔美国学者尤里·布朗芬布伦纳(Urie Brofenbrenner)(以下简称"布氏")建构的人类发展生态学理论(the ecology of human development)。他最早将生态学知识引入人类行为研究中,认为在理解个体行为和发展时,必须对个体所处的整个生态环境加以考量,强调生态环境的同心结构嵌套排列、各系统间的联系以及对发展中的个体所形成的影响(Brofenbrenner,1979)。随后,布氏两次对这一理论进行完善,并发展为现代的人类发展生物生态模型(Rosa、Tudge,2013)。

布氏的人类发展生态学理论经过了三个阶段的发展,强调发展中的人与所居住的生态环境之间的相互依存、相互促进关系。在理论发展的第一阶段(1973—1979年),布氏依据对发展中的人的影响程度和方式,建构了微观、中间、外层、宏观四个层级的生态系统,以揭示发展中的个体所处的社会生态,认为这些系统与个体发生着联系和互动,共同影响个体的发展。

如图3.1所示,最里层的微观系统,指发展中的人在具有特定物理和物质特征的特定环境(setting)中,所经历的活动、角色和人际关系的模式(pattern)。这里的环境指人们可轻松进行面对面互动交流的地方,活动、角色和人际关系等构成了微系统的要素或构件,并与发展中的个体发生着直接关系。在信息化高速发展的新时代,对高校英语教师而言,家庭、课堂、教研室、积极参与的其他校内外实体、虚拟校外教研共同体等构成其所生存的微系统,他们与微系统发生联系,在扮演一定角色的同时,与微系统中的他人或微系统外的"重要他人"互动,积极或消极影响着教师专业发展。第二层的中间系统,则包括发展中的人积极参与的两个或多个环境之间的相互关系(Brofenbrenner,

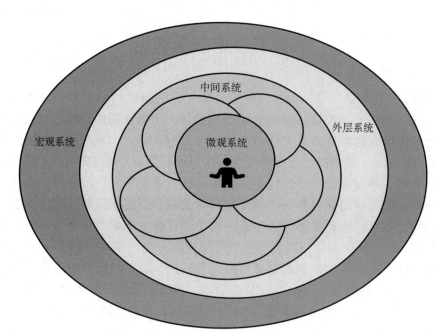

图 3.1　布氏同心结构的四层嵌套生态系统

1979),亦是微系统。对高校英语教师而言,其在各个微系统的身份感受、角色体验、活动参与,或相互促进,或相互制约,影响着教师专业发展轨迹和过程。第三层的外层系统,指一个或多个不涉及发展中的人作为积极参与者的环境,但其中发生的事件会影响发展中的人。对高校英语教师而言,其外层系统较繁杂,如学生家庭的变故会通过学生影响到教师课堂,学院、学校的职称评审、教师聘任、教学改革、科研政策等均会对教师专业发展造成不同程度的影响。第四层的宏观系统,指整个文化或亚文化层面上的微观系统、中间系统、外层系统存在的或可能存在的在形式与内容上的一致性,也包括这种一致性下潜在的意识形态和信念系统(Bronfenbrenner,1979)。对我国高校英语教师而言,其生存和发展的宏观系统包括不同时代的教师所经历的政治、政策、社会、文化等。布氏的四个"嵌套"生态系统与国内外学者(Barkhuizen,2008;顾佩娅等,2014)在探究二语/外语教师专业发展环境时的个人环境、学校环境和社会文化环境一致。简言之,在第一阶段的人类发展生态学,布氏虽强调人与环境的交互作用,但这一理论着重关注了环境对人的发展之影响,一定程度上忽略了人的能动性对环境的反作用。

为弥补这一缺陷,布氏基于第一阶段的四个圈层生态系统,在第二阶段(1980—1993年),几乎立即对该理论进行了修改,更多关注个人的作用和发展过程,并为人的发展研究制定了一个新的研究范式——这个范式最初被称为人-过程-环境模型(Person-Process-Context Model),视发展为一种功能,涉及一个人与他所处的直接环境中的其他人,随着时间推移,与他们所发生的相互作用。

在布氏的第三个阶段(1993—2006年),这一模型发展为生物生态模型,将第二阶段的"人-过程-环境模型"完善为"过程-人-环境-时间模型"(Process-Person-Context-Time Model)(PPCT模型),在强调生态与人类互动、共生的同时,通过"最近过程"(proximal process)机制,强调了人在他自己发展中所扮演的角色,认为"最近过程"是生物生态学理论的中心，被视为人类发展的驱动力，对生态系统有积极的建构作用，且时间概念涵盖了个体时间和历史时间，个体发展因年龄和社会环境的变化而变化。

在PPCT模型中，首先，"最近过程"指发展中的人与其所生存的微观系统中的他人或关键人物、物体和符号之间发生互动联系的过程，这一过程的有效性基于日常、有规律的互动，需持续长久。同时，这一"最近过程"的形式、动力、内容和方向又受到作为发展中的人的特征、过程发生的环境（微观系统、中间系统、外层系统和宏观系统）以及随着时间（个人生命历程和个人生活的历史时期）的联合作用的影响，而共同作用的结果又影响着个体发展的轨迹。此外，在强调人的积极作用的同时，也关注环境对人发展的促进或阻碍作用。

另外，在PPCT模型中纳入了个人特征（person characteristics），位于生物生态学模型中的内核位置，克服了早期理论对个体作用的忽视，并成为这一模型不可或缺的部分，同时更强调个体主体性既是自身发展的动力之源，又是自身动力之源推动个体发展的结果。按照人在适应环境中所扮演的角色强弱程度，个人特征分为动力（force）特征、资源（resources）特征和需求（demand）特征，它在驱动个人生命历程中的"最近过程"的同时，影响着"最近过程"的方向。在这三类特征中，第一类个人动力特征或倾向，例如好奇心、喜欢、单独或与他人一起发起和参与活动的倾向、对他人倡议的反应以及追求长期目标的意愿等，启动并维系特定发展领域的"最近过程"，并以生成的或破坏性的方式，最有可能影响一个人的发展结果，因而成为在与环境互动中最为积极的能量特征（黄琼，2020）；第二类资源特征，指那些影响个体有效参与"最近过程"能力的特征（Bronfenbrenner、Morris，2006），即促进个体发展的资源，包括能力、知识、技能和经验等，是个体在"最近过程"发挥功能的重要基础，在适应和改变环境的过程中表现相对主动（黄琼，2020）；第三类需求特征是那些容易被注意到的发展中人的特征，如年龄、性别、肤色、激动或平静的气质、吸引人或不吸引人的外表、多动和被动性的性格等，可引起或阻止来自社会环境的反应，并影响"最近过程"的建立及运行方式，这种特征在适应环境的过程中扮演了一个相对被动的角色，可能只会对最初的适应环境过程产生影响（黄琼，2020）。

就环境（context）而言，与第一阶段的四个嵌套的生态系统一样，影响着个体发展的同时，个体又发挥着作用，与生态系统发生联系，并特别强调了微系统中的"最近过程"的建立、维系与运行中主体的作用。

与之前两个阶段不同的是，布氏引入了时间（time）概念，包括个体时间和历史时间，进一步解释了个人发展的生命历程被视为嵌入在其所经历的历史时期发生的条件和事件中，并由其强有力地塑造。所以，这一时间概念又含"微观时间"（microtime）——指"最近过程"的持续事件中的连续性与不连续性、"中观时间"（mesotime）——与"最近过程"发生的这些事件在几天和几周内发生的频率有关、"宏观时间"（macrotime）——关注更大社会中不断变化的期望和事件，既包括代内也包括代际。所以，"在这三种时间系统的作用下，一方面个体本身随着年龄而发展；另一方面，其所处的环境也在随着时代的变化而变化"（谷禹等，2012）。所以，人类发展由此可解释为，个体和群体的人类生物心理特征的连续变化现象，不仅发生在个体生命历程中，而且有代际差异，并跨越从过去到将来的不同历史时期。

可见，布氏的人类发展生态学理论是一个发展中的理论，并将发展中的人所居住的社会生态系统具象化、结构化、时间化，这有助于人们从动态互动和历时视角理解人类行为，思考许多可能影响个体发展的不同水平、代内、代际群体的环境效应，以及人在生态系统中的积极身份建构和个体及集体能动性行为。

二、教师专业成长的生态学趋向

正是基于生态学中有关生态因子和生态环境的相互影响、相互依赖的关系，国内外学者着眼从生态学视角探究教育领域问题，形成"教育生态学"这一学科。一般认为，这一概念的提出源自美国学者劳伦斯·克雷明（Lawrence Creming），其核心观点是：研究者需应用生态学原理，特别是运用生态系统、生态平衡等原理来探究教育领域内出现的各种现象及成因，以更好探究并掌握教育发展规律，揭示教育发展趋势和方向（王加强、范国睿，2008）。换言之，研究者在研究教育领域出现的现象或发生的事件时，需以整体的、相互关联的、动态发展的思辨方式，去探究教育生态环境中的各因子与其环境之间的内在联系和运行机制。

这一教育生态学思维范式的转换，为教师专业发展和教师专业成长提供了有力的理论基础，引发了教师专业发展和教师专业成长研究的生态学转向（宋改敏、陈向明，2009）。持有教师专业发展生态学视角的学者，如常文梅，从教师自身专业成长和促进教师专业成长的策略关系出发，认为"教师专业发展从根本上是指教师专业成长（自身）和促进这一成长过程实现的策略和手段（环境），进而提升教师专业水平、实现教师专业化发展的全过程"（常文梅，2013），进一步提出了"教师存在的生态环境圈"和"教师积极建构生态自我"的两种教师专业发展的生态策略。这一观点虽从生态学视角，分析了专业成长的个体教师和其成长的环境之间的相互联系，但缺乏系统理论指导和理论构架下的分析。此外，这一看法在一定程度上混淆了教师专业发展和教师专业成长（见第一章），这是因为教师专业成长不仅是教师自身专业发展问题，更是处在发展或成长中的个体教师与其所生存的环境共生、共存的社会生态系统问题。

而持有教师专业成长的生态学趋向的学者如宋改敏、陈向明则认为，需将教师作为单独的专业成长的主体剥离抽取出来，基于系统生态学理论趋向，以更开阔的视角观览教师专业成长，将教师置于成长的时空构架中去看待教师的专业成长，视教师专业成长为个体和环境互动的结果，倡导研究者"在教育生态学的宏观研究领域，将教师教育与生态环境关联，探究教师专业成长生态环境系统间的相互关系及其机理；在教育生态学的微观研究范畴，以教师专业成长为主线，涉及学校中的各种关系层面，在教育内部的事物相互关联中探究教师专业成长的因缘和意义"（宋改敏、陈向明，2009）。

在这一教师专业成长的生态学视角转向影响下，在基础教育领域，宋改敏等（2011）主要采用布氏第一阶段理论，通过个案定性研究，以北京S小学发起的学习和发展共同体为研究对象，探究了小学教师专业成长（主要是教学专业成长）的学校生态环境，发现教师专业成长的学校生态环境是由宏观系统、外层系统、中间系统和微观系统之间形成的环境（如图3.1所示），各个系统之间的一致性程度不仅互动影响了教师专业成长，而且各自发挥着不同作用。其中，宏观系统对教师专业成长起着外力推动作用；外层系统作为教师专业发展平台,起着自助作用;中间系统是教师专业成长的关系系统,与教师专业成长有着直接的互动作用;而微观系统作为即刻环境,对教师专业成长起着实质的内部形塑作用,影响着教师身份认同(包括对教师自我、职业角色、教学、教育的反思性理解)的构建,提升了教师幸福感和教研能力。

由于高校教师能力既包括教学能力,还包括科研能力,所以我国学者(如杨建新、王雅琪,2020)从布氏的人类发展生态学理论视角,采用个案研究探究了我国高校教师科研发展的生态机制。一方面,发现动力机制涵盖了主体条件(即教师科研素养和时间投入)和环境支持(包括时间支持、学术环境支持及制度支持)两个层面的生态要素;另一方面,高校教师科研发展的优质路径为主客体互动,即作为主体的教师,在其时间投入和环境支持都满足的情境下,与环境良性互动,能够使教师充分汲取生态养分,取得科研发展。

在外语教师教育领域,有代表性的国外学者 Barkhuizen(2008),从生态学视角建构了外语教师发展的彼此内嵌、紧密相连的个人环境、学校环境和社会文化环境三层环境模型,发现对教师发展影响最大的是个人环境,涉及教师内在信念、情感体验以及人际交互等要素。由于这一生态环境模型与 Bronfenbrenner(2005)的生物生态模型高度一致,所以,顾佩娅(2014)采用 Barkhuizen(2008)的生态环境模型,通过对我国 10 所不同类别高校的 346 名英语教师进行叙事问卷调查,探究了教师对专业发展环境的体验及意义,进一步发现,受调查教师对所处环境中的重要活动(如教学、科研、改革等)表现出的积极态度源自他们的职业发展信念,对他们的环境感知和实践有重要作用,但其能动性同时又受制于"重科研、轻教学"的评价体系。

虽然用布氏的人类发展生态学理论探究外语教师专业成长的研究尚不多见,但其对外语教师教育的研究有着很强的适切性(彭剑娥,2015)。所以,有必要采用这一理论探究高校英语教师专业成长。

三、教师能动性的生态学趋向

在教育变革和课程改革中,教师能动性常和教师改变混为同一概念,但两者有较大区别(Priestley 等,2015;刘新阳,2019)。此外,如第二章所述,教师能动性不应视为教师个人品质、能力,或过度强调教师能动性对社会结构的能动作用,或在社会文化境脉中发生,而应被视为教师通过社会文化境脉所采取的行动,或"涌现的现象"(emergent phenomenon)。

基于以上理解,国内外学者提出了经由个人能动和社会文化境脉双向形塑的教师能动性运作机制,即教师能动性的生态取径(the ecological approach to teacher agency)。这一生态趋径首先是由 Priestly 等人(2015)基于 Emirbayer 和 Mishe(1998)有关能动性的定义提出的,认为能动性可从生态学视角来阐释,与实现它的环境条件密切相关,它不仅仅是个人潜在的能力或拥有的能力,而是在特定(互动)生态学条件下发挥作用的。对能动性这一概念内涵的界定表明:能动性不是作为一种财产或能力存在于个人身上,而应被解释为在一定生态条件下的"涌现"——强调行动者总是通过他们所"坐落"的环境,而不仅仅是个体在环境中的行动,能动性的实现始终是个人努力、可用资源以及背景和结构因素的相互作用，并与发生这种行为之环境的偶然性结合。换言之，即便行动者具有某种能力，他们能否实现能动性也取决于能力和生态条件的相互作用，从这个意义上讲，能动性应被定位为一种"关系效应"。

此外，Emirbayer 和 Mische（1998）也为能动性开发了一个时间主题，将其视为社会参与的时间嵌入过程，受过去（在其习惯方面）的影响，但也面向未来（作为想象替代可能性的能力），并面向现在（作为将过去的习惯与未来想象与当下的突发事件联系起来的能力）。将能动性界定为不同结构环境的行动者在不同的时间范围内积极建构的参与——行动的时间关系境脉——通过习惯、想象和判断的相互作用，复制和转换这些不同的结构环境，以交互方式应对不断变化的时空环境。基于此，研究者应从"三个维度"理解和分析能动性，即过去影响的结构、面向未来的方向和现在参与的活动，这三个维度分别为迭代维度、投射维度和实践评价维度。"能动性三位一体"的迭代、投射和实践维度，为研究者刻画个体参与生活中事件的特殊"基调"提供可能。由此可看出，能动性是一个持续的参与和出现、随着时间的推移而潜在发展的东西（Priestly 等，2015）。

综上，能动性境脉和时间的结合表明，在分析能动性时，不仅要根据个体生命历程来理解，而且要了解行动情境会随时间不断变化（Biesta 等，2015）。这就是为什么对能动性的任何描述不仅需要一种情境化的方法，还需要一个生命历程维度。

所以，在分析教师能动性时，应同时包括语境和时间维度，这就要求对能动性的分析应包括对过去经验的洞察、能动者的投射愿望及现在的可能性（Priestley 等，2015）。换言之，在探究个人生命历程背景和生态系统（包括社会结构、文化形式和物质环境）等对能动性影响的同时，还需要在传记和生命历程的背景下，以及在行动本身的历史背景中，探究、分析教师个人信念、身份认同对特定个体能动性的影响，以深刻理解能动性趋向的变化和差异（Biesta 等，2015）。简言之，个人可能会在不同时间不同社会境脉中或多或少地行使能动权。

从某种意义上说，提出"什么是能动性"这个问题没有实际价值，而探究类似"能动性如何可能"和"能动性如何实现"的问题才更有意义。

四、选择理据

因教师身份认同和能动性均是在教师社会化的过程中动态发展的（高雪松等，2018；刘晶，2019），生态学视角下对教师身份认同和能动性关系的解读，强调了二者关系的动态性和发展性，为深入解析教师身份认同和能动性的互动过程提供了良好的方法论依据。一方面，生态学理论强调"人在情境中"，重视分析随时间变化的诸多重要的情境因素对人的成长发展的影响，这为未来塑造和促进积极应对挑战、实现专业成长的家庭、工作、社会支持网络提供了方向和策略；另一方面，该理论立足于人与社会环境多层系统之间的互动过程，这有助于弥补传统社会文化理论视角下，对教师身份认同和能动性的关系研究中对社会关系和文化产物的简单分割，为更翔实地解释教师身份认同和能动性如何相互影响，促进教师专业成长提供了有力的理论基础。

综上，就研究我国高校英语教师专业成长而言，需关注他们与周围生态环境系统所形成的联系及交互关系，在关注生态系统对教师专业成长之影响的同时，更需注重教师能动性对于生态系统建构的反作用,这无疑会从整体性、动态性、过程性和复杂性的角度,来审视教师专业发展和教师专业成长(刘宏刚,2021)。所以,作者拟采取布氏的 PPCT 模型,来分析天津高校英语教师专业成长过程中教师身份认同和能动性之间的关系。

第三节 交叉理论视角构建

从回顾生命历程理论和生态学理论的代表性观点中可以发现,尽管两种理论侧重点有所不同,但两者均主张在关注个体发展的时间和空间维度、强调个体生命历程的同时,注重发展中的个体所处的生态系统,包括社会境脉对个体发展的影响。此外,两种理论还均重视个体能动性在社会结构中的反作用。由此可见,两种理论相得益彰,形成交叉理论视角(如图 3.2 所示),能够帮助作者解答三个研究问题,有效解读教师身份认同和能动性之间关系的数据。

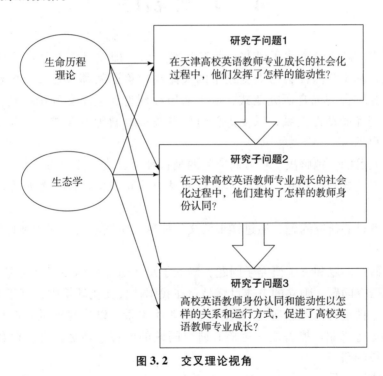

图 3.2　交叉理论视角

第四章 研究设计与实施

受核心研究问题（见第一章）驱动，为更好回答三个研究子问题（见第三章），作者采用混合研究（mixed-methods research）范式，调查并探究了天津高校英语教师专业成长经验。本章将详细说明设计思路和实施途径。

第一节 研究目标

在第一章中，已简略阐述了研究目的和研究方法。即立足作者所熟悉的高校英语教学、科研实践，基于我国社会历史变迁中的天津高校英语教师专业成长的经验调查，采用定性和定量相结合的混合研究范式，从生命历程理论和生态学理论视角，探究高校英语教师身份认同和能动性关系，以促进新时代高校英语教师专业成长，并为其他学科教师提供借鉴和启示。

为实现研究目的，拟解决的核心研究问题是：经历过我国社会历史变迁的天津高校英语教师，在其专业成长历程中，所构建的教师身份认同和所发挥的教师能动性有着怎样的关系？

为更好回答核心研究问题，通过详细的文献梳理，将核心研究问题细化为三个研究子问题（见第二章）。

针对核心研究问题和三个研究子问题，确立了总体研究目标和三个研究子目标。

针对核心研究问题，确立的总体目标是：在我国社会文化环境中，基于天津高校英语教师的真实工作情境，探索教师身份认同与能动性关系，以构建促进新时代天津高校教师专业成长的运行机制。换言之，对核心研究问题的回答，乃是探究新时代天津高校英语教师专业成长的路径。

为实现总体研究目标，分别针对三个研究问题，确立了如下三个研究子目标。

针对子问题1，确立了研究子目标1，即采用生命历程理论和生态学交叉理论，探究天津高校英语教师专业成长过程中能动性发挥的社会化过程。

针对子问题2，确立了研究子目标2，即采用生命历程理论和生态学交叉理论，探究天津高校英语教师专业成长过程中教师身份认同构建的社会化过程。

针对子问题3，确立了研究子目标3，即从生命历程理论和生态学交叉理论视角，探究天津高校英语教师身份认同和能动性之间的关系及其相互影响方式，以构建促进新时代天津高校英语教师专业成长的运行机制。

第二节 内容框架

针对总体研究目标和三个研究子目标,从生命历程理论和生态学交叉理论视角,围绕核心研究问题,以天津高校英语教师为研究主体,实证回答三个研究子问题,建构了本研究的内容框架(如图4.1所示)。

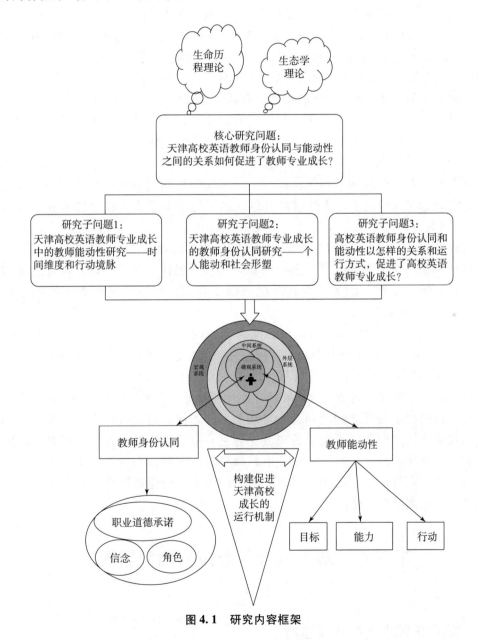

图 4.1 研究内容框架

本研究以天津高校英语教师为研究主体,基于生命历程理论及生态学交叉理论,回答核心研究问题,即天津高校英语教师身份认同和能动性以怎样的关系促进了教师专业成长?进而探究我国社会文化环境中的天津高校教师身份认同和能动性互动关系,构建促进新时代天津高校英语教师专业成长的运行机制,初步形成我国社会文化环境中高校英语教师专业成长的本土化理论体系,达成本研究的总体目标。

为实现总体研究目标,针对三个研究子问题,从生命历程理论和生态学交叉理论视角,分别侧重开展了以下三项研究。

针对研究子问题1,开展天津高校英语教师专业成长中的教师能动性研究,即在社会变迁以及文化转型的时空背景下,在特定社会文化环境中,高校英语教师如何通过设立职业目标,发挥内在潜能和借力外部资源的能力,积极行动达成目的,建构教师身份认同,并以各自方式塑造自我生活,在影响个人生活轨迹的同时,对结构化环境施加影响;在分析教师能动性时,同时考虑行动境脉和时间维度,在个体传记和生活过程的背景下以及在行动境脉的历史背景中,理解主体取向的变化和差异(详见第六章、第七章和第八章)。

针对研究子问题2,开展天津高校英语教师专业成长中的教师身份认同研究,即在社会变迁以及文化转型的时空背景下,在特定社会文化环境形塑中,高校英语教师如何坚守职业道德承诺,对英语教师所持有的教学信念及所承担的社会和文化角色进行确证,并在自己所"坐落"的生态系统中,积极发挥教师能动性,在与社会文化环境的互动中,建构教师身份;在分析教师身份认同的同时,考虑身份认同建构的情境和时间维度,在个体传记和社会文化情境下,理解教师身份认同建构的动态变化和个性差异(详见第五章、第七章和第八章)。

针对研究问题3,基于对研究问题1和研究问题2的回答,深入探究天津高校英语教师身份认同和能动性之间的关系,包含两者到底存在怎样的关系,以及两者之间的关系又如何与教师所"坐落"的生态系统的生态因子互动,促进了高校英语教师专业成长(详见第五章、第六章和第八章)。

虽然内容框架包含对教师身份认同和能动性的两项独立研究,但由于两者之间"你中有我""我中有你"的不可分割性,两项研究彼此相连,不可分割,均是对教师身份认同和能动性关系的研究,只是侧重点不同而已。

最后,基于对研究子问题1和2的回答,开展教师专业成长的核心驱动力研究,即考察教师身份认同和能动性之间的动态、互动关系,如何促进了教师专业成长,从而构建新时代高校英语教师专业成长的运行机制。可见,两项研究的重点和难点是,从生命历程维度和生态系统视角下,把握高校英语教师身份认同和能动性的社会趋向、变化和差异,为进一步探究教师身份认同与能动性之间的关系,构建新时代天津高校英语教师专业成长的运行机制打下基础。

第三节 基于混合研究范式的经验调查

一、混合研究范式的选择理据

为构建促进新时代高校教师专业成长的运行机制,在探究新时代高校教师身份认同与能动性的关系时，主要基于天津高校英语教师专业成长的经验调查。

在调查过程中，为科学、系统回答三个研究子问题，作者采用了定量研究和定性研究相结合的混合研究范式（如图 4.2 所示），之所以选择混合研究范式，主要基于以下三方面的考虑。

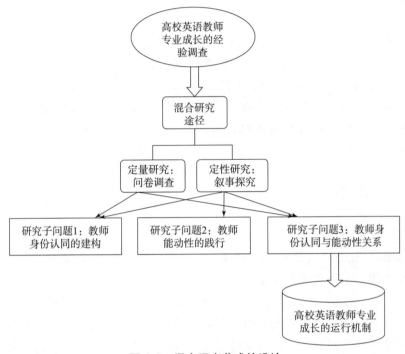

图 4.2　混合研究范式的设计

一是混合研究范式的选择是定量研究和定性研究逐渐从对立趋于融合的结果（Tashakkori、Teddlie，1998）。自 20 世纪 80 年代起，随着定量研究和定性研究两大范式对峙的缓和，定量和定性研究相混合的研究范式被普遍采纳，用以解决应用语言学、教育学及社会科学领域的研究问题。在采用混合研究时，尽管研究者在范式基础、混合研究的构成以及所使用的研究方法顺序等有所争议，但研究者基本达成共识：混合研究范式的使用可在数据采集或数据分析层面进行混合；与使用的研究方法或哲学范式支撑相比，研究问题更重要，并决定了研究范式的选择。一般而言，混合研究范式用来回答"什么""怎样"或"为什么"等研究问题，而本研究的核心研究问题和三个研究子问题均聚焦回答"怎样"的关系、状态和行为（见第一章和第三章）。

二是本研究的核心研究问题及其三个研究子问题决定了混合研究范式的选择。换言之，混合研究最合适，也能最科学地帮助作者回答三个研究子问题。具体而言，在第二章中，作者回顾了国内外已有教师身份认同和教师能动性研究，发现国内外研究者虽对两者分别展开了深入研究，但结合生命历程理论和生态学理论，将历时变化与共时差异统一起来去探究高校英语教师能动性和身份认同及其关系的研究较少。针对本研究三个研究子问题"教师怎样的能动性行为""教师怎样的身份认同状态"和"怎样的关系"，单纯的定性研究和定量研究都不足以有效、科学地回答，唯有定量和定性相结合的混合研究范式，才能相互补充、相互印证、彼此丰富，使三个研究子问题得以全面、科学回答。

三是本研究旨在探索高校英语教师身份认同与能动性关系，以构建促进新时代天津高校英语教师专业成长的运行机制。为实现这一总体研究目标，唯有定性和定量相结合的途径，才能提供比较科学的变量关系或"事实"快照，以探究总体横截面中的目标现象背后的"实质"。

在设计混合研究范式过程中，研究者在数据采集时，需考虑定量和定性研究的比重（高尔等，2016）：是侧重定量研究还是定性研究？是定量和定性研究比重相同？此外，还需考量定性研究和定量研究的先后顺序：是设计定性研究在前还是定量研究在前？抑或定性和定量同时进行？而对这两大类要素的考虑，应由研究问题和已有文献研究结果综合考虑来决定。此外，在分析数据时，可同时采取定量数据统计和定性数据分析相混合的数据分析方法进行。

二、混合研究范式设计

在混合研究范式设计过程中，本研究主要采用顺序－解释性研究设计（sequential－explanatory research design）（高尔等，2016）——先采用定量研究方法，后用定性研究方法来进一步解释印证定量研究的结果。

如图 4.3 所示，在基于天津高校英语教师专业成长的经验调查过程中，为探究教师身份认同和能动性之间的关系，首先针对子问题 1 设计了定量研究，通过问卷调查，广泛调研身份认同和能动性之间的关系；后又针对子问题 2 设计了定性研究，通过叙事探究进一步解释、丰富定量研究结论，并深入探究教师身份认同和能动性之间的关系。

三、基于混合研究范式的经验调查

混合研究范式设计结束后，经过先导研究、问卷调查、叙事探究三个主要阶段，基于我国社会文化背景下天津高校英语教师专业成长的经验调查，对教师身份认同和能动性之间的关系开展了广泛而深入的研究。

（一）先导研究

之所以开展先导研究，是因为在已有文献中（见第二章），虽发现教师身份认同和能动性之间存在密不可分的关系，但相关研究尚显不足，故在基于混合研究范式的正式调查之前，有必要对两者之间的关系进行先导研究，为进一步开展调查提供必要的数据支持。

此外，在已有文献中也发现（见第一章和第二章），教师身份认同是教师素质的核心，教师能动性及社会文化环境在教师身份认同构建中发挥着重要作用。教师能动性为"运动中的身份"，需首先关注身份认同构建的情境维度，故开展经验调查前，有必要考察不同历史情境下我国高校英语教师在其专业成长中的身份认同构建问题，以揭示在影响教师身份认同的各种因素中，能动性如何在社会结构中发挥作用，在促进教师身份认

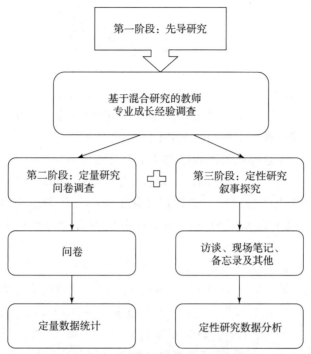

图 4.3　基于混合研究范式的经验调查

同建构的同时，促进了教师专业成长，即初步考察教师能动性和教师身份认同构建以及与教师专业成长的关系。

有鉴于此，作者采用个案研究，通过考察三名不同历史情境下的高校英语教师身份认同构建及其影响因素，对教师身份认同和能动性关系进行了先导研究，所得结论为第二阶段的问卷调查提供了一定的数据支撑。

先导研究过程及研究结论详见第五章。

（二）问卷调查

先导研究结束后，基于先导研究结论，作者及其他研究成员，通过问卷调查，以"局外人"身份，从事了第二阶段的定量研究，以"鸟瞰"教师能动性和教师身份认同之间的关系。

之所以采用问卷调查，是由于高信度、高效度的调查问卷以及科学的抽样方式，能帮助研究者在一个时段内采集大样本定量数据。而基于大样本的定量数据分析，能为研究者提供比较科学的变量关系或总体横截面的"事实"快照，能保障研究结论更加客观（Brown，2001）。

所以，在研究第二阶段，根据先导研究结论，作者及其他研究成员通过自行设计的高信度、高效度问卷，采用科学的抽样方式，基于天津高校英语教师能动性及其影响因素的广泛调查，进一步揭示了教师身份认同和能动性之间的关系，所得问卷调查结论为第三阶段的叙事探究提供了科学的定量数据保障。

第二阶段的问卷调查过程及其研究结论详见第六章。

（三）叙事探究

问卷调查结束后，基于问卷调查结果，作者及其他研究成员为深入探究教师身份认同和能动性的关系，以"局内人"身份，开展了第三阶段的叙事探究，以"聚焦"教师能动性和教师身份认同之间的关系。

20 世纪 80 年代，加拿大著名教育学家康纳利（Connelly）和克莱丁宁（Clandinin）最早把叙事作为研究方法引入教育学研究领域，并成为人类理解世界的一种定性研究方法。到 20 世纪 90 年代，教育叙事研究在我国兴起并推广。

叙事，通俗地讲，就是叙述人讲自己的故事，讲述故事发生的时间、地点和历史情境等。对于教师而言，就是教师"讲述自己日常教育生活的故事，以讲故事的形式来表达自身对教育的理解与认识，是在特定的教育文化语境中运用叙述描写等表达方式，以故事形式来呈现已发生或正在发生的典型性教育事件的行为过程或言语成品"（杨洲，2016）。

叙事研究是对故事进行系统分析，研究者可将研究发现和结果，运用于分析更广泛的议题并解决实践问题（高尔等，2016），强调研究者参与到参与者的实际生活中去，从他们的视角去思考，去"经历经验"，去对经验的过去、现在及未来进行探求、询问（朱光明、陈向明，2008）。与此相类似，教育叙事研究就是"研究者通过描述个体教育生活，搜集和讲述个体教育故事，在解构和重构教育叙事材料过程中对个体行为和经验建构获得解释性理解的一种活动"（傅敏、田慧生，2008）。从叙事研究和教育叙事研究的定义内涵看，叙事研究的本质不在于研究者客观地呈现教育现象，而是要揭示、解构、重构教师对现象的理解是如何融入他们个人和社会世界里，以进一步解释教育的意义，实现叙事的多重功能——叙事作为外化，叙事作为言说，叙事作为系统去考察（Johnson、Golombek，2011）。

之所以在第三阶段采用叙事研究，探究教师身份认同和能动性之间的关系，是由于叙事研究的内涵特征与本研究目的的高度契合所致。如第一章所言，本研究目的是基于生命历程理论和生态学交叉理论，探究高校英语教师在宏大时空背景下，在个体专业成长的社会化过程中，如何建构了身份认同、采取了能动性行为，以及身份认同和能动性之间关系如何助力了其专业成长，而已有研究又缺乏对这些问题的深入探索，这就要求研究者采取开放、包容、合作的态度，进入教师所经历的教育世界，从他们的视角去建构其身份认同、解释其能动性行为，并进一步揭示身份认同和能动性关系如何助力教师专业成长。而作为定性研究的叙事研究，能够帮助作者面向教育事实本身，进入教师的教育生活，与他们建立合作互动的关系，从参与者视角，去倾听他们用自己的话语，讲述他们生活世界（lived world）（扎哈维，2022）中所发生的故事，获得参与者的内心体验，关注他们的体验，对他们的教育故事和意义建构作出解释性理解，"能够确定意义是如何通过文化并在文化之中形成的，以及能够发现而不是验证变量"（Corbin、Strauss，2015），进而从实事本身中寻找内在的"结构"（刘良华，2007）。此外，叙事作为一种历史建构性陈述（叶菊艳，2013），可将教师的过去、现在和将来的个人生命历程进行联结，在反思中整合教师对其身份的感知，从而在叙事中重构对教师身份的认同和解释教师能动性的践行。

在叙事探究过程中，作者及其他研究成员主要通过访谈，辅以采集研究对象的生活故事、其他音频资料以及研究者的现场文本（如现场笔记、备忘录），收集了定性研究数据，并进行了定性数据分析，形成扎根理论，以进一步解释定量研究结论和深入探究教师身份认同和能动性之间的关系如何促进了天津高校英语教师专业成长。

第三阶段的叙事探究过程及其研究结论，详见第七章和第八章。

第四节 小 结

在本章中，作者首先说明了本研究的总体研究目标和三个研究子目标；然后，针对总体研究目标和子目标，提供了本研究的内容框架；最后，描述了基于混合研究范式而设计的天津高校英语教师专业成长的经验调查。

后续章节将分别详细说明基于混合研究范式的经验调查过程及结论，包括先导研究过程及结论（见第五章）、问卷调查过程及结果（见第六章）以及定性叙事探究过程及结论（见第七章和第八章）。

第五章　先导研究[①]

本章说明先导研究的目的、过程和结论，聚焦研究子问题 2，初步回答研究子问题 3。

第一节　先导研究目的

新时代背景下，习近平总书记对教育提出"立德树人"的根本目标，并强调教师的责任和使命担当是教师队伍建设的基础性工作。2017 年颁布的《中共中央国务院关于全面深化新时代教师队伍建设改革的意见》和 2018 年颁布的《外国语言文学类教学质量国家标准》更对外语教育改革、教师素质和教师专业发展提出了更高要求。

在教育改革背景下，面对改革的压力和挑战，高校英语教师较容易产生身份认同危机（张华、许斌，2017；刘艳、蔡基刚，2021）。而身份认同，作为教师素质的重要衡量因素之一，是教师专业发展的核心和动力（Korthagen，2004；Toom，2015；叶菊艳，2018）。所以，在新时代高校外语教育改革背景下，关注高校英语教师身份认同，即"我是谁，我赋予自己什么意义，别人赋予我什么意义"（Beijaard，1995）显得尤为重要（见第一章）。

在国内外教师教育研究领域（包括外语教师教育领域），在质疑结构主义身份认同观点的同时，研究者相继从后现代主义、后结构主义及话语分析等理论视角解读了教师身份认同的特性及构建过程，认为教师身份认同具有多样性、动态性和社会性，其身份建构处在动态变化中（见第二章）。而解读教师身份构建动态性的最合适方式，则是通过教师叙事。这是因为教师通过叙事，得以不断对自身职业经历和专业发展过往进行反思和重新诠释，并对自我身份产生新认识（见第四章）。

在已有研究中，外语教师身份认同构建大致可分为在叙事中构建、在实践中构建及在活动中构建三种路径，比较全面地揭示了外语教师身份认同的构建过程（展素贤、薛齐琦，2021）。但是，这三种路径基本是在具体情境下考察教师身份认同感知，很大程度上抽离了教师所处的历史背景和制度脉络，致使研究者在历史社会变迁中，整体、历时揭示教师身份认同构建过程时面临挑战。

有鉴于此，先导研究在身份认同研究的叙事趋向基础上，将高校英语教师身份构建叙

[①] 先导研究的数据采集主要在作者指导下，由薛齐琦完成；数据分析及结论由两人共同完成，并在作者指导下薛齐琦完成硕士学位论文，两人共同撰写论文并发表。在此，对薛齐琦所付出的努力和贡献表示感谢。

述,放置在历史变迁和社会演变的背景下,宏观探究教师身份认同构建,以考察不同历史背景下我国高校英语教师身份认同构建的社会化过程,实现先导研究目的:考察不同历史情境下,我国高校英语教师在专业成长过程中的教师身份认同构建及其影响因素,初步揭示高校英语教师在专业成长的个体生命历程和社会化过程中身份认同和能动性之间的关系,为进一步开展问卷调查和叙事探究提供数据支撑,在聚焦研究子问题2的同时,回答研究子问题3(如图5.1所示)。

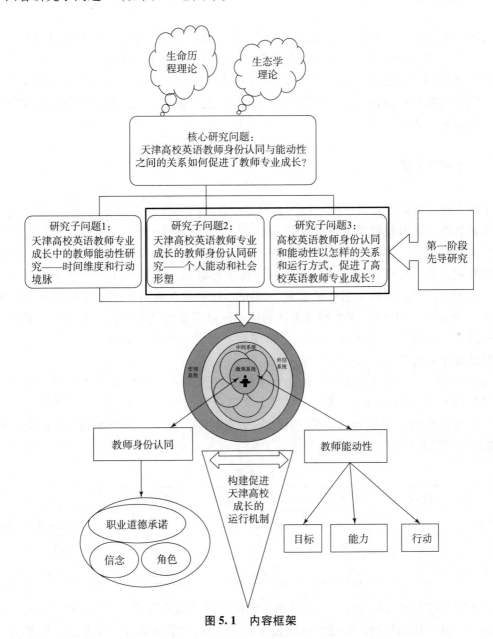

图 5.1 内容框架

第二节 先导研究过程

一、研究问题

为回答两个研究子问题,实现先导研究目的,确立了先导研究的两个研究问题:
(1) 处在不同时代背景下的高校英语教师身份认同是如何被构建的?
(2) 不同时代背景下的高校英语教师身份认同构建是否存在个性差异和共性特征?
在两个研究问题指导下,采用定性个案研究,通过叙事访谈,采集并分析了定性访谈数据,得出先导研究结论。

二、研究过程

采用定性个案研究,将不同时代的高校英语教师的个体专业成长历程和身份认同构建的叙事放置在不同时代背景下进行探究。

如第四章所述,叙事作为一种历史建构性陈述(叶菊艳,2013),可将主体(如高校英语教师的过去、现在和将来的个人生命历程进行联结,在反思中整合主体对其身份的感知,从而在叙事中重构对身份的认同。此外,叙事是在故事中思考、反思并探究经验的意义(李晓博,2011)。而教师身份认同构建的过程亦是其经验习得的过程,教师只有通过叙述自己的故事才能将自己的经历情节化,才得以理解自己的身份及意义。所以,在先导研究中采用叙事手段进行数据采集。

选择个案时,以外语教育发展和重大体制改革作为分界,整合了文秋芳(2019)和沈骑(2019)相关划分标准,确定了"文化大革命"(1966—1976年)、改革开放(1978年—)以及新世纪(2000年—)为三个关键历史时期,选取了三个不同历史时期入职的3名高校英语教师作为研究个案(如表5.1所示)。

表5.1 个案信息①

研究个案	性别	入职年份	研究方向	职称	历史时期
李中华	女	1974	教学法	教授(退休)	"文化大革命"时期
孙开放	男	1991	语言学	副教授	改革开放时期
王现代	女	2007	语言学	副教授	新世纪时期

为帮助3名个案教师有效叙事,采用了半结构式访谈进行了定性数据收集。在个案教师叙事中,以"作为教师,您是如何成长为如今的您""您能否和我谈谈您从教经历"以及"您能否和我说说从教期间对您影响比较大的一些事件"等主旨问题对教师专业成长

---

① 为保护个人隐私,3名个案教师的姓名均为化名。

历程展开叙述收集，再通过将这些叙述放置在个案教师所处的不同宏观社会背景下进行分析，为教师的身份认同构建解读提供历史视角（Somers，1994），每位个案教师访谈时间50分钟到70分钟不等。经过3名教师同意，所有访谈内容被录音。为保证数据收集的信度，避免教师在叙事中美化自己，还查看了个案教师的反思日志以对教师叙事内容进行检验和补充。

从生命历程理论和生态学的交叉视角，对3名个案教师身份认同构建的叙事文本进行了个体生命历程中的时间维度和社会文化情境维度分析，数据分析主要分四个步骤。首先，对3名教师的访谈录音进行文本转写，共形成31 508字的叙事文本。其次，初步分析叙事文本。利用NVivo12 plus（以下简称N12）对3名个案教师的叙事文本进行了"词频探索"，结合词频探索结果（如表5.2所示）和"文本探索"方式的"扩展至大范围临近区"，将个案教师着意强调的部分进行人工文本提取并标记，旨在了解其叙述的意义内容。再次，再次阅读文本。通过文本细读，在研究问题指引下提取了对话内容的意义词块，并进行概念类属分类（Smagorinsky，2008），以考察教师对其身份类型的感知，发现和建立概念类属之间的有机联系，确定核心类属。最后，在重现个体生命历程的故事情节叙述中，探究研究结果，进行教师身份认同构建的历史社会学理论视角（展素贤、薛齐琦，2021）和交叉理论视角探究。

表5.2　N12词频搜索的10个有意义的高频词

项目		1	2	3	4	5	6	7	8	9	10
李中华	词汇	老师	学生	英语	学校	社会	国家	政治	教学	党	人民
	频次	213	75	63	57	56	45	32	32	13	7
孙开放	词汇	老师	学生	教学	学校	科研	英语	社会	专业化	课堂	共同体
	频次	240	75	75	57	52	39	24	12	11	9
王现代	词汇	老师	学生	学校	英语	教学	政策	科研	课堂	合作	学院
	频次	253	158	68	64	62	55	47	30	22	13

为保证定性个案研究的信度和效度，整理好的数据首先交由3名个案教师进行检查，以避免对数据的主观意解。结合N12，作者与其他研究成员对定性数据进行了深度分析与讨论，达成共识，形成先导研究结论。

第三节　先导研究结论

将研究对象的生命叙述放置在不同历史背景和制度脉络下进行考察，从历史社会学的"内在对比性"（展素贤、薛齐琦，2021）、生命历程理论所强调的"一定时空的生活""生活的时间性""相互联系的生活"（见第二章）以及生态学的个体与环境的互动性（见第二章）等多理论交叉视角对其进行分析与再分析，发现处在不同历史结构和轮廓的

3名个案教师受历史情境的影响,在其个体生命历程中,呈现着不同身份感知类型及身份认同构建过程,但在时代变迁背景下教师身份认同构建也呈现着共性特征。

一、3名个案教师身份认同的自我感知类型

(一)"文化大革命"时期的李中华:"国家的人民教师"

"文化大革命"时期,包括教师在内的知识分子遭受了身体和精神上的创伤,我国教育事业严重后退。中共八届十一中全会,通过了《关于无产阶级文化大革命的决定》,强调教育要革命,首先要改变资产阶级知识分子统治学校的现象,对教师进行改造。这种革命教育模式突出体现了"文化大革命"期间"教育为无产阶级政治服务"的工具性理念以及"教育与生产劳动相结合"的方针。外语教育是"文化大革命"的重灾区,教师成为"文化大革命"中首当其冲的批斗对象,正如李中华所言:

> 在当时,教师真的无地位可言,政治上被打击,工资也逐年降低,大多数教育者和知识分子都被下放农村和干校。英语老师受了挺大的苦,因为自己教的学科问题,受到了全社会的关注和打压。(李中华)

结合N12词频探索和文本探索结果,从李中华的叙述中可知,"文化大革命"中英语教师几乎失去了其社会身份,社会对教育发展的政治性和革命性要求削弱了社会尊师风气,教师地位每况愈下。由于学科的特殊性,英语在这场疾风暴雨式的浪潮中被严重打击,教师业务荒废,其对身份的感知也被政治所束缚。在此情境下,出于对教师职业的热爱,李中华几经挫折,坚定地选择加入了英语教师队伍。

> 1974年我就当上了正式的大学英语老师,我是非常开心的。许多人都说干吗进入这一行,老师不好过。虽然过得挺艰难,但其实我的内心深处还是对教师充满敬畏感。我认为只有教师才能为党和国家培养社会主义的接班人,我想做国家的人民教师,以德育人。(李中华)

李中华的入职年份是"文化大革命"后期,由于1971年《全国教育工作会议纪要》和1973年《关于高等学校1973年招生工作的意见》等文件的颁布,外语教育事业得到局部发展。从表5.2中可见,在李中华的叙事文本中,除了与高校英语教师身份有关的关键词"老师"(213次)、"学生"(75次)、"英语"(63次)、"学校"(57次),表明其职业身份认同的其他高频词则是国家(45次)、"党"(13次)、"人民"(7次)。通过进一步阅读分析文本可知,在如此艰难时刻,李中华选择教师职业的意愿,不仅仅是因为她将高校英语教学、教授学生英语知识作为自己的本职工作,更是她视教书为革命事业,是在为党、国家和人民育人。对李中华而言,她的"师德"就是对社会主义和国家的忠诚,对共产党的无限信任。

我们都认为我们应该为国家做贡献，奉献自己的时间和精力真的是我们教师应该做的。虽然我们那时候还处于比较落魄的地位，但是我们真的始终相信只有共产党才能解救我们。（李中华）

李中华笃定和坚守的这种教师职业道德，使其能摆脱"文化大革命"中"尊师重教"被否定和无休止的思想改造等一系列政治运动对其身份认同的束缚，同时出于对教师职业的热爱，在其教师身份"生存"狭隘的特定时空背景下，李中华仍发挥出了积极的个人能动性，用主动行为加深了作为"国家的人民教师"的身份感知，并有强烈的教师职业归属感，进而对结构化社会环境施加了积极影响（Goller，2017），将国家作为整体概念的意识形态内化于心，对国家的忠诚和对党的信任使其将为"国"教书作为解释自己身份的意义框架。

也正是李中华对"国家的人民教师"的强烈身份认同感知，促使她不断发挥个人能动性，工作投入，"每天都很忙，忙到下班都不能放心手中的活，有时候写着写着报告天都黑了，但是干劲可足了"（李中华）。此外，她还主动自我更新教学理念，探索新的教学方法。同时，还积极行动，汲取生态环境的生态养分，努力成为一名优秀的"国家的人民教师"。

我就想做国家的人民教师，我想教好书。所以我在教学上下的功夫很多。我不仅看同校优秀教师的教案，很多校级的教学交流工作和外出学习我也积极参加，所以我在教学方法上学到了很多，这给我后面评选优秀教学能手奠定了基础。（李中华）

李中华对"国家的人民教师"强烈的身份认同感知，积极影响了其个人能动性的发挥，这给她带来职业成就感和职业自豪感，更坚定了她一辈子做"国家的人民教师"的自信心和决心，并进一步夯实了其"国家的人民教师"的身份认同。

后来对我影响最大的就是在我真正教书的四五年内我被评为了优秀教学能手，还送了我一面小锦旗，我别提有多高兴了。在学校会议上宣读名字上台领奖，这真的给我以后教学更加奠定了信心，我每次觉得自己干不了什么事情的时候，就会想到那面锦旗，这就是激励我的一个物证吧。（李中华）

（二）改革开放时期的孙开放：追求专业卓越的压力者

改革开放后，中国教育步入高速发展阶段，各项工作"以阶级斗争为纲"的方针被彻底否定。随着经济的发展和改革的深入，高等教育也逐渐由精英教育步入大众教育的发展阶段。1977年恢复高考，1978年全国外语教育座谈会召开，提出了《加强外语教育的几点意见》，确定将英语纳入基础教学的主要学科范围，肯定了英语作为一门独立学科的地位。1985年《中共中央关于教育体制改革的决定》和1993年《中国教育改革和发展纲要》提出了"教育必须为社会主义建设服务"的要求，教育体制改革的核心也被定义为简政放权、扩大学校办学自主权。高校英语教师的地位在这一时期得到了肯定和提高。

同时,由于20世纪90年代市场经济使经济、文化符号和社会资本都带有可售性的特征(徐淑芹,2007),在一定程度上成为一种消解教师文化资本的力量,使教师面临的市场压力增大,教师"铁饭碗"也在1993年颁布的《中华人民共和国教师法》中明确改为逐步实行聘任制度,定义教师为"履行教育教学职责的专业人员,承担教书育人,培养社会主义事业建设者和接班人、提高民族素质的使命。教师应当忠诚于人民的教育事业"。其职责既要从事教育教学活动,又要从事科学研究、学术交流,并指导学生的学习和发展等,并逐步实行聘任制,对教师政治思想、业务水平、工作态度和工作成绩进行全面考核,考核结果作为受聘任教、晋升职称、实施奖惩的依据。所以,在国家宏观政策的指导下,我国高校开始逐步实行教师聘任制改革,要求教师发表科研论文,并作为晋升职称和奖惩制度的重要依据,这在孙开放的叙事文本中得到印证。

从表5.2中可见,与李中华的叙事文本不同,在孙开放的叙事文本中,位居前三的高频词分别为"老师"(240次)、"学生"(75次)和"教学"(75次),表明了孙开放所感知的高校英语教师"教学"身份认同。除此之外,高频词"科研"(52次)、专业化(12次)、"课堂"(11次)和"共同体"(9次)也成为其叙事中重要的元素,这和李中华所感知的身份认同有所不同。而给孙开放带来教师身份变化的最重要原因,在他看来是由于其所在学校的政策变化:

> 随着学校对教师的入职把控越来越严格,再加上对教师的专业化要求越来越高,老师不仅要会教书,还要懂得学科知识、教育理论化知识。能做科研的教师在这时候是很吃香的,学校会给你资金补助和外出学习机会,反正对科研的要求加强。(孙开放)

通过进一步细读叙事文本发现,国家对教师专业化的期盼、学校对教师科研的高要求以及所实施的一系列职称晋升和奖惩制度,对于刚入职的孙开放而言,形成巨大压力。尽管社会对高专业水平教师的要求以及社会文化环境的"形塑"对孙开放形成巨大压力,但当其"考虑到自己要晋升教授以及奖金问题"这些外力牵引因素时,他自身发挥了较高的积极学习能动性(高立霞、展素贤,2021),通过挤时间主动学习、继续考学、撰写论文等行为将制度期待外显化,并将自我理想身份,感知为一名专业化程度高、关注学生发展的优秀教师。

> 对老师而言,专业能力是专业发展的地基,没有专业能力就没有发展,我想做一名教学专家,我想做一名非常专业的老师;我想做一个关注学生的人,学生的积极全面发展是我的目标。(孙开放)

在压力和市场经济对教师职业的冲击力面前,许多教师离岗从商赚钱。面对压力和诱惑,出于对教师职业的热爱和强烈的职业归属感,孙开放不仅选择继续留在高校工作,而且在由国家和学校所共筑的教师"专业化"发展的外在环境中,他积极发挥个人学习能动性,攻读硕士学位,提高自身专业化理论水平,发表论文。同时,积极参加"学习共同体"(展素贤,2018)的集体教学科研实践,依靠组织支持,发挥了环境能动性(张娜,2012;高立霞、展素贤,2021),建构了集体身份(康翠萍、王之,2021),夯实了其自我感知的专业化程度高又关注学生发展的高校英语教师身份。

> 大家劲往一处使。当时我们老师都很勤奋好学,不想当老师的大部分都下海从商了,留下的大部分都是热爱教师这一职业的。当时我们七八个老师真的是拧成一股绳地搞教学搞科研,有经验的老师传授了我很多专业经验,使我少走了很多弯路,我在关注学生和专业发展之间也得到了协调。(孙开放)

可见,与李中华一样,孙开放所自我感知的高校英语教师身份认同,促使其积极发挥个人能动性和环境能动性;个人和环境能动性的践行结果,提升了其作为高校英语教师的专业化水平和能力,"我慢慢变得明朗是报考硕士之后,我学习了更多的教学理论以及科研方法之后,对自己的能力有了很大的自信,我对教学问题变得更加敏感,科研也有了方向"(孙开放)。领导和同事的认可,使孙开放得以担任行政管理职务,两度被评为校级优秀教师,特别是得到学生的认可。这些职业成就感的取得增强了其荣誉感和自豪感,进一步夯实了其自我感知的高校英语教师身份。

但由于学校繁杂的科研评比、检查和监督等日常工作,使孙开放变得非常忙,以至于在追求个人专业发展和关注学生学业成长方面产生了身份矛盾,不得已舍掉了对学生全面发展的关注。

总之,在孙开放专业成长的个人生命历程中,国家及社会对教师的不断关注,使教师在教育发展过程中不断调整自己,以适应改革的步伐,孙开放积极成为其中一员。在追求提升个人专业能力的基础上,由于其对教师职业的热爱和强烈的职业归属感,加上学校晋升职称和奖励政策的外力牵引,促使其在高校英语教师专业化道路上追求卓越,在教育变革进程中不断追求理想自我,以实现想象自我身份或理想自我身份(Sfard、Prusak,2005)。但在现实教育实践过程中,愈加繁忙的教学任务和提升学历层次的压力,使孙开放在实现"关注学生的全面发展"和"不断提升自我专业化"的"理想身份"中产生焦虑,出现身份认同困惑。"分离"这一消极的情感状态在一定程度上阻碍了孙开放理想身份的构建,在两者不能兼顾的身份选择中,孙开放自我身份感知则是一个想提升个人专业水平,但又处于压力和困惑中的高校英语教师。

(三)新世纪时期的王现代:"响应改革的践行者"

进入新世纪,我国改革开放更加深入,与世界各国在政治、经济、科技、文化等方面的交流更加密切。高校教师政策进行大幅改革,大学教师待遇和发展环境得到有效改善,再加上市场经济体制下大多数职业稳定性降低,使得高校教师职业重新显示出较强的吸引力(蒋玉梅,2011)。同时,《国家中长期教育改革和发展规划纲要(2010—2020年)》提出培养大批具有国际视野和具有竞争力的国际化人才,相应地对高校外语教师提出了更高的素质、专业和能力要求。

特别是在新时代,国家政治话语体系和外语学界学术话语体系均对高校英语教师身份和行为提出了很高要求(见第一章)。在国家层面习近平总书记提出了"四有"好老师标准，强调教育的根本任务是"立德树人"；教育部相继出台政策文件，强化高质量教育、打造"金课"等本科教育改革新理念，要求建设高素质、专业化、创新型教师队伍；在外语学界，学者在总结所取得的成绩时，有强烈的危机意识，呼吁广大外语类专业教师，为振兴发展外国语言文学类本科专业，应重新认识外语教师身份认同与发展定位，全面提升教师职业道德、教学能力、研究能力和学科知识的教育教学本领，成为真正意义上的"外语类专业教师"（孙有中，2019）（见第一章）。所以，和孙开放所处的改革开放初期一样，在21世纪，我国高校持续推进教师聘任、教师考核、职称评定以及教学科研改革政策，这对王现代的影响似乎要比国家政策影响更大。

> 虽然国家政策不断出台一些促进教师发展改革的政策性文件，但这些政策经由学校社会习俗的渗透……所以对教师来说，对我们影响较大的还是学校。（王现代）

这在王现代的叙事文本的高频词中也窥见一斑。尽管和李中华、孙开放一样，高频词排在第一和第二的依然是表明其高校英语教师"教学"身份认同的"老师"（253次）和"学生"（158次），但"学校"（68次）位居第三。且与前两个位教师所感知的教师身份认同不同的是，"政策"（55）、"合作"（22次）和"学院"（13）则成为构建其身份认同的重要因素，成为其叙事文本的独有元素。

通过细读文本，在王现代所在学校，除了对科研的高要求，还实施了文理科相统一的教师"硬性指标"考核和课程改革（如课程多元化、增加选修课）。在这一系列学校政策的推动下，加上"为了应付而应付的评估会把老师搞得很累"（王现代），导致"做科研的时间其实并不是很多"（王现代）。尽管如此，王现代对现行改革还是表现了极大认同：

> 改革过程中对教师的教学、科研以及全面性要求肯定越来越高，这对我来说是一种动力。再说教师必须发展，什么职业都需要你发展。如果教师故步自封，逃避改革，只想要守着自己的"一亩三分地"，这种老师是失败的老师，是社会谴责的老师。教师就必须是响应改革的践行者，不断更新自我、发展自我。（王现代）

此外，通过细读叙事文本也发现，王现代更新后的高校英语教学理念与新时代所倡导的立德树人目标一致。可见，无论国家层面还是外语学界领域的高要求，均对高校英语教师产生了很大影响。

> 改革对我的影响很大，首先要求老师必须发展自我，其次得好好研究学生。不像原来的教书匠，只需要教一些基本的技能和专业知识，现在老师要重视学生的全面发展。育人在这个时候我觉得比教书来得重要一些，老师要主动积极地对学生的道德品质发展施加影响。（王现代）

尽管面对国家政策和一系列学校政策时，王现代感到有压力，但由于其对高校英语教师身份的强烈认知和对学生成长的关爱，她更愿意将压力变为动力，变为一种自觉的行动，"从自身做起，将中国的英语教学转变为我想看到的样子。"（王现代）

● 第五章　先导研究

正是源于这种强烈的教师身份认同和对学生成长的关爱，王现代认同改革，积极发挥个人能动性，"我是一个很要强的人，在人群中，我就想做最优秀的那个。"（王现代）所以，在改革中她主动作为，成为教学改革的践行者。

所以，对王现代而言，尽管在"束身"的学校政策的社会化结构中，她不能做什么，但她不断探索新的课堂教学方法，"把新型的教学方法应用到课堂"（王现代），改革传统的填鸭式教学，及时与学生互动交流，听取学生的反馈意见，并进行了深度教学反思"我觉得我还是不够清楚地认识学生的需求，我觉得就算是两条不会相交的平行线，老师的作用就是要努力靠近学生，帮助他们。"（王现代）反思后，王现代建立了基于学生需求的动态教学方法，实时对个人教学方法进行调整，以满足学生需求，充分做到了课堂教学自主：基于学生需求，自主确立教学目标、自主安排教学进度，而不是被硬性的要求牵着跑。可见，在高校英语教学这条道路上，由于热爱教师职业的这个自身的源动力以及笃定的做一名优秀教师的信念，王现代积极主动地履行着教师责任和义务。

> 其实你选择了教师这条道路，你就应该接受教师的一些责任和义务，不要再想着"我凭什么"，而是"我愿意""我可以"。在这条道路上，其实会有委屈、压力、焦虑和幸福，既来之则安之。（王现代）

科研方面，尽管教学和其他事务性工作与科研发生冲突，但她并不抵触科研，而是认为科研能够帮助解决教学问题。所以，在教学、科研协调发展的榜样教师感召下，出于对科研的喜爱，王现代挤出时间，投入精力，在自己喜欢的科研上持续努力，并提出了对自己的更高要求。

可见，面对改革这一强加性的外在事实，在课改背景下，王现代认同改革，积极发挥教师能动性，主动更新教学理念和教学方法，以适应社会对教师责任和教师身份的期待，做出了该位置角色所需的积极行为。换言之，她更新了以往"教书匠"这一固化、简单的身份认同，并将"育人"作为身份感知的外化和表征。通过强调教书育人职责以及对学生道德品质发展的侧重，将自身价值观及学生观通过叙事表达出来。同时，也确立了教师身份认同的科研观，即科研身份认同。

此外，与李中华和孙开放一样，由于王现代自我感知的高校英语教师身份认同，促使其发挥积极的教学能动性，在提升教学水平的同时，通过与学生在日常的"心与心的感情之间的流淌和传递"（王现代）关系中，得到学生认可，意识到教师的价值所在。这些职业成就感和幸福感，进一步夯实了其高校英语教师的身份归属和认同。

但由于学校不能贯彻始终的政策、烦琐的形式检查、对文理科专业教师"一刀切"的硬性指标考核，特别是对英语学科的不重视，在一定程度上导致王现代所在高校的"很多英语教师［处于］被动地位，只能听从安排"，存在一定程度上的职业倦怠（Maslach等，2001），即教师所呈现的情感耗竭、人格解体和个人成就感降低的症状和身份认同危机（李霞、徐锦芬，2022）。对于王现代而言，由于其稳固的高校英语教师身份认同，促使其个人能动性得到积极发挥，共同驱动了其专业成长。

>[在学校政策面前]就觉得我们[高校英语教师]在学校里就是弱势群体,觉得生存发展是困难的……对我来说,这么多难以改变的事实摆在眼前,我唯一能做的只有积极主动地发展自我、更新自我,积极适应改革的步伐。(王现代)

综上,从王现代的个案中发现,在21世纪,特别是在新时代的教育改革前沿,高校英语教师面对国家、社会和学界对高素质、专业化、创新型教师队伍和"四有"好老师的期盼,有强烈的责任感和危机感,对教师素质和教师身份有了新的认识,并意识到高校外语教师不仅要关注自我专业发展,提升教学科研能力,更要关注学生全面发展,"育人"优先,并在教育教学改革过程中,积极调整自我身份认同,成为"响应改革的践行者"。王现代这一在历史结构和制度规约下的积极选择性身份认同的建构过程,符合时代对探索型教师范式的期待。

二、教师身份认同构建的情境塑造

外语教师身份认同是流动的、不断建构的过程(Barkhuizen,2016)。不同时代背景赋予了教师不同关系情境的身份意义,使处于不同时代脉络的教师对其身份认同的建构存在差异性,这在3名个案教师身份认同塑造中均得到印证。

在"文化大革命"这一特殊情境中的李中华提到了"重要他者"(Mead,1934;Sullivan,1953)对其身份认同构建所起的奠基作用,说明在教师个体生命历程中,具有与他人相互联系的职业生活。

>我记得有一个英语老师是个海归,"文化大革命"期间就遭到了红卫兵的围攻,被扣上了崇洋媚外等罪名,遭受批斗审查。一下课就被抓去批斗,逼着他说在国外的种种经历和亲属关系,胸前还挂着牌子,牌子上写着名字,画着红色的叉叉。当时课也没法上,但是老师还在晚上偷偷给我们补课,要求我们要一直背单词背文章,不能把学业拉下。我其实很敬佩他,他很负责,他就是我当老师的榜样。(李中华)

在这场政治浩劫中,传统的师道尊严受到批判,英语教师身份也不断沦落,有些教师被诬蔑为"牛鬼蛇神",一些外语专家学者被诬为"反动学术权威"(王雪梅,2011)。但在艰难时刻,李中华叙述中提到,她的英语老师仍履行一名教师义务,努力为学生传授英语知识。这种基于榜样的身份认同加深了李中华对自我教师身份的认同,并使其积极发挥教师能动性,将教师的"德"与"行"作为理解教师意义的身份框架。

入职后,李中华不仅对教师身份有无限认同,对国家和党也有很强的认同感,其身份认同构建体现着国家意识。

>教育是为党和国家服务的,我们老师存在的意义也是为国家做贡献。我们作为教师永远不能抛弃国家和组织,永远不能脱离国家发展的轨道。(李中华)

● 第五章 先导研究

在"文化大革命"这一历史背景和时代脉络下,李中华价值观念的选择与重建以及个人角色行为都与国家的思想政治期待相吻合,她将自我身份感知为"国家的人民教师",在"重要他者"以及对国家的忠诚和对党的信任下构建了其身份认同。

不同于"文化大革命"背景下的李中华,处于国家、市场和学校三重压力下的孙开放则认为,处在生态系统中的外层系统的教师学习共同体的存在,更能帮助自己解决教学科研问题,这在一定程度上缓解了其身份矛盾,在巩固其个人职业身份认同时,建构了集体身份(康翠萍、王之,2021)。

> 还有我们的学习小组,就是现在的老师学习实践共同体。当时我们是有合作小组的,老师相处是很愉快的。当时网络不像现在这么便利,我们有什么话也是当面讲,所以大家聚起来一起讨论的次数是很多的……其实现在回想,如果没有当时那么多老师一起做一起分享,根本就不会有我现在的课题方向。(孙开放)

可见,学习共同体作为孙开放消极情感的排解空间,为其身份矛盾的缓解和身份意义的建立提供了支点,共同体成员身份帮助其构建了教师身份认同(Wenger,1998)。此外,教师学习共同体也成为教师身份认同的最佳场所,这是因为共同体成员的合作和经验分享对教师身份认同构建和归属感提升具有很强的促进作用(Tusi,2007)。和孙开放一样,在"文化大革命"时期入职的李中华也表达了同样的看法,认为经历了磨难的教师更加懂得分享和团结。

此外,孙开放认为自己学历层次的提升,提高了其教学科研水平和个体能动力,增强了其职业成就,成为其身份认同构建的重要事件。由此,提高学历层次成为孙开放个人特征中的重要资源特征(Bronfenbrenner、Morris,2006),积极影响了其有效参与"最近过程"的能力。

> 学历的获得使我在评职称上更加顺利。不仅如此,学习了更多的教学理论以及科研方法之后,我真的对自己的能力有了很大的自信。我对教学问题变得更加敏感,科研也有了方向,做什么工作也有了动力。(孙开放)

此外,在改革开放发展的时代脉络中,孙开放特别强调自己的"教书"角色。而与李中华不同的是,孙开放认为自己的"德"就是提升自己的专业化水平,要授人以渔。同时,其在教学和科研自信心的获得增强了其对工作的投入度,这一积极情感的形成加速了其个人职业能动性的发挥及对教师身份的正向感知。因而在当时社会背景下,孙开放通过共同体的互动分享、学历提升、职称评定以及自我专业提升等,构建了其身份认同,增强了其职业成就。

而对新世纪入职的王现代而言,随着教学改革的不断深入,她在协同"个人自我"与"社会自我"(刘洋,2015)的社会化过程中,在社会角色期待中不断更新自我,并在参与改革、与学生互动交流,实现课堂教学自主以及专业提升的过程中,有充分的获得感和自豪感,这加强了其专业身份认同感,加快了其身份认同构建过程。

我认为在这些年中，使我更加热爱教师职业的就是我获得感的增加。这太抽象了，你可能难以理解，其实就是我在教学改革中的参与感、与学生互动的幸福感、专业上的受益感等，这都是我获得的。（王现代）

所以，教师身份认同并不完全是来自外界赋予的，而是教师通过利用可获取的情感资源（欧阳护华，2016）及文化资本努力建构的。对于王现代而言，在面对新世纪课程改革以及新时代对"四有"好老师的社会期待时，她不断在改革中积极调整自我与社会角色期待的偏差，通过改革情境下的自我调整以及自我获得感的增加，构建了其身份认同。换言之，王现代并未局限在较易结构化的身份惯习中，她愿意改革以及敢于改革的价值观使其在身份认同建构过程中拥有了较大自主权。她通过教师能动性的积极发挥，将社会制度和期待内化为共享的认知，对自我教师身份认同构建赋予了政策意义及情境意义，赋予了改革生命力，完成了"我是谁"的身份建构。

但当提及教师间合作时，与李中华和孙开放的叙述话语不同，王现代表示同事间虽可以和平相处，但缺乏真正意义的交流和合作。王现代在反思日志中也表示教师学习共同体的存在并未很好促进其教师专业发展。

现在的教师不是拒绝合作，而是很难在合作中找到合作的意义。为了合作而合作，这个合作体永远不会发展。我们院系甚至整个学校的教师学习共同体基本没有做大做好的，教师找不到凝聚力，很散。（王现代）

从王现代个案身上可见，相比教师集体身份认同——从心理上认可自我集体成员身份，并将群体目标、共同愿景及合作作为自己的行为标准（李子建、邱德峰，2016），新一代教师似乎对自我身份有更强的认同感。再加上共同体中默认的人际交往规则以及权力等级等，使以真理诉求为目的的交流，往往让位于隐藏自我、谋求和谐人际关系的交流（展素贤、郑佳，2010；欧阳护华，2016）。因而教师很难在自己真实身份中协同环境赋予的集体身份，并在共同体中找到自己的理想身份。所以，在强调创新的新时代，应在改变教师合作共同体文化过程中，努力帮助众多教师在不同个性中找寻共性，形成合力，共同承担起国家所赋予的教书育人的历史责任。

三、身份认同构建的共性特征

从以上 3 名个案教师的叙事中发现，处于不同时代脉络和历史背景下的高校英语教师受自我感知和情境塑造双重影响，在个体生命历程中，构建了不同身份感知类型。换言之，教师是嵌入特定制度脉络下的个体，由于教育理念的传承和教师职业的本质特征，其身份构建又存在共性（如表 5.3 所示）。

第五章　先导研究

表 5.3　个案教师身份认同建构的个性差异和共性特征

个案教师	所处时代	个性差异		共性特征
		自我身份感知	情境塑造	
李中华	"文化大革命"时期	◇ 国家的人民教师：对党忠诚、热爱教师职业、强烈的职业归属、更新教育理念、职业成就	积极影响：重要他者、对党和国家的忠诚	1. 不同历史情境的形塑 2. 职业归属感、对职业的热爱 3. 职业成就 4. 教师能动性内驱力 5. 教师身份认同和能动性的互动关系
孙开放	改革开放时期	◇ 追求专业卓越的压力者：注重专业能力提升和学生全面发展、热爱教师职业、职业归属、职业成就 ◇ 身份认同困惑	◇ 积极影响：组织支持（学习共同体）、外力牵引（晋升职称、奖励制度） ◇ 消极影响：教学任务重	
王现代	新世纪时期	◇ 响应改革的践行者：热爱教师职业、职业归属、改革认同感、更新教育理念、职业成就 ◇ 身份认同危机	◇ 积极影响：改革实践参与（自我获得感、改革认同） ◇ 消极影响：缺乏组织支持、教师任务重、生活和工作冲突	

首先，在3名教师的叙事中发现，教师身份认同构建均受不同时空背景下政策、社会、经济、政治等历史情境的规制和影响。在不同时代背景中，3名英语教师都在特定的制度脉络下通过协商自我与社会角色，不断进行生产和再生产，进而构建了他们对自我身份认同。

其次，在教师身份认同构建过程中，"教书育人"和"德"成为他们公共的叙述。这一沿袭性体现着每一时期的教师身份认同构建都继承与演绎着以往阶段的精华部分（袁丽，2016）。但每位教师对其意义的赋予却存在差异阐释。对"文化大革命"时期入职的李中华而言，她将国家政策和命运内化为自我叙述，认为以德育人的"德"就是为党和国家培养社会主义接班人，做国家的人民教师。不难理解，在"以阶级斗争为纲"的政治话语下，李中华具备良好的政治文化资本，将爱国、爱党、爱教育赋予到身份意义上。改革开放后，由于市场化的兴起，社会强调效率以及"消费主义""工具性导向"的盛行，国家概念对于教师逐渐弱化，他们更强调"教书"的概念。所以，改革开放时期入职的孙开放，他认为自己的"德"就是提升自己的专业化水平，要授人以渔。进入新世纪，在强调"素质教育"和质量教育的社会，"立德树人"乃教育的根本任务，教师在改革中更新甚至是改变自我，并在改革中积极发展。此时教育更注重"育人"功能，教师对"德"的意义更多关注学生的全面发展。在新时代背景下，王现代积极发挥主观能动性，在改革的关系情境中对身份意义进行了积极赋予。

此外，对学生的爱也是每位教师身份构建的共性话语。不管时代和制度如何变迁，教师对学生的爱是永恒的，均期待学生成才。3名教师都表示学生的优秀发展才是对他们最好的回报。所谓"经师易得,人师难求",这说明教师的包容性和责任感在时代变迁中一直传承和保留了下来,也体现了中华优秀传统文化对教师"德性"和"仁爱之心"的规约和影响。

更为重要的是,在动态考察教师身份认同构建的社会化过程中,发现处于不同时代脉络的教师在面对社会对教师身份的期盼时,会以不同形式的目标设定或行为导向发挥其教师能动性,从而在特定的社会框架下加深自我身份感知,构建身份认同。对"文化大革命"背景下从教的李中华而言,在面临社会对教师身份打压时,积极发挥教学能动性,将"以德育人"作为自己的身份意义并将身份感知为"国家的人民教师";对处于改革开放的孙开放而言,面对社会对"专"的重视和要求时,不断发挥学习能动性和科研能动性,通过学历提升实现理想的专业化教师身份认同;对新世纪背景中的王现代而言,社会对教师"德"与"专"的双重重视更加刺激了其教学能动性的发挥,因而她不断协同社会期待与教师自我之间的关系,通过更新自我以适应改革和教师发展的步伐。由此可见,教师通过发挥个人教学、学习和科研能动性,使信仰积极内化,在追求目标实现基础上加速身份认同构建。不难看出,教师能动性在教师身份认同构建中发挥着重要作用,而身份认同的构建也促进了教师能动性的积极发挥。

第四节　主要发现与讨论

在第一阶段的先导研究中,通过探究不同时代脉络中高校英语教师身份认同构建及其影响因素,回答了先导研究的两个研究问题,初步探讨了本研究的两个研究子问题(见第二章),总结如下:

一、主要发现

通过对先导研究的两个问题的回答,初步探讨了本研究的子问题2,即探讨了在特定社会文化情境中的高校英语教师"我是谁"以及高校英语教师身份认同"如何被构建",围绕子问题2,有两个主要发现。

(一)发现一:高校英语教师自我身份认同感知与内涵

在宏大的社会文化情境中,高校英语教师有自己所处时代特定的身份认同感知,尽管自我感知有时代特征,但不同时代的高校英语教师身份认同内涵有共性:

(1)高校英语教师职业归属,包含所承担的立德树人、教书育人的职业角色。

(2)教师职业道德承诺,包含对教师职业的热爱和对学生的关爱。

(3)先进教育、教学理念。

(4)职业成就。

(5)对所处时代政策、改革的认同。

(二)发现二:社会文化背景对身份认同的"形塑"

高校英语教师所处时代的社会文化背景对教师身份认同具有"形塑"作用,使处在不同时空背景下的教师有强烈的自我身份感知。

在先导研究中，对于"文化大革命"时期的李中华而言，其身份感知是国家和人民的高校英语教师，其职责是为国家和人民教书；对于改革开放时期的孙开放而言，其身份感知则是追求卓越的专业化的高校英语教师，其职责是教学、科研并追求个人专业成长；对于在新世纪入职并在新时代成长起来的王现代而言，其身份感知是积极践行教学改革的行动者，满足学生需求，为学生提供服务的教学者和科研者。

通过对先导研究的两个问题的回答，也初步探讨了本研究的子问题3，即探讨了在教师个体专业成长的生命历程和社会化进程中，高校英语教师身份认同和能动性之间的关系，以及两者之间关系又如何与教师所处的生态系统的"因子"发生关联，共同促进了教师专业成长问题。与此问题相关，又有以下三个主要发现：

（三）发现三：高校英语教师身份认同的能动构建

基于先导研究发现，在高校英语教师身份构建的个人生命历程和社会进程中，教师能动性包含个人能动性（即教学、科研和学习能动性）和环境能动性两个方面，这进一步印证了国内已有教师能动性的分类研究（张娜，2012；高立霞、展素贤，2021），是建构教师身份认同的积极影响因素。

具体而言，在高校英语教师身份认同的构建过程中，教师通过积极发挥个人教学、学习和科研能动性以及环境能动性，增强了高校英语教师职业归属感和对教师职业、学生的热爱，进而使道德理想信念、教育理念内化于心，在追求其职业发展目标时，加速了教师个人身份和集体身份认同的建构（李子建、邱德峰，2016）。

（四）发现四：身份认同及其构建促进了教师能动性的发挥

先导研究结果表明，处在不同时代的个案教师有强烈的身份认同感知，即他们对职业身份归属、教师职业的热爱作为教师素质核心，促进了教师个人教学、科研和学习能动性以及环境能动性的发挥，促使他们在追求专业水平提升、职业目标确立以及提升教学科研水平的教师专业发展过程中，不断积极发挥个人能动性和环境能动性。

（五）发现五：身份认同和能动性积极互动，对环境施加影响，并促进了教师专业成长

处在不同时代的高校英语教师，通过个人能动性和环境能动性的发挥，在与教师身份认同的积极互动中，对其所处的社会文化环境施加积极影响，两者积极互动的结果促成了教师成就，进而促进了教师专业成长（如图5.2所示）。

二、讨论

基于先导研究结论以及对研究子问题2和子问题3的回答，下一步研究，一方面应在个人生命历程和历史社会变迁中，整体、历时把握教师身份认同的个体能动建构，多维、立体揭示教师"坐落"的生态系统对教师身份认同的外在"形塑"和规约；另一方面，还需要在教师个体生命历程和社会文化环境中，把握教师能动性内涵及其影响因素；更要探究教师在职业生涯中其身份认同如何被建构并与能动性如何互动，共同促进教师专业成长（Hiver、Whitehead，2018）。

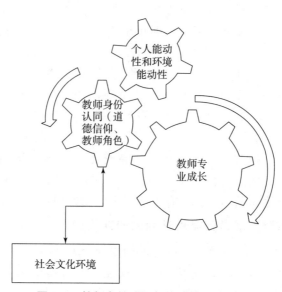

图 5.2　教师身份认同与能动性互动机制

此外，由于先导研究对象较少，正式调查需扩大研究对象，采用定量和定性相结合的方法，对处在不同时代背景下的高校英语教师身份认同和能动性之间的关系开展更加广泛和深入的探究（详见第六章、第七章和第八章）。

基于先导研究结论，作者首先采用定量研究的问卷调查方式，调查了天津高校英语教师能动性现状、影响因素及其与身份认同的关系。第六章将阐述天津高校英语教师能动性现状、与身份认同的关系以及其他影响教师能动性的积极和消极因素的问卷调查过程和结论。

第六章 问卷调查[①]

本研究第一阶段的先导研究结束后（详见第五章），基于先导研究结论，采用混合研究范式，对天津高校英语教师专业成长经历展开调查。本章将说明问卷调查目的、问卷设计过程、问卷调查过程以及研究结果，重点回答研究子问题1，进一步回答研究问题3。

第一节 问卷调查目的

《中共中央国务院关于全面深化新时代教师队伍建设改革的意见》明确提出"加强教师队伍建设""促进教师专业发展"，而教师专业发展的核心动力则是教师能动性（Priestley等，2015），故有必要探究教师能动性，以更好促进教师专业发展（详见第一章）。

如第二章所述，教师能动性是教师在与环境互动过程中所采取的目的性行为，以对教师身份、工作环境和专业发展施加影响（Hökkä等，2017）。鉴于教师能动性在教师专业发展中所起的核心作用，国内外研究者从不同理论视角，尝试界定教师能动性这一中心概念。如Eteläpelto等人（2013）从以个人主体为中心的社会文化理论视角，视教师能动性为教师在一定社会文化情境中所采取的目的性行为，以影响教师工作，认为教师能动性包含教师对工作的影响、教育改革的参与和职业身份的协商等三部分；而Priestley等人（2015）则从生态学理论出发，认为教师能动性是"过去影响"、"当下实践评估"和"未来指向"三个层面交互作用的结果，并进一步解释"过去影响"指教师生活和职业经历对教师能动性的影响，"当下实践评估"则指教师当下所作的教学实践和评估活动，而"未来指向"则指教师对工作的期望；张娜（2012）则从社会认知视角，将教师能动性界定为教师在其专业发展实践中，为提升自身专业发展水平，积极主动发挥其内在潜能和借力外部资源的能力，认为教师能动性由个人能动性和环境能动性两个维度组成，在先导研究中，这一点已得到进一步印证（详见第五章）。其中，个人能动性指教师为实现其专业发展目标所付出的个人努力，环境能动性则指教师通过与工作有关人员的交流与合作，用以改善自己的专业发展行为。可见，由于国内外学者所采用的理论视角不同，对教师能动性概念的界定和维度划分尚未达成共识。

虽然在先导研究中，印证了张娜（2012）有关教师能动性两个维度——个人能动性

[①] 问卷调查中的调查问卷设计与实施、定量数据分析由作者和高立霞共同完成。本章中的定量数据分析结果部分在作者指导下，由高立霞撰写成硕士论文，获天津市优秀硕士学位论文。在此，对高立霞在问卷设计、实施和数据分析过程中所付出的努力和贡献表示感谢。

和环境能动性,但仍需借助开发并验证高信度和效度量表,进一步界定高校英语教师能动性这一核心概念,以有效促进教师能动性发挥和教师专业发展。

在已有国内外教师能动性研究中,研究者曾编制过教师能动性量表(如:张娜,2012;Pyhältö等,2015;刘杰,2018;魏海苓等,2022),特别是张娜所编制的中小学教师能动性量表,包括了教师在教学和专业学习方面的能动性,在调查研究我国中小学教师能动性中得到广泛应用。但该量表的研究对象,主要是中小学教师,对高校教师,尤其是高校英语教师未能涵盖。与中小学教师不同,高校英语教师能动性的发挥,主要表现在课堂教学、学术研究和专业学习三个专业发展层面(高雪松等,2018;高立霞、展素贤,2021)。不难看出,与中小学教师相比,高校英语教师的能动性,有其明显独特性。而且,《外国语言文学类教学质量国家标准》(教育部,2018)和《普通高等学校本科外国语言文学类专业教学指南》(教育部,2020)对高校英语教师专业发展和素质提升提出了更高要求。在这一背景下,编制高校英语教师能动性量表变得非常必要。

有鉴于此,在本研究的第二阶段,采用定量研究,通过自行开发的问卷调查,回答研究子问题1:在天津高校英语教师专业成长的社会化过程中,他们发挥了怎样的能动性?这些能动性又是怎样发挥的?调查这一群体教师能动性现状、积极和消极影响因素,在回答研究子问题1的基础上,进一步回答研究子问题3,即身份认同和能动性之间的关系,并考察两者的关系如何影响了教师专业成长(如图6.1所示)。

第二节 问卷设计过程

问卷主要围绕高校英语教师能动性量表开展设计与验证,具体过程如下:

一、高校英语教师能动性量表的开发

高校英语教师能动性量表的开发参照 Devellis(2003)所建议的三个阶段,由作者和高立霞自主设计完成。

在量表开发第一阶段,围绕教师与环境互动过程中所作的目的性行为选择,以及对教师身份、工作环境和专业发展所施加的可能影响等,通过定性研究的"强度抽样"方式(陈向明,2000),抽取了3名具有较高信息密度的高校英语教师,分别进行了半开放式访谈(高立霞,展素贤,2021)。同时,基于先导研究对研究子问题2和研究子问题3的回答(见第五章)以及我国中小学教师能动性量表和教师能动性的二维结构框架(张娜,2012),即教师能动性由个人能动性和环境能动性两个维度组成,结合定性访谈数据析得的高校外语教师专业能动性的内涵(高立霞,展素贤,2021),自行初步编制了由教师个人能动性和环境能动性两大类问题组成的量表。其中,个人能动性问题包括教师专业发展目标的制订(4个题项)、行为的实施(4个题项)以及评价、反思与调整专业发展目标(5个题项);环境能动性包括教师在专业发展活动中与其他相关工作人员可能展开的互动或合作,涵盖与同事(4个题项)、学生(5个题项)、优秀同行(4个题项)和领导(4个题项)可能开展的合作、交流与互动。所有题项要求教师从"非常不符合""比较

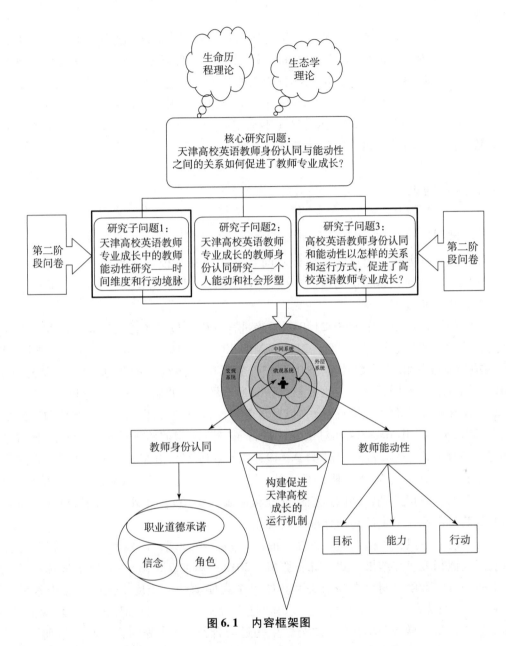

图6.1 内容框架图

不符合""不确定""比较符合""非常符合"的李克特5级量表中作出选择。

在量表开发的第二个阶段,邀请来自国内不同高校的5名专家,其中1名教育学专家、2名教师教育领域专家、1名问卷设计与测试专家和1名心理学专家,分别对量表的初始题项进行审定,以保证各题项的内容效度和表述的科学性。5名专家均对初始题项所要测量的概念进行了肯定,但对题项的表述提出了各自修改意见。根据教育学专家和教师教育专家建议,在各题项表述中明确了主语"我";根据心理学专家建议,对第3题和第13题中与第2题和第12题中重复的内容进行了修改,最终确定第3题为"我能根据研究兴趣和研究方向确定科研目标",第13题为"我能根据学科发展方向,适当调整个人专业学习计划",并对第7题中欠恰当之处进行了修改,改为"我积极主持申报各级各类科研课题"。

最后，邀请3名高校英语教师进行了先导测试，根据3名教师意见，修改了一些语言表述问题。最终确定了包括30个题项的初始问卷，分两部分：第一部分为教师基本情况，包括性别、年龄和教龄等；第二部分为高校英语教师能动性5级量表，其中个人能动性维度包含13个题项，环境能动性维度包含17个题项。根据受试者对每个题项回应，按1（非常不符合）、2（比较不符合）、3（不确定）、4（比较符合）和5（非常符合）计分，分数越高说明高校英语教师的能动性水平越高。

二、量表验证

（一）试测

采用任意抽样方式，通过网络平台"问卷星"向某高校英语教师及全国范围内同行发放在线问卷，共回收205份问卷。经过进一步筛查，剔除无效问卷23份，最终回收有效问卷182份，有效率89%。

对回收问卷，首先使用SPSS 21.0对量表进行分析，包括各题项与总分的相关分析和总分高、低两组的独立样本 t 检验，以对编制的30个题项的区分度进行检测。结果表明，30个题项与总分的相关系数均高于0.4，30个题项在两组之间均达到显著差异（$p < 0.001$），可做验证性因素分析。因此，保留了所有题项，并做了进一步分析。

基于先导研究结论（见第五章），以及学者广泛认可的教师能动性二维结构理论框架（张娜，2012），使用Amos 24.0对量表仅进行了二阶模型的验证性因素分析。分析结果 χ^2/df 为3.136，IFI为0.773，TLI为0.749，CFI为0.771，RMSEA为0.109，未达到合理的适配标准。而已有研究表明，只有当 $\chi^2/df < 3$，IFI、TLI和CFI均大于0.90，RMSEA < 0.08时，方可达到合理的适配标准（吴明隆，2010）。此外，二阶维度与一阶维度之间的载荷量出现几乎全部超出标准1的现象。

从以上模型各拟合指标数据和各因子的载荷系数中发现，该模型与实际数据不适配，这与我国其他相关研究结果一致（如：张娜，2012；刘杰，2018），可能的原因在于二阶因素下的一阶因素项之间存在相依关系。如"个人能动性"维度下三个一阶因素项"目标的制定""行为的实施""评价、反思和调整"是一个循环的过程；而"环境能动性"维度下的"同事榜样与分享交流""与学生沟通与合作""优秀同行激励与帮助""寻求领导帮助与支持"这四个一阶因素项之间的相关性也很强。故按照已有研究对教师能动性的维度划分（张娜，2012），将量表的维度降低一阶，只保留个人能动性和环境能动性这两个维度，进一步对量表进行一阶模型的验证性因素分析，删除因子载荷量低于0.40以及相关度过高的因子。

根据一阶模型的验证性因素分析结果，在个人能动性维度下删除Q16和Q27，在环境能动性维度下删除Q2、Q4、Q6、Q10、Q12、Q17、Q18、Q24和Q28，修正后量表的各拟合指标达到合理的标准，即 $\chi^2/df < 3$，IFI、TLI和CFI均大于0.90，RMSEA < 0.08。一阶模型首次验证性因素分析后，量表题项总数为19个。

对修正后的19个题项重新随机排序后实施正测，并进行信度和效度检验。

（二）正测

正式施测采取随机抽样方式，在天津市全部18所本科高校的1056名英语教师中，随机抽取调查对象。为保障抽样教师的误差置信区间高于90%，从18所高校中各选择1名教师，负责进行量表的在线发放。共回收275份问卷，剔除无效问卷7份，共有有效问卷268份，有效率97%，保障了抽样教师的误差置信区间高于90%。

验证性因素分析结果为：$\chi^2/df > 3$，IFI、TLI和CFI均小于0.90，RMSEA > 0.1，说明19个题项的量表结构与实际数据不拟合，因此，对量表进行了进一步修正。根据模型的修正指数，删除相关度高的因子，在个人能动性维度下删除Q1、Q3、Q5、Q7和Q17。修正后量表的题项总数为14个（参见附录1）。

针对修正后的14个题项，利用SPSS21.0进行试测和正测数据的内部一致性检验，利用Amos 24.0对试测和正测数据进行验证性因素分析。

三、验证结果

（一）信度

试测和正测数据的内部一致性系数如表6.1所示。从表6.1中可见，无论是试测数据还是正测数据，量表总体克伦巴赫α系数均高于0.90，说明量表具有良好的内部一致性信度。

表6.1 总量表及各维度信度

项目	维度	题项	α系数
高校英语教师能动性量表（试测）		14	0.93
	个人能动性	8	0.87
	环境能动性	6	0.87
高校英语教师能动性量表（正测）		14	0.94
	个人能动性	8	0.97
	环境能动性	6	0.88

（二）效度

1. 内容效度

科学和规范的量表开发是量表内容效度的重要保证。首先，依据先导研究结论和已有理论框架（张娜，2012）编制的量表，最大限度保证了量表开发的科学性；其次，在编制量表前进行了相关文献查阅，采用定性研究，对一线高校英语教师进行访谈，确保了量表内容的有效性；此外，量表题项编制完成后，征求5名教育学、心理学、教师教育领域、量表设计专家和一线教师的意见，对内容效度和题项及其表述进行了审核。所有这些措施保证了量表具有良好的内容效度。

2. 结构效度

试测数据的结构效度检验结果见表6.2。从表6.2可见，量表的各拟合指数均达到合理标准：$\chi^2/df<3$，IFI、TLI、CFI 均大于 0.90，RMSEA<0.08。

表 6.2　量表验证性因素分析拟合指标（试测）

拟合指标	χ^2	df	χ^2/df	CFI	IFI	TLI	RMSEA
数值	161.903	76	2.130	0.935	0.936	0.922	0.079

从量表验证性因素分析结构图（正测，如图 6.2 所示）可见，修正后的量表共有 14 个题项，其中个人能动性维度包含 6 个题项，每个题项的因子载荷在 0.67~0.84；环境能动性维度包含 8 个题项，每个题项的因子载荷在 0.58~0.81，均达到了可接受标准。

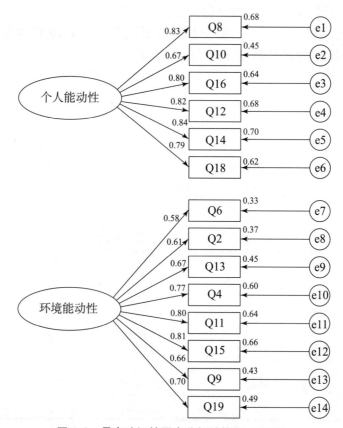

图 6.2　量表验证性因素分析结构图（正测）

从正测数据的结构效度检验结果看（如表 6.3 所示），量表的各拟合指数均达到合理标准：$\chi^2/df<3$，IFI、TLI、CFI 均大于 0.90，RMSEA<0.08。

表 6.3　量表验证性因素分析拟合指标（正测）

拟合指标	χ^2	df	χ^2/df	CFI	IFI	TLI	RMSEA
数值	161.903	76	2.130	0.935	0.936	0.922	0.079

由此可见，无论试测数据还是正测数据，修正后量表的各拟合指数均达到合理标准，且每个题项的因子载荷均达到了可接受标准，说明修正后的高校英语教师能动性量表具有较好的结构效度。

四、调查问卷

经过验证,包含 2 个维度 14 个题项的高校英语教师能动性量表(如表 6.4 所示),各项拟合指标均达到了合理标准,具有良好的结构效度;此外,量表整体内部一致性系数超过了 0.9,具有良好的可靠性。基于此,正式的问卷调查,采用了经过验证的自行设计量表(见附录 1)。

表 6.4 高校英语教师能动性量表

序号	维度	内容
1	个人能动性	我能根据学生需求和大纲要求制订教学目标。
2		我能根据研究兴趣和研究方向确定科研目标。
3		我能根据教学、科研发展需求进行专业学习。
4		我能寻求多种途径进行专业学习。
5		当遇到学术研究问题时,我经常审视自己的态度。
6		我能根据学科发展方向,适当调整个人专业学习计划。
7	环境能动性	我经常参加同事 QQ 群或微信群内非正式教学分享与讨论。
8		我能与学生合作,共同完成研究课题。
9		与学生互动交流,能促进我的科研发展。
10		我能主动向优秀同行寻求学术建议或学术帮助。
11		我能主动与优秀同行交流,提高专业学习能力。
12		我常在优秀同行的激励下进行专业学习。
13		我能主动向领导述说个人教学需求。
14		与学院领导融洽的人际关系促进了我的专业发展。

该量表分三部分。其中,第一部分为单选封闭题,调查高校英语教师的基本信息,包括性别、年龄、教龄等,主要考察教师能动性在个体教师方面的可能差异。第二部分为单选封闭题,即经过验证的较高信度和效度的高校英语教师能动性量表(见附录 1),旨在调查高校英语教师能动性现状。从表 6.4 中可见,个人能动性维度有 6 个题项,环境能动性维度有 8 个题项,要求受调查教师在李克特(Likert)5 级量表中作出选择(1 = 很不同意,2 = 不同意,3 = 不知道,4 = 同意,5 = 非常同意),并给予 1~5 级评分,分数越高,代表高校英语教师能动性水平越高。第三部分为多选封闭题,包括两道大题,主要用来调查教师所处的生态环境系统(即微观系统、中间系统、外层系统和宏观系统)的积极和消极影响因素,特别是教师身份认同对教师能动性的促进作用。第一大题检验教师能动性的积极因素,第二大题检验教师能动性的消极因素。在每个问题下有 9 个选项,要求受调查教师至少选择一个,选项来自先导研究结论及已有文献(见第一章和第二章)。

第三节 问卷调查过程

一、样本选取

在选取参加问卷调查的高校英语教师样本过程中，主要采用随机抽样方式，以保障研究结论具有广泛代表性。

样本选取之前，首先决定在天津所有18所普通高校（不包括本科独立学院、专科或中专学校）中进行。在这些普通高校中，既有"985"高校，又有普通高校；既有综合性大学，又有理工类大学、外语大学和艺术体育院校等。所以，教师专业成长的生态系统中的中间系统具有广泛的代表性。

然后，通过18所普通高校外国语学院院长和大学英语教研室主任，统计了天津18所高校英语教师人数，共计1056人，既包括教授英语、翻译专业的英语教师，又包括教授非英语专业的大学英语教师，还有教授研究生英语的英语教师。

在随机抽样过程中，抽样教师的置信区间高于90%，需至少达到275份教师样本量。

二、问卷发放

在确定随机样本量后，作者通过联系天津18所高校外国语学院院长、大学英语教研室主任，请他们为所在高校英语教师说明问卷调查目的，邀请他们自愿填写调查问卷。

随后，将正式问卷以问卷星在线形式，经由18所高校外国语学院院长、大学英语教研室主任，发放到18所高校的所有英语教师中间，邀请他们自愿填写，直至回收275份随机样本量。在回收的275份问卷中，有效问卷268份，有效率高达97%。

三、数据分析

使用SPSS 21.0，对回收的268份有效问卷进行了描述性统计和推断性分析。具体而言，采用均值、独立样本t检验等对高校英语教师能动性总体趋势和个性差异进行分析；采用多重响应频次分析和卡方拟合优度分析等方式调查高校英语教师能动性影响因素以及高校英语教师身份认同和能动性之间的关系，回答了两个研究子问题，得到研究结果。

第四节 研究结果

一、天津高校英语教师能动性现状

为充分有效回答第一个研究子问题（见第一章和第四章），以下部分将聚焦教师能动性总体水平以及在不同的个人背景和生态系统（主要为微观系统、中间系统和外层系统）中所表现的个体差异。

（一）教师能动性的总体趋势

为了解天津高校英语教师在其专业成长中的教师能动性总体趋势，采用了描述性统计分析，结果如表6.5所示。

表6.5　天津高校英语教师能动性描述统计分析

项目	样本量	平均值	标准差
个人能动性	268	3.97	0.64
环境能动性	268	3.72	0.68
教师能动性	268	3.83	0.64

从表6.5中可见，天津高校教师个人能动性（=3.97）、环境能动性（=3.72）和总体教师能动性（=3.83）均值均大于"3"（3=不知道），表明教师个人能动性、环境能动性和总体能动性水平较高，并促进了天津高校英语教师专业成长。这一研究发现似乎和高校英语教师线上教学能动性的定量研究结论相左（康铭浩、沈骑，2022），可能的原因在于天津高校英语教师具有较高的身份认同感（高雪松等，2018）和有效的环境给养。

此外，从描述性统计分析看，与环境能动性相比，教师个人能动性在教师专业成长发挥了较大作用，表明高校英语教师倾向于采用个体方式实现专业成长，而非与他人合作的方式，这一研究结果支持了我国已有研究结论（展素贤，2018）和先导研究结论，可能的原因在于高校英语教师缺乏在学校环境中发挥能动性的组织支持，很少有机会与同事进行真正意义上的合作（刘雨，2014）。为进一步考察个人能动性与环境能动性是否存在统计学意义上的显著差异，进行了配对样本 t 检验。

如表6.6所示，天津高校英语教师个人能动性与环境能动性之间存在统计学显著差异（$|t|=10.541$，$p<0.001$），表明环境能动性低于个人能动性，支持了描述统计分析结论和先导研究结论，进一步说明在教师专业成长过程中，个人能动性发挥着重要作用。

表6.6　天津高校英语教师个人能动性和环境能动性配对样本 t 检验

项目	t	df	Sig
个人能动性－环境能动性	10.541	267	0.000***

＊＊＊：$p<0.001$。

（二）天津高校英语教师个人能动性特征

为了探讨高校英语教师个体能动性的人口学特征，即个体教师在性别、学历背景、年龄、教龄和职称方面是否存在显著差异，运用 SPSS 21.0 分别进行独立样本 t 检验，以调查英语教师能动性、个人能动性和环境能动性是否存在性别或学历背景差异；此外，运用 SPSS 21.0 分别进行单因素方差分析，以考察天津高校英语教师能动性、个人能动性和环境能动性在年龄、教龄、学历背景、职称等方面是否存在差异。

1. 性别特征

利用 SPSS 进行了独立样本 t 检验，用以调查男、女高校英语教师的能动性是否存在显著差异，结果如表 6.7 所示。

表 6.7　不同性别的天津高校英语教师能动性独立样本 t 检验

项目	男性（$N=51$）	女性（$N=217$）	t	Sig
个人能动性	4.124±0.662	3.933±0.63	1.930	0.0547
环境能动性	3.887±0.769	3.679±0.658	1.971	0.0498*
教师能动性	3.989±0.702	3.788±0.616	2.042	0.0422*

*：$p<0.05$。

从表 6.7 中可见，天津高校英语教师能动性在男女性别方面存在显著差异（$|t|=2.042$，$p=0.0422<0.05$），表明男教师总体能动性似乎高于女教师。此外，环境能动性也存在着显著的性别差异（$|t|=1.971$，$p=0.0498<0.05$），表明男教师似乎比女教师具有较高的环境能动性。但是，教师个人能动性在性别方面的差异无统计学意义（$p=0.0547$），表明个人能动性不随性别差异而变化。

2. 年龄特征

为了调查天津高校英语教师能动性在年龄方面（即≤35 岁、36~45 岁、46~55 岁和≥56 岁）是否有显著差异，进行了单因素方差分析，结果如表 6.8 所示。

表 6.8　不同年龄的天津高校英语教师能动性单因素方差分析

项目	年龄	样本量	均值	标准差	F	Sig
个人能动性	≤35 岁	33	3.960	0.507	0.367	0.777
	36~45 岁	148	3.980	0.656	—	—
	46~55 岁	73	3.986	0.666	—	—
	≥56 岁	14	3.798	0.631	—	—
环境能动性	≤35 岁	33	3.636	0.632	0.432	0.730
	36~45 岁	148	3.710	0.714	—	—
	46~55 岁	73	3.784	0.665	—	—
	≥56 岁	14	3.652	0.609	—	—

续表

项目	年龄	样本量	均值	标准差	F	Sig
总体教师能动性	≤35 岁	33	3.775	0.509	0.333	0.802
	36～45 岁	148	3.826	0.664	—	—
	46～55 岁	73	3.871	0.645	—	—
	≥56 岁	14	3.714	0.603	—	—

如表 6.8 所示，46～55 岁的高校英语教师在个人能动性、环境能动性和教师能动性的平均分最高，而 56 岁以上的教师在个人能动性和教师能动性方面的平均分最低。尽管如此，4 个高校英语教师年龄组（≤35 岁、36～45 岁、46～55 岁和≥56 岁），无论教师个人能动性、环境能动性还是教师能动性均没有统计学意义上的显著差异，说明年龄不是能动性高低的主要变量。

3. 教龄特征

与考察年龄特征差异一样，为调查天津高校英语教师能动性在教龄方面（即≤10 年、11～20 年、≥21 年）是否存在显著差异，同样采用单因素方差分析，结果如表 6.9 所示。

表 6.9　不同教龄的天津高校英语教师能动性单因素方差分析

项目	教龄	样本量	均值	标准差	F	Sig
个人能动性	≤10 岁	41	3.919	0.529	0.192	0.825
	11～20 岁	141	3.969	0.660	—	—
	≥21 岁	86	3.994	0.658	—	—
环境能动性	≤10 岁	41	3.631	0.617	0.917	0.401
	11～20 岁	141	3.698	0.716	—	—
	≥21 岁	86	3.794	0.661	—	—
教师能动性	≤10 岁	41	3.754	0.520	0.587	0.557
	11～20 岁	141	3.814	0.665	—	—
	≥21 岁	86	3.880	0.642	—	—

如表 6.9 所示，教龄不足 10 年的教师群体，其教师能动性、个人能动性和环境能动性最低，平均值分别为 3.754、3.919 和 3.631。而教龄超过 21 年的教师群体，其教师能动性、个人能动性和环境能动性最高，平均值分别为 3.880、3.994 和 3.794。此外，还发现教师教龄变量与教师能动性之间似乎存在正相关关系，即随着教龄的增加，教师能动性呈上升趋势，这或许反映了教师能动性水平与教学经验有关。

尽管如此，如表 6.9 所示，高校英语教师在不同教龄的教师能动性、个人能动性和环境能动性的 F 值分别为 0.587、0.192 和 0.917，且所有 p 值均大于 0.05，表明不存在统计学意义上的显著差异。

4. 学历背景特征

为调查天津高校英语教师的教师能动性、个人能动性和环境能动性是否存在学历层次

（即学士、硕士、博士在读和博士）差异，仍采用了单因素方差分析，结果如表6.10所示。

表6.10 不同学历层次的教师能动性单因素方差分析

项目	教育背景	样本量	均值	标准差	F	Sig
个人能动性	学士	24	3.889	0.876	1.380	0.249
	硕士	183	3.933	0.573	—	—
	博士在读	15	4.067	0.479	—	—
	博士	46	4.127	0.771	—	—
环境能动性	学士	24	3.594	0.804	0.893	0.445
	硕士	183	3.697	0.627	—	—
	博士在读	15	3.783	0.720	—	—
	博士	46	3.845	0.818	—	—
教师能动性	学士	24	3.720	0.809	1.155	0.327
	硕士	183	3.798	0.575	—	—
	博士在读	15	3.905	0.529	—	—
	博士	46	3.966	0.784	—	—

如表6.10所示，具有学士学位的教师在教师能动性、个人能动性和环境能动性上的平均得分最低，而具有博士学位的教师平均得分最高。

尽管如此，不同学历背景教师的总体教师能动性、个人能动性和环境能动性均没有显著差异（$p>0.05$）。

此外，从表6.10中还发现，教师个人能动性均值存在两个明显的拐点，一个位于硕士，一个位于博士。因此，以这两个拐点为节点对教师进行了重新分组，分别为学士和硕士组、博士在读和博士组。然后，进行独立样本t检验，以检查这两组之间的差异，结果如表6.11所示。

表6.11 不同教育背景的天津高校英语教师能动性独立样本t检验

项目	学士和硕士组	博士在读和博士组	t	Sig
个人能动性	3.928±0.613	4.112±0.707	−1.992	0.047*
环境能动性	3.685±0.648	3.83±0.79	−1.453	0.147
教师能动性	3.789±0.605	3.951±0.726	−1.750	0.081

*：$p<0.05$。

如表6.11所示，博士在读和博士组教师的个人能动性显著高于学士和硕士组教师（$|t|=1.992$，$p=0.047<0.05$），这可能与教师效能感有关，支持了我国已有研究发现，即拥有学士和硕士学位的教师的效能感较低，而教师对自己的教学能力缺乏信心会阻碍他们参与专业发展活动（龙娟，2020）。

5. 职称特征

在职称自变量上，有助教、讲师、副教授和教授四个层次，但由于参加问卷调查的助教人数少（$N=3$），不能满足单样本量（大于3）的最低要求，所以单因素方差分析仅采用了三个层级（讲师、副教授和教授），结果如表 6.12 所示。

表 6.12　不同职称的天津高校英语教师能动性单因素方差分析

项目	职称	样本量	均值	标准差	F	Sig
个人能动性	讲师	163	3.954	0.627	1.104	0.333
	副教授	82	4.051	0.596	—	—
	教授	20	3.842	0.863	—	—
环境能动性	讲师	163	3.686	0.672	0.662	0.516
	副教授	82	3.793	0.672	—	—
	教授	20	3.700	0.859	—	—
教师能动性	讲师	163	3.801	0.616	0.827	0.438
	副教授	82	3.903	0.622	—	—
	教授	20	3.761	0.850	—	—

从表 6.12 可以看出，与讲师和教授相比，副教授在教师能动性、个人能动性和环境能动性方面的平均得分最高。但教师能动性及其在个人能动性和环境能动性两个维度上的 p 值均在 0.05 以上，说明不同职称教师的教师能动性差异无统计学意义。

6. 小结

从以上结果看，男性教师的总体教师能动性和环境能动性显著高于女性教师，博士在读和博士组教师的个人能动性显著高于学士和硕士组教师。然而，不同年龄、教龄、学历背景和职称的高校英语教师在教师能动性、个人能动性和环境能动性上均没有统计学意义上的显著差异。

（三）教师能动性的环境差异

为了探讨高校英语教师在环境特征，即教师所在高校层次、所授课程类型和所教学生层次方面是否存在显著差异，运用 SPSS21.0 软件分别进行了单因素方差分析和独立样本 T 检验，以考察天津高校英语教师在环境方面是否存在统计学意义上的差异。

1. 所在高校层次

采用单因素方差分析，调查了天津不同高校［即"双一流"高校、教育部直属高校、本科第一批次高校（以下简称一本高校）、本科第二批次高校（以下简称二本高校）］英语教师能动性是否存在显著差异，结果如表 6.13 所示。

表 6.13　天津不同高校英语教师能动性单因素方差分析

项目	高校	样本量	均值	标准差	F	LSD
个人能动性	"双一流"高校	83	4.197	0.509	9.285***	1＞3＞4、2＞4
	教育部直属高校	12	4.097	0.479	—	—
	一本高校	91	3.987	0.605	—	—
	二本高校	82	3.701	0.720	—	—

续表

项目	高校	样本量	均值	标准差	F	LSD
环境能动性	"双一流"高校	83	3.965	0.519	8.093***	1>3>4，2>4
	教育部直属高校	12	3.885	0.435	—	—
	一本高校	91	3.695	0.695	—	—
	二本高校	82	3.469	0.760	—	—
教师能动性	"双一流"高校	83	4.064	0.482	9.376***	1>3>4，2>4
	教育部直属高校	12	3.976	0.415	—	—
	一本高校	91	3.820	0.635	—	—
	二本高校	82	3.569	0.708	—	—

***：$p<0.001$。

如表6.13所示，就天津高校英语教师工作环境而言，"双一流"高校英语教师能动性平均分最高，二本高校英语教师能动性平均分最低，且从"双一流"大学到二本高校，高校英语教师能动性的平均分呈直线下降趋势。此外，通过单因素方差分析，发现四类高校（即"双一流"大学、教育部直属大学、一本高校、二本高校）英语教师的教师能动性、个人能动性和环境能动性均存在显著差异（$p<0.001$）。

为找出差异所在，采用了HSD检验法进行了事后比较，发现"双一流"高校英语教师的教师能动性、个人能动性和环境能动性显著高于一本和二本高校英语教师；而二本高校英语教师的教师能动性、个人能动性和环境能动性显著低于其他三类高校英语教师，可能的原因在于学校文化通过教师能动性间接影响教师学习（李霞、李昶颖，2021），而教师学习又会直接影响教师积极能动性的发挥。

2. 所授课程类型

采用单因素方差分析，又进一步检验了高校英语教师在所教授的不同课程（即大学英语、研究生英语、英语专业类英语和非英语专业的专业类英语）上是否存在显著性差异，结果如表6.14所示。

表6.14　教授不同课程的天津高校教师能动性单因素方差分析

项目	课程	样本量	均值	标准差	F	Sig
个人能动性	非英语专业的大学英语	179	3.945	0.578	0.606	0.612
	研究生英语	7	4.071	0.833	—	—
	英语专业类英语	73	4.039	0.692	—	—
	非英语专业的专业类英语	9	3.815	1.132	—	—
环境能动性	非英语专业的大学英语	179	3.697	0.637	0.367	0.777
	研究生英语	7	3.804	0.904	—	—
	英语专业类英语	73	3.777	0.732	—	—
	非英语专业的专业类英语	9	3.597	1.049	—	—

续表

项目	课程	样本量	均值	标准差	F	Sig
教师能动性	非英语专业的大学英语	179	3.803	0.574	0.500	0.683
	研究生英语	7	3.918	0.867	—	—
	英语专业类英语	73	3.889	0.700	—	—
	非英语专业的专业类英语	9	3.690	1.074	—	—

如表6.14所示，教授非英语专业的大学英语和专业类英语的教师群体，在教师能动性、个人能动性、环境能动性方面得分较低，而教授研究生英语和英语专业类英语的教师在教师能动性、个人能动性、环境能动性上得分较高。

尽管如此，4组教师在教师能动性、个人能动性和环境能动性方面没有统计学意义的显著差异。

3. 所教学生层次

由于教授专科生和博士生的参研教师，没有满足单样本量的最低要求（即大于3），所以教授专科生（$N=3$）和博士生（$N=1$）的教师样本没有用作数据处理；此外，在填写问卷的教师中，自我填报教授了"本科生"和"其他"，这些又被重新分组到硕士研究生组。最终，两个独立变量分为本科生和硕士研究生，故采用独立样本 t 检验来检验高校英语教师能动性在教授不同类型学生的教师之间是否存在显著差异，结果如表6.15所示。

表6.15　教授不同层次学生的高校英语教师能动性单因素方差分析

项目	本科生	研究生	t	Sig
个人能动性	3.961±0.621	4.2±0.511	−1.859	0.064
环境能动性	3.714±0.679	3.855±0.535	−1.005	0.316
教师能动性	3.82±0.624	4.003±0.512	−1.416	0.158

从表6.15可以看出，虽然教授本科生的教师与教授研究生的教师能动性存在细微差异，但教师能动性、个人能动性和环境能动性之间没有显著差异（$p>0.05$）。

4. 小结

从学校层次来看，"双一流"高校教师的教师能动性、个人能动性、环境能动性显著高于一本、二本高校教师；而二本高校英语教师的教师能动性、个人能动性、环境能动性又显著低于"双一流"高校、教育部直属高校和一本高校的教师。然而，教授不同课程和不同学生的教师，在教师能动性、个人能动性和环境能动性方面没有显著差异。

（四）天津高校英语教师能动性现状的总体结论

通过对天津高校英语教师的能动性总体趋势、个人能动性人口学特征和环境能动性差异的调查，有以下发现：

天津高校英语教师的能动性总体趋势，无论表现在教师能动性上，还是个人和环境能动性上都比较高，但个人能动性似乎高于环境能动性；个人能动性的人口学特征表明，男性教师总体能动性和环境能动性高于女性教师,在读博士和拥有博士学位的高校英语教师能动性显著高于拥有硕士和学士学位的教师,而在年龄、教龄和职称方面似乎没有明显差异;在环境差异方面,"双一流"高校英语教师的教师能动性、个人能动性和环境能动性显著高于一本和二本高校英语教师,但是在所教授的课程类型和学生层次方面没有显著差异。天津高校英语教师能动性现状的调查总结如表 6.16 所示。

表 6.16 天津高校英语教师能动性的现状的调查结果

项目		教师能动性	个人能动性	环境能动性
总体趋势		较高	较高	较高
			个人能动性 > 环境能动性	
人口学特征	性别	男 > 女	—	男 > 女
	学历	—	在读博士和博士学位教师 > 硕士、学士	—
	年龄	—	—	—
	教龄	—	—	—
	职称	—	—	—
环境特征	高校层次	"双一流" > 一本 > 二本	"双一流" > 一本 > 二本	"双一流" > 一本 > 二本
	课程类型	—	—	—
	学生层次	—	—	—

二、天津高校英语教师能动性的影响因素

为回答第三个研究子问题(见第二章),首先,采用多重响应分析和卡方拟合度检验方式,确定影响教师能动性的显著因素。然后,采用交互分析和交叉表卡方检验,调查影响天津高校英语教师能动性的积极因素或消极因素是否存在显著差异。

(一)积极影响因素

采用多重响应分析,得出哪些因素有可能促进教师能动性,结果如表 6.17 所示。

表 6.17 天津高校英语教师能动性的积极影响因素多重响应分析结果

积极影响因素	样本量	响应百分比	案例百分比
职业归属	211	18.6%	79.3%
热爱教师职业	198	17.5%	74.4%
职业成就	184	16.3%	69.2%
先进教学信念	130	11.5%	48.9%
组织支持	81	7.2%	30.5%
改革认同	71	6.3%	26.7%

续表

积极影响因素	样本量	响应百分比	案例百分比
晋升职称	158	14.0%	59.4%
奖励制度	99	8.7%	37.2%
总计	1132	100.0%	—

为验证教师对积极因素回答的差异,以上述多重响应分析的结果作为原始数据进行卡方拟合优度分析。结果显示,8 个因素的受访者频率差异具有统计学意义($\chi^2 = 146.078$, $df = 7$, $p = 0.000$),得出 4 个积极影响因素,分别为职业归属感(79.3%)、热爱教师职业(74.4%)、职业成就(69.2%)和晋升职称(59.4%),前三个因素属于教师个体因素,第四个属于环境因素。

在这 4 个积极影响因素中,职业归属感和热爱教师职业同属教师职业认同内涵(寻阳等,2014;详见第二章),高校英语教师的职业成就则源于其教学、科研和学习的积极投入而产出的教学成效、科研成果和学习效果,并由此带来的成就感。从具体定量数据看,在 268 份有效调查问卷中,有 211 名教师表达了职业归属感,198 名教师表达了他们对教师职业的热爱,184 名教师拥有由于其教学、科研或学习的投入而带来的自我职业成就感。可见,影响教师能动性发挥的积极因素主要来自教师身份认同。换言之,大部分天津高校英语教师具有比较强烈的身份认同感,激发了他们从事教学、科研或职业学习的动力,促进了教学效果提升、科研产出和专业学习,增强了教师的职业成就感。而职业成就,又反过来促进教师身份认同,激发其教学、科研或职业学习的动力。

除了教师职业认同,有相当一部分天津高校英语教师(158 人,占比 59.4%)认为晋升职称这一外力政策的牵引和实施,促使他们发挥个人能动性,但这一外力政策的牵引与教师内在教师身份认同感和职业成就相比,处于次要地位。

由于来自不同高校的英语教师,在教师能动性、个人能动性和环境能动性方面存在显著差异,所以又将高校作为变量对积极影响因素进行了交互分析,结果如表 6.18 所示。

表 6.18 不同高校对积极影响因素多种响应交互分析

积极影响因素	"双一流"高校	教育部直属高校	一本高校	二本高校	样本量
职业归属	31.8%	4.7%	32.2%	31.3%	211
热爱教师职业	33.3%	4.5%	32.3%	29.8%	198
职业成就	33.2%	4.3%	30.4%	32.1%	184
先进教学信念	36.2%	6.9%	30.8%	26.2%	130
组织支持	40.7%	7.4%	24.7%	27.2%	81
改革认同	45.1%	5.6%	25.4%	23.9%	71
晋升职称	32.9%	4.4%	32.9%	29.7%	158
奖励制度	33.3%	6.1%	26.3%	34.3%	99

如表 6.18 所示，每个可能因素对教师能动性的影响在大学类型的层面上是不同的。随后，使用交互分析结果作为原始数据，进行了交叉表卡方检验。检验结果表明，不同高校教师自述教师能动性积极因素无显著差异（Sig = 0.939），进一步验证了职业认同、职业成就和晋升职称在促进教师能动性中的作用。

（二）消极影响因素

为探究哪些因素阻碍了高校英语教师能动性的发挥，通过 SPSS 多重响应分析，确定了消极影响因素，结果如表 6.19 所示。

表 6.19　天津高校英语教师能动性消极影响因素多重响应分析结果

消极影响因素	样本量	响应百分比	案例百分比
职业倦怠	61	7.3%	23.1%
缺乏职业归属	100	12.0%	37.9%
自感能力不足	141	16.9%	53.4%
传统教育观念	49	5.9%	18.6%
缺少组织支持	107	12.8%	40.5%
缺乏改革认同	54	6.5%	20.5%
教学任务繁重	166	19.9%	62.9%
生活和工作冲突	156	18.7%	59.1%
总计	834	100.0%	—

为验证教师对消极因素反应差异，以上述多重响应分析结果作为原始数据进行卡方拟合优度分析，结果显示，8 个因素出现的频率差异具有统计学意义（$\chi^2 = 146.911$，$df = 7$，$p = 0.000$）。如表 6.19 所示，教师能动性的主要消极影响因素分别是教学任务繁重（62.9%）、生活和工作冲突（59.1%）、自感能力不足（53.4%）。其中，教学任务、生活和工作冲突属于外在环境因素，而自感能力不足属于教师个人因素。

关于外在环境因素，从表 6.19 中可知，在 268 份有效问卷反馈中，首先有 166 名教师认为教学任务繁重成为影响其能动性发挥的消极因素。这一结果说明大多数天津高校英语教师的教学工作任务繁重，而超负荷的教学任务可能会占用他们大量时间，导致他们在个人、集体专业学习和学术研究等方面投入的时间和精力不足，一定程度上影响了这一群体教师的个人科研能动性、学习能动性以及环境能动性的发挥。此外，还有 156 名教师在问卷调查中反馈，在其专业成长历程中，个人生活和工作发生冲突，也和繁重的教学任务一样，消极影响了他们个人能动性和环境能动性的发挥，这一研究结果与我国已有研究发现一致（阮晓蕾，2019）。

这两个外在环境因素的消极影响结果，一方面说明了新时代高校英语教师繁重的教学任务导致的教学和科研失衡，以及生活和工作冲突导致的工作压力大的职业现状，这可能在一定程度上阻碍这一群体教师追求专业学习和参加专业发展活动；另一方面也说明或预见，若这种冲突、失衡的职业现状得不到缓解，在消极影响这一群体教师个人能动性和集体能动性发挥的同时，可能会影响他们积极建构高校英语教师的科研者和学习者的身份认同（Gee，2001），在这一群体中间发生职业身份认同困惑或认同危机现象。

而职业身份认同困惑或认同危机，有可能会导致这一群体教师产生"能力恐慌"症，自感科研能力、专业发展能力和应对改革的能力不足，造成低下的教师自我效能感（班杜拉，2001），进而影响教师专业发展进程和实施新时代教育教学理念不到位，这一分析也在反馈问卷中得到印证。从表6.19也发现，除了外在环境的消极影响因素，还有教师自身消极影响因素。具体而言，在268份有效反馈问卷中，有一半以上的教师（141名，占比53.4%）反映，他们自感能力不足消极影响了个人能动性和环境能动性的践行，这些自感不足的能力可能包括应对新时代变革能力、科研能力、教学创新能力等，需要在叙事研究中进一步探究。

同理，由于来自不同高校的英语教师，在教师能动性、个人能动性和环境能动性方面存在显著差异，又将高校作为变量对消极影响因素进行了交互分析，结果如表6.20所示。

表6.20 不同高校消极因素多种响应交互分析

消极因素	"双一流"高校	教育部直属高校	一本高校	二本高校	样本量
职业倦怠	26.2%	4.9%	31.1%	37.7%	61
缺乏职业归属	29.0%	4.0%	33.0%	34.0%	100
自感能力不足	27.7%	5.0%	30.5%	36.9%	141
传统教育观念	30.6%	6.1%	38.8%	24.5%	49
缺乏组织支持	30.8%	5.6%	34.6%	29.0%	107
缺乏改革认同	27.8%	9.3%	35.2%	27.8%	54
教学任务繁重	24.1%	3.6%	38.0%	34.3%	166
生活和工作冲突	31.4%	4.5%	32.1%	32.1%	156

如表6.20所示，各可能因素对教师能动性的影响在不同层次高校中存在差异。因此，将交互分析的结果用作交叉表卡方检验的原始数据测试，结果表明，不同层次高校教师自述的教师能动性消极因素并无显著性差异（Sig = 0.973），这进一步验证了教学任务繁重、生活和工作冲突以及自感能力不足阻碍了教师能动性的发挥。

（三）天津高校英语教师能动性影响因素的总体结论

从这部分结果看，教师能动性的积极因素和消极因素均具有统计学意义，总结影响高校英语教师能动性的积极因素和消极因素，如表6.21所示。

表6.21 影响天津高校英语教师能动性的积极因素和消极因素

影响因素	影响因素1	影响因素2	影响因素3	影响因素4
积极影响因素	职业身份认同		职业成就	晋升职称
	职业归属感	热爱教师职业		
消极影响因素	教学任务繁重	生活和工作冲突	自感能力不足	

从表 6.21 中可见，在积极影响因素中，教师个体因素之职业身份认同和职业成就的内在驱动，以及外在环境因素之晋升职称的外力牵引，促进了教师能动性的发挥和教师专业成长；而在消极影响因素中，外在环境因素之教学任务繁重、生活和工作冲突，以及个体因素之自感能力不足则阻碍了教师能动性发挥和教师专业成长。但是，在不同层面的高校中，影响教师能动性发挥的积极因素和消极因素并没有显著差异，进一步证明了教师个体因素的内在驱动（职业身份认同和职业成就）与环境因素的外力牵引（晋升职称）对教师能动性的正向影响，以及外在环境因素中教学任务繁重、生活和工作冲突与个体因素中自感能力不足对教师能动性发挥的负向影响，但这些研究结论仍需进一步在叙事研究中得到进一步阐释和探究。

第五节　主要发现与讨论

基于先导研究结论，采用问卷调查方式，在第二阶段，调查了天津高校英语教师的能动性现状及其影响因素，聚焦研究子问题 1，回答了新时代高校英语教师"怎样做"的问题，包括教师确立的职业目标、发挥的内在潜能和借力外部资源的能力，以及对结构化环境所采取的积极行动等。同时，探究了影响天津高校英语教师能动性发挥的积极因素和消极因素，在此基础上进一步考察了天津高校教师身份认同和能动性关系，即进一步回答了研究子问题 3。围绕两个研究子问题，主要有以下发现：

（一）发现一：天津高校英语教师能动性总体现状

从表 6.16 中可见，就天津高校英语教师能动性总体现状而言，基于问卷调查结论发现，这一群体教师具有较高的教师能动性、个人能动性和环境能动性。其中，个人能动性显著高于环境能动性。

基于生命历程理论和生态学的交叉理论视角分析，在天津高校英语教师专业成长中，教师发挥了积极的个人能动性，并同时利用生态系统中的环境资源，发挥了环境能动性，但教师如何汲取生态系统中的生态养分，发挥个人能动性和环境能动性，需进一步在教师"叙事"中去解读。

（二）发现二：天津高校英语教师能动性的个体、环境差异特征

从表 6.16 中可见，就天津高校英语教师个体专业成长背景而言，通过定量数据统计分析结果发现，天津高校英语教师能动性在人口学方面具有以下特点：

第一，男教师的教师能动性和环境能动性显著高于女教师。

第二，在读博士和具有博士学位的教师，其个人能动性显著高于拥有硕士学位和学士学位的教师。

第三，"双一流"高校英语教师的教师能动性、个人能动性和环境能动性显著高于一本、二本高校的英语教师。

第四，高校英语教师的教师能动性、个人能动性和环境能动性在年龄、教龄、职称、所教课程和学生等方面均没有显著差异。

总之，天津高校英语教师在其专业成长历程中，均发挥了较高个人能动性和环境能动

性，但仍存在个体和环境差异，体现在性别、学历背景和所处的学校环境，而学校环境属于生态系统中的微观系统。而性别、学历，特别是微观系统如何影响教师能动性发挥，促进或阻碍教师专业成长，需进一步在教师"叙事"中解读（详见第七章）。

（三）发现三：影响天津高校英语教师能动性的积极因素和消极因素

从表6.21可见，就影响教师能动性的积极因素和消极因素而言，教师自身因素（身份认同和职业成就）的内在驱动和环境因素（晋升职称）的外力牵引积极影响了教师能动性的践行，而外在环境因素（教学任务繁重、生活和工作冲突）和教师自身因素（自感能力不足）又合力成为影响教师能动性发挥的消极因素，这一发现进一步验证并丰富了先导研究和已有文献，即教师身份认同和教师专业成就，在与外在环境因素互动的同时共同促进了教师能动性的发挥，促进了教师专业成长。相反，教学任务繁重、生活和工作冲突，或多重身份和角色冲突，与教师自感能力不足互动，阻碍了教师能动性发挥和教师专业成长。而教师身份认同和专业成就如何共同促进了教师能动性发挥，并促进了教师成长，需要在叙事研究中进一步探究。

（四）发现四：天津高校英语教师身份认同和能动性关系

从天津高校英语教师能动性的积极影响因素看，教师身份认同（包含职业归属和热爱教师职业）和职业成就正向影响了教师能动性。这一发现，一方面进一步探究了研究子问题3，支持了先导研究结论（见第五章），即处在不同时代的天津高校英语教师有强烈的身份认同感知，他们对职业身份的归属、对教师职业的热爱，促进了教师能动性的发挥；另一方面也说明除了教师身份认同，教师个人的职业成就和晋升职称也是教师能动性积极发挥的重要内外在影响因素。这些因素如何和教师身份认同一起，合力促进教师能动性的发挥，进而促进教师专业成长，需在叙事研究中进一步深入探究。

有鉴于此，为进一步解释定量研究结果，作者采用了定性研究的叙事研究，第七章和第八章将阐述叙事研究过程和研究结论。

第七章 叙事探究的设计与实施过程①

本章将描述第三阶段叙事探究的选择理据、研究目的、研究目标和研究过程,在说明研究结论的同时,回应、解释并验证先导研究结论和问卷调查结果,进一步回答三个研究子问题,在印证定量研究结论的基础上,构建新时代高校英语教师专业成长的运行机制。

第一节 选择理据

之所以在第三阶段选择叙事探究,是因为本研究的目的、叙事探究性质和定量研究结果决定的。

本研究的目的是基于天津高校英语教师专业成长经验调查,研究教师身份认同与教师能动性之间的关系,以构建新时代高校英语教师专业成长的运行机制,为高校英语教师及其他学科教师专业成长提供启示和参考。在国内外已有文献中(见第二章),研究者虽探究了教师身份认同和能动性之间的关系,但国内高校英语教师能动性和身份认同关系的研究明显不足,原因之一可能在于教师身份认同和能动性作为教师内隐素质、认知和能力体系,比较难于把握和探索。国外虽有一定数量的相关研究,但在教师个体生命历程中,专业成长植根于教师所"坐落"的政治、文化、社会环境,具有本土化特点。因此,有必要基于我国高校英语教师专业成长的政治、文化和社会环境,开展本土化研究。然而,由于教师身份认同和能动性属教师内隐素质、认知和能力体系,单纯依靠一种研究范式,很难广泛而深入地了解其专业成长经历,以及科学、系统探究教师身份认同与能动性之间的关系。所以,在研究设计阶段(见第四章),作者决定采用顺序—解释性混合研究范式——先采用定量研究,后用定性研究方法解释定量研究结果,以实现定量和定性研究优势互补、相互印证。

叙事探究(见第四章)属定性研究,是理解经验的一种方法,是被研究者的经历和讲述的故事(Clandinin、Connelly,2008),其主要特征表现在:以真实的故事为载体,以经验的分析为趋向,以实践的反思为媒介,以意义的建构为目的(孙智慧、孙泽文,2018)。所以,采用叙事探究能够帮助研究者"超越已知和进入参与者的世界,从参与者的视角看这个世界,从而做出新的发现,继续发展经验知识"(Corbin、Strauss,2015)。具体到本研究,叙事探究能够帮助作者基于问卷的方式调查已知的经验性知识,"深入"天津高校英语教师的教育生活,通过倾听英语教师的教育叙事故事,或观察、参与、体

---

① 叙事探究过程中,访谈数据采集由侯方兰、朱海萍和陈媛媛合力完成,并在作者指导下,三人分别完成与本研究相关的三篇硕士论文。在此,对三位研究成员所付出的努力和贡献表示感谢。

验他们的教育生活，从他们的视角去理解他们的教育故事，从事实本身寻找内在结构，在他们的叙事中建构教育的意义，并能"面对复杂问题，用'实践话语'聚焦个体经验，呈现大家共同经历的体悟，在彼此共享中生成有价值的替代性经验"（孙智慧、孙泽文，2018）。简言之，叙事探究的性质与本研究的目的一致，一方面能帮助作者通过叙事探究，以教育叙事方式，促使教师对个体生命历程和专业成长经历进行追忆和反思，另一方面，作者通过倾听、理解、体悟教师的"实践话语"，从被研究者的"局内人"视角理解他们专业成长的"结构"和意义，即在他们所讲述和经历的个体生命故事和教师专业成长叙事中，探究教师身份认同与能动性之间的关系。

此外，定量研究结论（见第六章）需叙事探究进一步阐释，以补充、丰富或印证定量研究结果。具体而言，调查问卷的数据统计分析结果表明，在天津高校英语教师专业成长的个人生命历程中，在其"坐落"的政治、社会、文化环境中，他们发挥了积极个人能动性，同时借力外部环境资源，发挥了一定的环境能动性。研究结果表明，教师个人能动性高于环境能动性，但具体表现在哪些方面还需进一步探究。

此外，研究还发现，在践行教师能动性的过程中，教师"内在"身份认同感（即职业归属、热爱教师职业）和职业成就感的驱动以及环境因素（晋升职称）的外力牵引促进了教师能动性的积极发挥；而外在环境因素（教学任务繁重、生活和工作冲突）以及自感能力不足等消极因素，影响了教师能动性发挥。但积极因素和消极因素如何促进或阻碍了教师能动性发挥和教师身份认同的积极建构，也有待深入探究，以进一步深挖教师身份认同与教师能动性之间的关系。而采用叙事探究，对教师专业成长故事和经历进行"深描"，会与定量研究所得出的一般结论相互补充、相互印证，以实现本研究的目的。

第二节 研究目标

如上所述，叙事探究，是基于混合研究范式，调查高校英语教师专业成长经历的必要研究手段，研究特征不仅和本研究的目的一致，而且能够补充、丰富定量研究结果。

有鉴于此，叙事探究旨在先导研究和定量研究基础上，进一步补充、丰富本研究已有结论，发挥叙事研究优势，"深描"天津高校英语教师专业成长的个体生命历程故事和专业成长事件，在"倾听"、体悟教师所讲述的故事和事件时，理解、反思教师的实践话语，从教师视角分享他们专业成长中的故事和事件，力图解读他们专业成长背后的教师身份认同与能动性关系的运行机制，以促进新时代高校英语教师专业成长。

为实现研究目的，针对以下研究目标，作者采用叙事探究，通过扎根理论，即系统化的资料收集和分析，发掘、发展并生成新的理论的一种定性研究方法（Corbin、Strauss，2015），从生命历程理论和生态学的交叉理论视角，深入探究本研究的三个研究子问题。

研究目标1：回答研究子问题1。即处在我国不同社会历史情境中的天津高校英语教师，在其个体生命历程中，怎样发挥了教师能动性，促进了教师专业成长？探究处在宏大时空境脉中的高校英语教师，哪些因素影响了教师能动性？从教师"局内人"视角，深入解读"坐落"在我国社会、政治、文化环境中的天津高校英语教师，在其个体生命历程中，在其专业成长的时空背景下，教师能动性的内涵、践行途径以及影响因素，以补充和丰富第二阶段的问卷调查结果，回应先导研究结论。

研究目标 2：回答研究子问题 2。即处在我国不同社会历史情境中的天津高校英语教师，在其个体生命历程中，怎样构建了并建构了怎样的教师身份认同，促进了教师专业成长？探究处在宏大时空情境中的高校英语教师，有哪些因素影响了其教师身份认同？从教师"局内人"视角，进一步阐释天津高校英语教师在其个体生命历程和政治、社会、文化生态环境中，在教师专业成长的时空背景下，教师身份认同内涵、建构及其影响因素，回应并丰富先导研究结论。

研究目标 3：回答研究子问题 3。即高校英语教师身份认同和能动性以怎样的关系和运行方式，促进了教师专业成长？基于对研究子问题 1 和 2 的研究结论，从教师"局内人"视角，理解他们专业成长的"结构"和意义——在他们所讲述和经历的个体生命故事和教师专业成长叙事中，探究教师身份认同与能动性之间的关系，最终构建新时代高校英语教师专业成长的运行机制（如图 7.1 所示）。

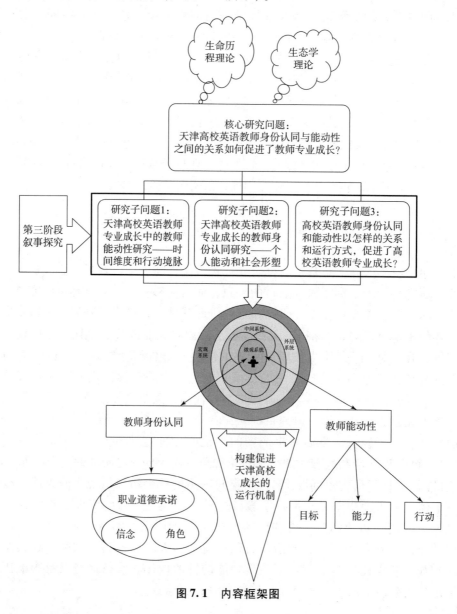

图 7.1　内容框架图

第七章 叙事探究的设计与实施过程

第三节 研究过程

一、研究对象

（一）抽样标准

与定量研究的问卷调查不同，在选择定性研究的研究对象时，既不像定量研究关注样本量的多寡或样本是否具有代表性，又不像定量研究聚焦群体的趋势和共性，一般遵从目的性抽样的逻辑，旨在最大限度帮助研究者实现研究目的，有效回答研究问题和发展理论（陈向明，2000）。这就要求研究者需走进研究对象所处的具体活动情境中，有目的地挑选承载着丰富研究信息，有故事可讲，能有效叙事与重构故事的研究对象，使研究者重点分析研究对象存在的现实性、实践性和情境性。

由于作者长期处在高校英语教师的活动现场，熟悉天津高校英语教学工作场景，特别是经过本研究第二阶段的问卷调查后，对天津高校英语教师及其活动现场有比较宏观的把握，所以在从事第三阶段的叙事探究过程中，为实现研究目的，完成三个研究目标，在选择研究对象时，在先导研究和问卷调查所积累的科研经历的基础上，除考虑叙事探究对研究对象的要求外，还基于以下四方面的考虑：

第一，考虑了先导研究所采用的 3 名个案教师所得研究结论的局限性（见第五章）。虽先导研究聚焦 3 名个案教师得出了比较丰富的研究结论，且叙事探究的研究对象不注重数量的多寡，但为了丰富先导研究对教师身份认同以及身份认同与能动性关系的研究结论，需考虑在叙事探究中扩大研究对象。

第二，充分考虑了问卷调查的研究结果（见第六章）。问卷调查结果表明，来自天津二本高校的英语教师能动性显著低于一本高校和"双一流"高校（见第六章），而在天津高校中二本高校占主体。为有效构建促进新时代高校英语教师专业成长的运行机制，探查影响这一群体教师能动性和身份构建的积极因素和消极因素，在叙事探究的研究对象选择中，有目的地选择了 5 所二本高校的英语教师作为研究对象，未将一本高校或"双一流"高校英语教师纳入叙事探究中。

此外，问卷调查结果还显示（见第六章），男性高校英语教师的个人能动性和环境能动性显著高于女性高校英语教师，在读博士和拥有博士学位的高校英语教师的个人能动性显著高于拥有硕士学位和学士学位的教师，但在年龄、教龄、职称、所教课程和所教学生层次等教师个人背景方面，能动性没有显著差异。同时，结果还表明，影响教师能动性发挥的重要因素在于教师身份认同。所以，为深入探究身份认同和能动性关系在教师专业成长中的作用，在选择研究对象的个人背景时，重点考虑了研究对象的性别和学历层次。

第三，基于生命历程理论，需考虑教师身份认同和教师能动性的时间维度（见第三章），以便将天津高校英语教师的专业成长叙事，置于教师个人生命历程的叙事时间框架中。所以，确定了以天津高校英语教师出生的年代为依据，作为叙事时间框架的选择标准。而在进一步考虑出生年代的选取标准时，由于在社会领域当讨论经历我国社会发展变迁的个体参与者时，习惯以10年称谓不同年代出生的人（如"50后""90后"），所以确定用10年作为标准选择在不同时代出生的高校英语教师。

第四，除考虑教师身份认同和能动性的时间维度外，基于生态学理论，还考虑了教师身份认同的情境维度以及教师能动性的行动境脉（见第二章），以便将天津高校英语教师的专业成长叙事，置于宏大的政治、社会、文化背景的叙事空间。这一叙事空间的选择标准，仍采用了先导研究时选择个案教师的方式，即以外语教育发展和重大体制改革为分界，整合了文秋芳（2019）和沈骑（2019）相关划分标准，分别为"文化大革命"（1966—1976年）、改革开放（1978年—）和新世纪（2000年—）三个标准时期，并将改革开放时期再分为改革开放初期（1978—1988年）和中期（1989年—），新世纪再细分为新世纪（2000年—）以及新时代（2012年—）。细化后的叙事空间不同年代的选择标准，仍以10年为依据，这与身份认同和能动性的时间维度划分标准一致。

在选择叙事探究的研究对象时，因在第二阶段的问卷调查中得知，在"文化大革命"期间入职的天津高校英语教师最晚已在2009年退休，并和先导研究中在"文化大革命"期间入职的个案教师李中华一样，虽然这一群体教师有丰富的个体"故事"和职业事件可叙述，但对新时代高等教育发生的重大政策及其变革，大多未在教学科研实践中亲身经历过，且因本研究旨在调查天津高校英语教师专业成长的经验，探究新时代高校英语教师身份认同与能动性关系，故未选取"文化大革命"时期入职的高校英语教师，而是侧重选择了在改革开放以后入职的高校英语教师。

（二）研究对象

在叙事探究中，由于作者需采用扎根理论系统化地进行数据收集和分析，以发掘、发展新的理论，样本选择需达到"理论饱和"目标（科恩，2013），所以，叙事探究前很难决定样本量大小。为此，依据确定的研究对象选取标准。首先，在参加第二阶段问卷调查的高校英语教师中发出第一次邀请，共召集了20名自愿参加叙事探究的研究对象。随着叙事探究的推进和理论雏形的涌现，又发出了第二次邀请，在本研究目的和研究问题的导引下，根据需要又选择了7名研究对象，但1名"50后"女性高校英语教师因故中途退出，最终26名成为叙事探究的研究对象（如表7.1所示），与先导研究的3名个案教师相比，参加叙事访谈的教师数量远大于先导研究对象数量。

表7.1 叙事探究的研究对象①

所处时代		研究对象	出生年代	入职年份	性别	学位
改革开放 （1978）	初期 （1978—1988年）	伍农	50年代	1977	男	硕士
		伍学	50年代	1977	女	学士
		伍工	50年代	1980	女	学士
	中期 （1989—1999年）	刘振	60年代	1988	男	博士
		刘师	60年代	1989	女	博士

---

① 为保护个人隐私，叙事探究中所有教师的姓名均为化名。

第七章 叙事探究的设计与实施过程

续表

所处时代		研究对象	出生年代	入职年份	性别	学位
改革开放 （1978）	中期 （1989—1999 年）	刘调	60 年代	1990	女	硕士
		刘硕	60 年代	1990	男	硕士
		刘分	60 年代	1990	女	学士
		刘跨	60 年代	1991	女	硕士
		齐专	70 年代	1995	女	博士
		齐分	70 年代	1999	女	博士
新世纪（2000 年—）		齐扩	70 年代	2001	男	硕士
		巴展	80 年代	2003	女	硕士
		巴妍	80 年代	2003	女	硕士
		齐胜	70 年代	2004	男	博士
		齐博	70 年代	2005	男	博士
		齐爱	70 年代	2005	女	硕士
		巴礼	80 年代	2005	女	硕士
		巴鹬	80 年代	2005	女	硕士
		巴雪	80 年代	2007	女	硕士
		巴振	80 年代	2007	男	博士
		巴博	80 年代	2007	男	博士
新时代（2012 年—）		玖新	90 年代	2019	女	硕士
		玖时	90 年代	2019	女	硕士
		玖代	90 年代	2019	女	硕士
		玖跨	90 年代	2022	女	博士

从表 7.1 中可见，在 26 名参加叙事探究的研究对象中，有男性教师 8 名，女性 18 名；具有博士学位的教师 9 名，硕士学位 14 名，学士学位 3 名；"50 后"教师 3 名，"60 后"5 名，"70 后"6 名，"80 后"8 名，"90 后"4 名，在这 5 个年代出生的天津高校英语教师中，入职时间涵盖了改革开放初期、中期，新世纪和新时代，且均经历过新时代所发生的高等教育改革。其中，在改革开放和新世纪时期入职的高校英语教师占主体，各有 11 名，剩余 4 名教师则在新时代入职。总之，参加叙事探究的研究对象符合定性研究的最大样本抽样标准。

二、进入现场

首先，作者和其他研究成员在部分研究对象所在高校工作，均了解、熟悉天津高校英语工作场景，在从事叙事探究过程中，与部分研究对象频繁进行日常互动交流。

其次，为深入了解研究对象的工作生活场景，作者一方面走进研究对象所在学校，或在日常工作和生活中，出于研究目的，与他们频繁互动交流；另一方面，受疫情影响（2020—2022 年），作者还带领、指导其他研究成员，充分利用现代多媒体技术，通过腾讯会议和微信视频，以云端形式与研究对象进行了广泛的在线互动交流，以了解他们的工作和生活情况。

总之，作者意识到，叙事探究的研究者，需以开放的态度、敏锐的实践意识、"局内人"的身份与研究对象访谈交流。

三、采集数据

叙事探究的数据采集主要通过叙事访谈，辅以研究对象公开发表的论文、撰写的教案或工作日志等文献资料，以及作者的现场笔记和备忘录（见第四章）等方式。为系统采集叙事访谈数据，为每位研究对象建立了数据库。

（一）叙事访谈

作者带领其他研究成员采用半结构式叙事访谈的提纲（见附录 2 和附录 3），自 2021 年 5 月至 2022 年 8 月，先后进行了四次跟进式聚焦（progressive focusing）访谈（科恩等，2013）。

半结构式访谈提纲由作者及其他研究成员集体完成，访谈问题主要引导研究对象（即受访者）追忆并反思哪些因素促进了他们的专业成长，围绕"我是谁""我怎样做""我怎样成长为现在的我"等关键问题，探究高校英语教师身份认同、教师能动性和两者之间关系这三个研究子问题。

访谈提纲完成后，正式访谈前，首先进行了试访谈，随后分三次与第一批 19 位受访者进行了"一对一"连续、迭代访谈（见附录 2）。第一次访谈旨在粗略了解受访者的专业成长经历，在此基础上聚焦教师身份认同及身份建构的社会化过程，围绕"我是谁""我怎样成为如今的我""国家、学校政策如何影响了我"和"我如何比喻我的教师身份"（Jin、Cortazzi，2022）等问题展开；第一次访谈结束后，进行了第二次跟踪访谈，着重了解教师能动性在教师专业成长过程中的作用，围绕"我怎样做""哪些因素消极影响了我的能动性发挥"等问题展开；第二次访谈结束后，进行了第三次跟进访谈，主要请受访者对自己专业成长经历进行反思和解释，试图在他们的反思和解释中探究教师身份认同和能动性关系，重点围绕"高校英语教学科研目标是什么""哪些因素促进或阻碍了高校英语教学科研目标的实现"等问题展开。

三次连续访谈结束后，基于初步定性数据分析，发现数据不饱和，随后又邀请 7 名高校英语教师参加了叙事访谈，并对他们开展了新一轮深度访谈（见附录 3），重点关注性别、学历层次对教师身份认同和能动性的影响，以探究教师身份认同和能动性之间的关系在教师专业成长中的作用。

在半结构式访谈正式开始前，首先给已确定的受访者发出叙事访谈告知信，告知受访者叙事访谈的目的，与每位受访者协商、确定访谈的具体时间、地点和方式（如线下面谈、线上腾讯视频或微信视频）。由于受数据采集时疫情不可抗拒力的影响，大多数受访者选择了在线微信视频方式，虽然这种方式不能像面对面访谈一样，使研究者观察受访者在受访时的言谈举止,但这种方式方便、快捷、不受地点限制,能保护受访者隐私,让受访者畅所欲言。

随后,按照与每位受访者商定的时间,多通过在线微信视频方式对受访者进行了"一对一"深度访谈。在叙事访谈过程中,虽然研究者按照半结构式访谈提纲进行访谈,在一定程度上受访谈提纲结构的限制,但研究者会视具体情况,对访谈提纲顺序和内容进行适当调整,鼓励受访者在受访过程中提出自己的问题,以实现与研究者的互动,使受访者完整有效讲述自己的专业成长故事。同时,在受访者的叙事过程中,研究者也会适时、恰当地对受访者进行追问。

经过受访者同意,线上视频访谈全过程被录音,且在访谈过程中,研究者边访谈,边录音,边记录受访者在回答关键问题时的面部表情。在每次访谈中,对每位受访者的访谈持续40分钟及以上不等。

每次访谈结束后,作者及其他研究成员即刻撰写个人反思,转写录音叙事访谈,并与访谈时的现场笔记进行对照、整合,叙事访谈转写文本共计450943字,经由受访者确认无误后归到数据采集库。同时,对采集的叙事访谈数据展开分析。

可见,叙事访谈数据采集是一个连续、迭代的过程。在此过程中,作者边采集数据边进行编码、分析,并根据已生成的与理论相关的概念,又增加了7名受访者,开展了新一轮深度叙事访谈,直到"理论饱和"(theoretical saturation)(科恩,2013)和"数据饱和"(谢爱磊、陈嘉怡,2021)。

(二)研究对象的其他文献资料

为从"局内人"视角,解释受访者的叙事结构和意义,除叙事访谈外,还采集了研究对象的其他文本资料,包括公开发表的论文,撰写的教案、工作日志,以及发布在社交媒体的文字信息等,以了解其个体生命历程故事和专业成长经历,并及时归在为每位研究对象建立的数据采集库中。

(三)研究者的现场笔记、备忘录

进入现场后,在与研究对象的频繁接触中,或在线上视频访谈以及微信、电话沟通交流的过程中,或在非参与式观察中,作者始终保持开放的态度,对所见所闻的与研究对象有关的工作生活场景、个人、工作故事进行详细描述,并及时归在每位研究对象的数据采集库中。

此外,在进行叙事探究时,作者还撰写了大量备忘录,主要包括进入现场前的研究活动计划,研究活动后的个人反思,以及在转写、分析叙事访谈数据时的备忘录,共计213030字,也及时归在了每位研究对象的数据采集库中。

四、分析数据

如上所述,虽将采集数据和分析数据分别描述,但由于质性研究性质和扎根理论的"理论性抽样"要求(科恩,2013),在实际进行叙事探究的过程中,伴随着第一次数据采集,作者同时也开始了定性数据分析,直至理论饱和。定性数据分析主要以叙事访谈数据分析为主,所采集的现场笔记、备忘录以及研究对象的其他文献资料等,则在定性数据分析过程中与叙事访谈进行了整合,用以补充、完善和印证叙事访谈的定性数据分析结论。

在对整合后叙事访谈的定性数据分析过程中,遵循"切合研究目的"的原则(科恩等,2013),利用NVivo12定性数据分析软件,采用扎根理论的开放式、主轴式和选择式的三级编码体系,利用生成式编码技术,自下而上进行类属分析以及情境分析,主要经历了以下四个步骤:

(一)步骤一,进行一级编码,寻找意义

采用开放式编码方式,利用NVivo12"探索"功能,对转写后的叙事文本依次进行了"词频""文本搜索",以探索高频词及其意义;同时,利用NVivo12"自动编码"中的"识别主题"和"识别情感"功能,进行逐词开放式编码并探索文本所隐含的情感因素,以揭示隐藏在文本中可能与研究现象相关的核心概念或关键词,为生成式编码提供参考。

首先,在NVivo12"词频"功能中,查询了排名前10的高频词(如图7.2所示),发现文本中10个高频词依次分别为"老师"(2809次)、"教学"(1711次)、"学生"(1666次)、"英语"(1178)、"科研"(1140次)、"教师"(1103次)、"工作"(999)、"高校"(670)、"学校"(647)和"职业"(637),高频词和树状结果图表明,高校英语教师在其叙事故事中,谈及最多的是教师工作中的教学对象"学生",教学、科研互动符号"英语",以及教师所在的工作环境"高校""学校"。

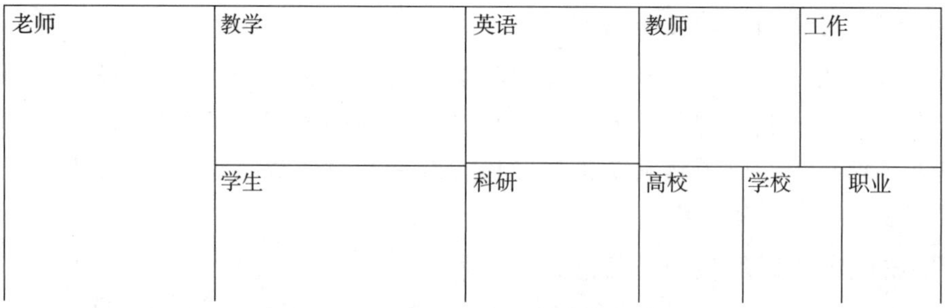

老师	教学	英语	教师	工作
学生	科研	高校	学校	职业

图7.2 矩形式树状结构图

为进一步探究教师工作的"教学""科研"、教师频繁互动的对象"学生"和符号"英语"以及影响教师职业角色的微观环境"学校""高校",如何影响教师身份认同和能动性发挥,又分别对6个关键词进行了文本探索,在NVivo12上选择"扩展至大范围邻近区",以进一步探究这6个关键词与哪些因素相关,根据探索结果(如表7.2所示),打开"参考点",以更深入探索文本意义。如通过打开"科研"下的520个参考点,可以发现研究对象在叙事中所提到的科研和学校政策要求、科研任务、给自己带来的压力、教学和科研以及个人生活和科研之间的冲突、发表论文和申请课题难等。

表7.2 教师角色与微观系统的文本探索结果

项目	教师职责		互动对象、符号		微观环境	
关键词	教学	科研	学生	英语	高校	学校
参考点	776	531	698	514	415	400

随后，又采用 NVivo12 的"自动编码"中的"识别主题"和"识别情感"功能，对叙事文本进行了开放式编码以及情感探索。在"识别主题"开放式编码中，共识别"专业""学习""学校""学生""学院""工作""教学""科研"等 33 个主题，3085 个编码以及 14286 个参考点（如图 7.3 所示），从开放式编码的参考点中发现概念类属，对类属加以命名，确定类属的属性和维度，然后对研究的现象加以命名及类属化，如"科研要求""科研任务""科研考核""科研压力""科研成果"等归类为"科研政策"类属；在"识别情感"开放性探索中，共有 7091 个参考点，其中中立的有 3089 个、正向的有 2241 个、混合的有 1014 个、负向的有 747，总体把握了教师对高校英语教师职业的情感倾向。

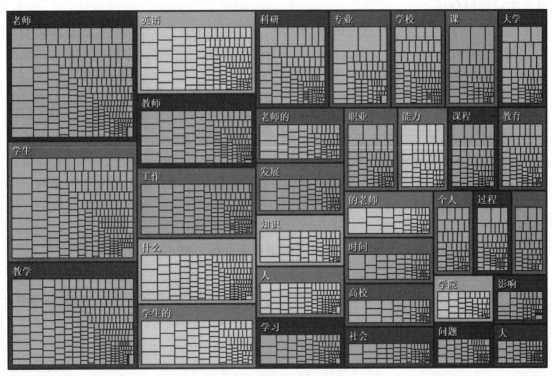

图 7.3　自动编码参考点比较

此外，借助 NVivo12 以上功能并通过仔细阅读文本，总体上把握了叙事文本主题和意义。即：教师作为个体在其生命历程（时间）和专业成长过程中，所建构的高校英语教师身份及在其"坐落"的生态系统中（社会、高校、学院）与所教授的对象（学生）和符号（英语）的联系互动，以及所从事的教学、科研活动。

（二）步骤二，进行二级编码，寻找本土概念，建立编码和归档系统

采用主轴式编码，借助 NVivo12 进行手动编码，将一级编码的节点进行分析，进行深层次编码——寻找本土概念、类属和代码之间的关系以及类属之间的相互关系（科恩等，2013），抽取最能回答三个研究子问题的数据，将类属放置于因果或假设之中，建立编码和归档系统，据此生成高校英语教师身份认同和能动性的二级指标。

具体而言，再次阅读原始数据中每一位受访者的多次访谈数据，通过撰写备忘录、绘

制思维导图、持续比较（constant comparison）等方式，与数据循环互动，在NVivo12中进行手动二级编码，如寻找与科研相关的本土概念（如"聘期考核""科研工作量""科研就像巨石""申请项目""科研小白"），并以备忘录的形式，抽取最能回答研究问题的数据，形成每名个案教师的备忘录。通过多次循环往复探测文本数据，确定分析单元，以对行为、事件和意义等进行编码，生成新的代码、类属和子类，并将之与同组和不同组的数据进行比对；若代码、类属和子类存在相关性，则将它们进行整合，直至建立编码和归档系统。如在一级编码中形成的"科研政策""教学改革""聘期考核""生评教""职称评审""外语学科地位"归类为"外观系统"。

（三）步骤三，进行三级编码，确定核心类别，建立核心类别与子类别之间的联系，完成类属分析

借助NVivo12，采用选择式编码即三级编码，通过持续比较、回访并更新备忘录等方式，确认核心类属，弄清核心类属和其他子类或代码之间的关系，将编码方案与已有理论进行对比（科恩等，2013）。

具体而言，在三级编码中，仔细阅读二级编码过程中的每个节点下的参考点，剔除不相关参考点或补充新的参考点；对二级编码中的编码和归档系统进行持续比较，确定核心类别与子类别之间的联系，完成类属分析，与已有理论进行对比，据此生成高校英语教师身份认同和能动性一级指标。例如：在二级编码基础上，通过与PPCT模型理论中的"环境"维度比对，确定了"生态环境"这一核心类属，以及"生态环境"下属的子类别"微观系统""中间系统""外观系统"和宏观系统（包括"国家政策教育文化"和"社会影响"）。

（四）步骤四：进行情境分析，完成叙事访谈数据分析，形成扎根理论

在完成类属分析的同时，也进行情境分析，即将子数据放置在受访高校英语教师所处的社会文化情境中，"按照故事发生的时序对有关时间和人物进行的描述性分析"（齐梅，2017：203），旨在寻找核心叙事、故事线以及组成故事的内容。

具体而言，在此过程中，借助NVivo12，通过回溯备忘录和持续比较方式，基于已有的类属分析三级编码系统，进一步进行情境分析，寻找26名受访者的每一个核心叙事、每个故事线和故事内容，按照设定的编码系统为资料编码。同时，在NVivo12备忘录中，将每个受访者的几次访谈内容写成一个故事，并综合不同年代出生的受访者（即"50后""60后""70后""80后""90后"）以及在我国不同时期任教的受访者（即改革开放初期、中期、新世纪和新时代）的故事，组成综合个案故事，仍采用持续比较方式，对收集和生成编码过的数据、备忘录、其他数据资料、个案和综合个案故事以及理论再次进行比对。经过比对，较完整地对理论进行陈述，进而完成了定性数据分析（详见第八章）。

总之，在对叙事访谈的定性数据分析过程中，基于扎根理论，首先借助NVivo12自下而上进行类属分析，经过编码、解释、归类、持续比较、生成代码、类属和主题、确定核心类属、达到数据饱和、了解个体独特以及群体普遍特征、发现共同点和不同点、解释或探寻因果关系等一系列分析过程，直至涌现能够解释教师身份认同和能动性之间关系的运行机制为止。

第七章 叙事探究的设计与实施过程

为避免数据分析过程中可能出现的主观性,确保研究结论客观、可靠,采取了多种措施。如上所述,第一,为保证叙事访谈的客观、全面,作者除了采用叙事访谈,还采用了其他定性数据采集方式(如研究者的备忘录、现场笔记、查阅了受访者公开发表的论文、撰写的教案等),以实现对叙事访谈数据的补充和完善;第二,叙事访谈转录完成后,均邀请受访者进行了核对;第三,对叙事访谈的定性数据分析,采用扎根理论,并借助NVivo12,进行了系统分析,实现了人工和机器智能的结合;第四,作者和另外三名研究成员,采用类属分析和情境分析,通过人工和机器相结合的方式,分别对叙事访谈数据进行了独立分析及共同讨论:对每一位受访者的转写文本进行编码、归类以及核心主题的抽取与记录;对核心主题逐一进行对比、同源归类、找出一致性;第五,邀请参加叙事访谈的部分受访者,核对了通过扎根理论所生成的高校英语教师身份认同与能动性关系机制,询问是否符合他们教师专业成长的个人生命历程和社会化过程;第六,作者作为一名天津高校英语教师,不仅是一名研究者,而且也深入研究对象的工作和生活,与他们一样经历了教育实践活动,所以在数据采集和分析过程中,一方面与研究对象和数据进行积极互动,另一方面,不断通过自身反思,追问内心和良知,"我是否是在真实反映我们的故事?"追问自我的过程,实际上就是自省、自律的过程,以有效保证数据分析的真实性。

以上定性数据分析策略,保障了叙事访谈数据分析的信度,下一章将通过深描方式说明叙事访谈结论(见第八章)。

第八章　叙事探究结论

本章采用"深描"的方式，从"局内人"视角，阐述不同时空背景下，不同年代间和同一年代内高校英语教师专业成长的群体或个体叙事差异，在讲述不同年代教师群体差异的故事时，回答本研究的三个研究子问题，以深入探究高校英语教师职业身份认同与能动性之间的关系。

第一节　隐退淡出期的"50 后"：积极能动践行的教学科研型高校英语专家教师

一、"国家需要，党的需要就是我的志愿"：改革开放初期"被动"成为高校英语教师

"文化大革命"期间，高考废止，含高等外语院校在内的高校停招长达 5 年之久，学校停课闹革命，学生无法正常学习。

> "文化大革命"的时候，所有的学校都停课了，然后到了 1968 年、1969 年的时候让复课，复课闹革命，把学生都收回到学校里了，原来都在社会上漂着不上课。学校里乱七八糟，学生虽然回到学校来了，但是根本就没法学习。（伍农）

出生在 50 年代中后期的伍农、伍学和伍工，就是在"文化大革命"这样的教育环境中度过了各自的小学和初中。而在他们初中毕业时，"文化大革命"尚未结束，又适逢落实"教育与生产劳动相结合"的教育政策，根据家庭出身和子女多寡，城市的初中毕业生或下乡务农或留城进厂做工。在这样的政治文化教育背景中，他们的学业被迫中止，开始了务农、务工生活。

1970 年部分高校开始试点招收工农兵学员。受强烈"返城"和"求学"的个人动机驱使，很多"50 后"即使在当时不注重学习的政治社会背景中，也发挥积极学习能动性（高立霞、展素贤，2021；展素贤、薛齐琦，2021），通过挤时间或创造机会学习，以摆脱自己"干活儿"者的身份。

1977 年"文化大革命"结束，国家的政治、经济、文化、教育逐步走向正轨，高考制度得以恢复。3 名"50 后"教师在"文化大革命"时期的政治环境中，即使不喜欢英

第八章 叙事探究结论

语专业,但受个体主体强烈"回城""离厂"的动机驱使,确立了明确的学习目标,积极发挥学习能动性,自学读书,想通过学习摆脱务农者或务工者的身份,最终被推荐或考取大学英语专业,成为一名"工农兵学员"或"年长大学生",从而达成目标。可见,在达成目标,实现从务农者、务工者到大学生的身份转换过程中,在社会化结构中,个体主体动机以及学习能动性成为3名"50后"教师的核心驱动力,建构了学习者身份。

大学毕业分配时,当时受"文化大革命"影响,全国多数大学面临师资数量短缺和质量不高的境况(尤伟,2016),同时国家又实行"统招统分"政策,在这种就业背景下,3位"50后"教师服从国家需要,被分配到高校从事自己不喜欢的英语教学。这个过程,既非个人职业取向,也非个人专业意愿,更非个人主动选择,而是由于国家和党的需要,3名"50后"教师坚守国家和党的需要大于个人兴趣的信念,完成了从学习者到新手教师的转变,"被输入"英语专业身份和教师职业身份,"被动"成为一名高校英语教师。

> 上完大学以后就分配到我们现在的[大学],就开始当英语老师了。所以我当英语老师这个过程属于一种被动过程,不是我主动选择,实际上说心里话我是不愿意当老师的。那时候是坚决听党的话,就是说服从组织分配,那么这样就学了[英语]。(伍农)
>
> 这个[高校英语教师]是客观的,但是主观上就分配我做什么我就做什么,就这样我做了高校教师。当时国家需要、党的需要就是我的志愿,都是这种观念,很少有自己[的想法]。那个时候国家的需要就是我的志愿,就叫干一行爱一行,党让干啥就干啥。(伍工)

可见,在"文化大革命"这一特殊的政治环境中,受个体主体"我要学习"的动机驱使,3名"50后"教师发挥个体积极学习能动性,在其成长和入职时的社会形塑中,"被动"成为一名高校英语教师,既体现了个体主体的能动性,又体现了个体成长的时空影响,是教师个体能动性与外在形塑张力的结果。

二、"我要努力":能动建构高校英语教学科研型教师

教师发展阶段的一个重要话题是新手教师或初级教师身份,常经历从学习者到教师身份的转换。在这一身份转换过程中,会遭遇迷茫、困惑、职业危机,关系到新手教师是否能够生存,这一阶段也常被称为新手教师的自我生存阶段(连榕,2004)。"被动"成为高校英语教师的3名"50后"更是如此。

对于伍农、伍学和伍工而言,受当时"统招统分"政策的影响,被分配到高校任教,从事自己并不感兴趣的英语专业和教师职业。从客观形式上,他们完成了从学生身份到高校英语教师身份的转换,但在主观认知上,并未建构起对英语学科的信念,对英语专业身份和教师职业身份的认同。"高校教师分配完了以后,我也有点突然,我怎么要做教育了呢?马上从学生转变成教师,所以自己觉得需要一个过程"(伍学),导致入职初期3名"50后"教师对高校英语教学处于懵懂状态。

刚开始［工作］的时候，感觉对高校英语教师这个身份不是很明确，因为毕竟我们那个年代都是分配工作，就是说我自己不能选择我要做什么工作，而是毕业分配了，分配你做什么你就去做什么，都是比较懵，就是比较懵懂的那种认知，清楚的认知没有！（伍工）

但由于坚守国家和党的需要高于个人意愿的政治信念，受"永远要尽最大努力把事情做到最好"（伍工）的个体需求特征中性格的内驱力驱动，对于高校英语教师职业"先去认识它，接受它"（伍学）。在认识接受的基础上，积极发挥个人能动性，通过回忆曾教过自己的高校英语教师的教学方法，"就是想想我上学的时候最想听哪个老师讲课，他是怎么样的讲课风格，我不喜欢哪样的老师，应该怎样去避免"（伍工），进行教学模仿和个人探索，努力"把课教好"（伍农），建构了高校英语教师狭义的教学身份，"刚开始［从教］，我跟你讲，我就认识到我是老师，我在大学教书，我的任务是传授知识"（伍学），即高校英语教师的职责就是备课、背教材，给学生传授知识。

但在建构高校英语教师这一狭义的教学身份过程中，并非一帆风顺。和所有新手教师一样，3名"50后"教师曾遭遇过职业困惑，对高校英语教师身份和职业意义产生过怀疑，产生过调动工作的想法，采取了放弃继续从事高校英语教学工作的行动，这在伍学身上表现最为突出。

但由于受当时高校"定岗定编"政策的影响，伍学要求离开教师岗位的能动行动被拒。"50后"教师最初对高校英语教师职业没有情感，但是当建构了高校英语教学子身份认知后，在教师专业发展的"最近过程"（Bronfenbrenner, 2005），通过在微观系统的课堂环境里，与重要他者——学生的频繁接触，学生层次和知识水平的不断变化提高了对教师职业的要求，直接对教师身份提出了挑战，这成为教师专业发展的动力源。为了稳固高校英语教学子身份，适应学生和时代的发展，"50后"教师不断践行学习能动性，通过多种渠道开展教师学习活动。这一研究发现也回应了我国已有高校英语教师学习能动性研究（阮晓蕾，2018）。

当老师的要求没有别的，你得适应这个时代发展，你得适应这个工作的要求。比如开始教大学英语时工作要求是很低的，当然我不是说现在的大学英语，现在也比较难了，因为要求高了，但是那时候要求是很低的。等变成了英语专业，要求就提高了，对老师的要求也提高了。然后再到研究生层次，这对老师的要求又有一个提高。这就是动力，促使你自己不断学习，要不你就跟不上。（伍农）

也正是在教师与学生频繁互动交流的"最近过程"中，当3名"50后"教师意识到自身学历、知识和能力等个体资源特征不能满足教师职业和时代的发展时，受个体动力特征的内驱力驱动，"那个时候分配工作，分配我做这个工作，所以不是我自己选择的，没有什么感情，觉得给我这项工作我要认真去做"（伍工），努力把课教好，不断践行个人学习积极能动性。

可见，尽管3名"50后"教师不喜欢英语专业，不愿意做教师，但由于政治、教育政策的规约,特别是强调国家和党的利益高于一切的主流价值观念对他们的深刻影响,使他们服从分配,在改革开放初期走上了从事高校英语教学的道路。在随后的教师专业成长历程中,受主流价值观念影响,从最初对教师职业的懵懂、怀疑教师职业价值和教师的意义,到对教师职业认知的深刻理解,促使他们在与学生、同事和领导频繁互动的教师专业成长的"最近过程"中,积极发挥学习能动性,在终身学习的学习能动性践行中,丰富了狭义的高校英语教师的教学子身份认同,建构了高校英语教师终身学习者身份,重构了高校英语教师身份。

> 实际上我理解高校英语教师,是一个不断学习的职业,就是一个终身学习的职业,因为总有新东西在发展,你自己也总要产出一些新东西。所以呢,这就是一个压力。我又不想让自己做得太差,就得一直在尽自己最大的努力去拼,就是这样吧……我这一辈子一想起来就觉得我的整个职业生涯这么几十年一直处于这种压力很大的状态,总觉得自己学的东西不够。(伍工)

此外,在积极学习能动性的践行过程中,"50后"教师不断追求个人职业学习,发挥科研能动性,主持申请科研项目、教改课题,发表学术论文,"通过科研来提高自己英语教学水平"(伍农),并将科研成果用于指导课堂教学实践。"50后"教师在积极践行科研能动性的过程中,不再局限于狭义的高校英语教学子身份,他们在高校英语教师应"终身学习"的学习能动性践行中,以科研指导教学,丰富并重构了高校英语教师身份——教学科研型英语教师身份。

> 那么到后来[职业发展阶段]也就感觉,我做的这个高校教师工作,本身就是教学科研同时都要硬,两个方面都要强。不能光做教学,因为科研就是在指导你的教学,你的教学怎么样才能有深度,实际上还是要靠你的科研来支撑的。(伍工)

所以,"50后"教师个人教学、学习和科研能动性的积极践行,一方面完善了教师的专业知识结构,提升了其教学科研能力;另一方面,加深了他们对教师职业的认知,"对这个职业的认识,是从认识到喜欢到挚爱的,我就觉得自己对学生,和对教师这个职业有了更进一步、更深层次的理解"(伍学),并进一步促使他们从关注教师生存转向关注教学情境,关爱学生,在逐渐适应高校英语教学的同时,与学生建立了深厚的感情,"我见了学生就特别的爱,特别是好学生,对他们就爱不释手,比自己的孩子还爱"(伍学),促进了其专业成长。

从这个意义上讲,教师专业成长"坐落"在师生互动交流的课堂环境里,发生在与学生频繁接触的"最近过程"中。在"最近过程"中,学生作为促进教师专业成长的"重要他者"(Mead,1934;Sullivan,1953),在转变并巩固"50后"教师对其职业身份认知,增强其高校英语教学子身份认同的同时,促进了"50后"教师不断确立新的职业目标,发挥学习能动性,完善自身知识结构,提高教学科研水平。而个人学习、教学和科研能动性的践行又反过来丰富了高校英语教师身份——从最初的狭义高校英语教学身份更新为高校英语教学科研身份认同。

综上,3名"50后"教师在积极践行学习能动性的过程中,不再局限于狭义的高校英语教学子身份,而是在终身学习的能动性践行中,以科研指导教学,丰富并重构了高校英语教师身份——由最初单一的教学子身份,提升到了高校英语教学科研身份。"50后"教师在能动建构高校英语教学科研身份认同的同时,促进了其教师专业成长,成为教学科研型高校英语专家教师。

三、"你想当好老师的话,必须不断提高自己":积极影响教师能动性践行

如上所述,在"50后"教师专业发展的个人生命历程和社会化进程中,尽管英语专业和教师职业并非其主观意愿,但个体主体的动力特征"我要认真去做",驱动他们在"最近过程"的课堂环境中与学生互动交流,学生的需求和时代的发展又促使其不断追求职业学习,践行个人学习能动性,在入职初期,首先构建了高校英语教学子身份认同,当一名好老师,努力把课教好。

> 因为要把课教好,必须花很大的工夫去努力,把相关的知识都掌握,你才能教。所有的老师都是这样,他不是天生的什么都知道,他也要学习新的事物,学习新的东西,这样才能不断地进步,不断地把这个课程讲好。否则的话,你老是吃老本的话,吃个三五年你就落后了。(伍农)

和伍农所叙述的一样,正是由于他认同高校英语教师的教学身份,受"我要认真去做"的个体主体的动力驱动,努力实现把课教好的教学目标,促使他不断践行学习能动性,追求个人职业学习,以实现个人专业发展。而在实现专业发展过程中,由于他对职业认知的不断更新与变化,又促使他追求新的职业目标,在实现每一个新的职业目标的过程中,个人学习能动性、教学能动性和科研能动性践行的结果又丰富并重构了高校英语教师身份认同。所以,教师身份认同与能动性相互关联、彼此影响,共同促进了"50后"教师专业成长。

可见,"50后"高校英语教师专业成长的启动,是发生在"最近过程"的师生互动的课堂环境中,在某种意义上讲,课堂环境是滋养教师专业成长的第一场所。与学生的互动交流,在巩固、维系高校英语教师教学子身份的同时,激发了教师科研能动性的发挥,促使高校英语教师进行教学科研这一更高层次的身份认同建构,而这个建构的实现途径又离不开教师学习者身份的认同。所以,教学科研这一更高层次的身份认同,是高校英语教师教学能动性、科研能动性和学习能动性这三个核心元素共同作用的结果。

此外,在"50后"教师专业发展的个人生命历程和社会化进程中,其所"坐落"的中间系统、外层系统和宏观系统等嵌套生态系统也正向影响了"50后"教师个人能动性和环境能动性的发挥,在重构高校英语教师个体身份认同的同时,也建构了高校英语教学集体身份(康翠萍、王之,2021)。换言之,"50后"教师个体能动性和环境能动性与外在生态系统积极互动,共同影响了"50后"教师专业发展"最近过程"的运行内容和方式。

首先,在中间系统,随着年龄的增长,他们结婚、生子、组建家庭;同时,在其职业

● 第八章 叙事探究结论

生涯中,科研、行政工作与教学叠加在一起,导致家庭与工作、科研,行政与教学时常交织,发生碰撞、矛盾与冲突,给他们带来很大压力;但由于"50后"教师所建构的高校英语教学子身份认同、对学生的喜欢和职业责任、"想当好老师"的职业目标和舍小家为大家的职业精神等内驱力的驱动,"有压力就是动力,你有压力你就要好好地去努力"(伍农),使"50后"教师将压力变成了动力,在得到家庭成员支持的同时,他们克服家庭困难,投入更多时间和精力,认真备课,积极践行教学能动性。

> 就整体来讲,工作压力一直很大,有的时候真是顾不上家。有的时候想起来挺愧对自己的女儿,我就一个女儿,有的时候老师们说起来,说孩子怎么样,从小学陪着孩子,我基本上就没有这样的时间,不是自己在拼命读书,就是在工作。我既有行政工作,又有教学工作,还有科研工作,年轻时有进修工作和教学工作,反正一直是工作。[所以]工作、学习就是我的唯一,而对家庭照顾得比较少。(伍工)

其次,通过对"50后"教师专业成长的故事分析发现,外层系统是激发高校英语教师身份认同发展和能动性发挥的第二大场域,主要体现在学校层面的各项政策的制定,如科研政策、职称晋升政策、教师进修政策和大学英语教学改革,以及他们在国内外高校进行学历和非学历进修时所接受的教学理念、方法、教学科研知识和研技能等。这些政策、理念、知识和技能等成为3名"50后"教师接受外部刺激和牵引、助力自身专业成长的关键事件(卢德生、苏梅,2016)。在这些关键事件中,他们积极发挥个人能动性和环境能动性,借力外层系统所提供的可利用的各种学习资源和学习机会,努力提高学历层次,完善专业知识结构,以适应高校英语教师职业和时代的要求。

更为重要的是,外层系统所发生的关键事件(卢德生、苏梅,2016)也积极正向影响了"50后"教师专业发展的"最近过程",通过发挥环境能动性,引领教研团队各自进行大学英语课堂教学改革,促进了学生发展。

> [我们]成立了一个教学改革组,叫大学英语教学改革,以学生为中心的教学改革,做了一届学生[的试验],有一个教育改革团队,其中有5个老师,我们老师采取的是多媒体上课,当然这之前没有多媒体,这是第一次使用多媒体上课,效果挺好的。(伍学)

除了中间系统和外层系统,对"50后"教师专业成长历程追溯和分析还发现,宏观系统一方面成为"50后"教师个体和群体的叙事空间结构,另一方面也成为教师专业成长的最为宏大的叙事内容,而他们个人生命历程中所经历的显性的国家政治、教育政策的规约,隐性的"老师是蜡烛,燃烧自己、照亮他人"(伍工、伍农)的社会主流价值观念和文化的影响渗透到他们个体思维逻辑和行动中,贯穿其教师职业生涯始末,对其教师身份认同和能动性发挥产生了很大影响。

所以,个体主体的动力特征、资源特征和需求特征以及生态系统共同影响了"50后"教师专业成长的"最近过程"。他们与学生在课堂教学环境中频繁互动,再加上其内隐的高校英语教学子身份认同感,促使他们积极践行个人教学能动性和环境能动性,在主动反思中探索英语教学研究方法，推动了其教师职业情感的发展，发生了从认识到敬爱再到敬畏教师职业的颠覆性变化。这一颠覆性变化又进一步促进了"50后"教师教学能动性的发挥，而积极教学能动性践行的结果就是学生成绩的提高，正如伍学对其专业成长历程的反思。

> 从认识教师职业到敬爱这个职业，敬畏这个职业，这是我一个［教师专业成长］过程的颠覆性变化。所谓"颠覆性变化"，刚开始我只认识到我是老师，我在大学教书，我的任务是传授知识，教会学生，在教学中避免出错误，就是对自己一个最基本的最低要求。但是后来我认识这个职业、挚爱这个职业，而且敬畏它，这是一个颠覆性的变化。在这变化过程中我们要付出很多，在教学中付出，自身努力克服一些困难，直到学生取得成绩。其间我的变化也特别大，是一个翻天覆地的变化。（伍学）

教师的这种翻天覆地的变化，不仅体现在教师能动行为上，更多的是体现在能动行为背后的"一种'心'的变化"（伍学）——对教师职业的认知、对教师身份的认同感、对教师职业的喜爱以及由此带来的职业自豪感和职业责任。"50后"教师这种"心"的变化和职业责任成为驱动教师能动践行的内生动力，使他们在教师专业发展的"最近过程"，除了发挥个人能动性，还与同事结成教学、科研团队，充分发挥环境能动性，集体进行大学英语教学改革，共同探索教学和科研问题，取得丰硕成果。此外，还使他们具有很强的职业成就获得感，而这种获得感首先源于与学生频繁互动的"最近过程"，以及在课堂环境的微观系统中学生在课堂上的积极表现和反馈。

> 比如你每天每节课自己讲完之后，你看学生的表情、学生的反应，学生如果都理解了，或者学生在课堂讨论的时候讨论得特别好，或者学生对这个问题感兴趣，那么你有一种幸福感，觉得自己的辛苦没有白付，准备的东西让学生能够接受。（伍工）

职业成就感还来自教师努力后，他们所目睹的学生成绩的提高和学生成就的取得以及桃李满天下的感觉，而更为重要的是学生对他们无私奉献和工作投入的认可，这些使他们更加热爱教师职业。

> 我教了40多年书，以前教大学英语，后来教英语专业，从我这里毕业了好多好多学生，所以我觉得很有成就感，经常说的桃李满天下应该就是这种感觉。另外，如果学生给我的评价非常好，我觉得有成就感。（伍农）

除了学生在课堂内外的优秀表现以及同事的尊重和认同给他们带来的职业成就，3名"50后"教师在他们的职业生涯中，无论教学、科研和管理均取得很多成就，得到同事和领导的广泛认可，被评为校级或市级优秀教师，被委以重任，从事行政管理工作，引领所在院系教学、科研发展。总之，在"最近过程"，3名"50后"教师在与学生、同事和领导的频繁互动交流中，积极践行个人能动性和环境能动性。学生、同事和领导的认可会激发教师的职业成就感和工作效能感（龙娟，2020），影响其进一步的能动"选择"和

"行动";反之,若教师的表现未得到认可,则会打击教师的后续能动行动,产生身份危机(刘艳、蔡基刚,2021)。所以,教师教学科研成果背后一定是教师对其身份强烈的认同以及教师能动性的充分发挥。

总之,从3名"50后"教师专业成长的个人生命历程和专业发展历程中发现,他们目前正处在高校英语教师职业生涯的隐退淡出期,已远离各种职业责任。但离职前,由于他们教学科研型专家教师身份和职业成就,在学校拥有受人尊敬的位置,对自己职业成就感到满意。而职业成就的取得和受人尊敬的教学科研型专家教师身份的构建,是"50后"教师在政治、社会、文化结构形塑中,通过个体主体的动力特征、资源特征和需求特征,积极发挥个体能动性和环境能动性,并和外在嵌套的生态系统相互作用、相互影响的结果;反过来,"50后"高校英语教师的教学、终身学习者和科研身份的建构和重构,又与个体主体的动力特征、资源特征和需求特征相互影响、相互促进,进一步激发了其积极学习能动性、教学能动性和科研能动性(如图8.1所示)。

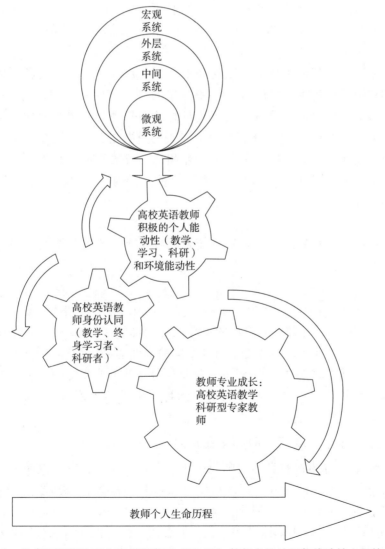

图8.1 生命历程理论和生态学视角下"50后"教师身份认同与能动性之间的关系

第二节 高峰转折期的"60后":能动调整引导的导师型高校英语教师

一、"我们那个年代是改革开放发展时期,确实需要外语人才":师范、理想导向的职业趋向

(一)"60后"教师专业成长的叙事时空结构

刘振(男)、刘师、刘硕(男)、刘调、刘分和刘跨等6名教师,均出生在60年代中后期,小学阶段经历过"文化大革命"末期。1976年"文化大革命"结束后,我国大中小学教育逐步走向正轨,所以与3名"50后"教师不同,6名"60后"教师接受了正规的初、高中教育,高中毕业考取大学,获学士学位。后刘硕、刘调、刘跨获硕士学位,刘振、刘师获博士学位。

6名"60后"教师就读本科英语专业和本科毕业后入职高校的这段时间,正值我国改革开放初期和中期。其间,1982年邓小平提出的"教育要面向现代化、面向世界、面向未来"不仅成为我国改革开放时期教育改革总的指导思想,更为我国外语教育迎来了改革发展的春天,而1992年邓小平视察南方发表的重要讲话,更是将改革开放推向了历史新阶段。与"文化大革命"时期的英语专业相比,英语学科地位发生了翻天覆地的变化,英语专业也成为热门专业,学习英语成为一种社会潮流,这在"60后"教师专业成长叙事中得到充分印证。

> 我们上大学那个年代[英语]应该是比较吃香的专业,英语专业还是比较热门的,国家改革开放刚一开始,大家还是比较喜欢这个专业,就业前景也是非常好的。(刘硕)

可见,改革开放的外显政策和隐性的社会因素均影响了"60后"大学阶段的英语专业选择。他们选择英语专业,并非完全出自个体的专业志趣,而是在其个体生命历程中,改革开放政策的形塑对其英语专业选择及专业身份建构起到决定性作用。换言之,"60后"个体主体的大学英语专业学习经历的资源特征中,带有改革开放时期的时代烙印,为6名"60后"成为高校英语教师奠定了专业基础。

(二)师范导向的"60后"教师职业趋向

而影响"60后"从事高校英语教师职业的因素是多元的,既有改革开放宏观政策的影响,急需大量英语人才;又有国家统招统分政策和师范教育教师职业导向的形塑;也有个人理想和志愿的驱使;还有原生态家庭中"家学传承"和求学期间高校英语教师"角色榜样"的引领。尽管影响因素多元化,但总体而言,根据国家政策规约和外在形塑以及个体对教师职业愿景的向往,可将6名"60后"教师分为两类,第一类是师范导向

的"60后"教师,第二类是理想导向的"60后"教师。

第一类教师包括刘振、刘师、刘硕和刘调等4名"60后",他们均在师范大学学习英语专业,受师范教育导向,在改革开放和国家统招统分政策的社会结构中,无职业选择权,本科毕业后直接被分配到当地中学或大学从事英语教学工作,像"50后"教师一样,"被动"进入高校英语教师行列。

> 我们那个年代没有什么选择余地,只是学的是英语专业,毕业以后就自然进入高校了,又是学的师范专业,毕业以后自然就成为大学英语老师了。这不是自己的选择,这就是运气的选择吧,当时真的是没有自己选择的余地。(刘振)

由于"被动"加入教师职业队伍,虽然他们在本科师范教育学过教育、英语教学理论等知识体系,且有过教育实习经历,但是在从一名学生转变为高校或中学教师身份的过程中,在工作的最初几年,他们仍处在适应教师身份的新手教师生存阶段(连榕,2004):适应教师身份、适应教师职业、适应如何处理与学生的关系,并逐步形成对教师职业的认知。

> 刚开始教书,要逐渐适应这个岗位,其实是一个适应阶段,适应教师这个身份。你在干什么?你怎样做?你怎样当好这个老师?其实是有一个阶段的,你不是天生就是个好老师,你还是要学习对职业的认知。因为从一个学生到一个老师,你有一个身份上的转变,处于初级适应身份阶段,接受它,然后适应你跟学生的关系,适应如何处理。就是说最初几年是适应这个身份的阶段,要适应工作职责,反正是适应阶段。(刘调)

在国家统招统分政策和师范导向的社会结构规约中,4名师范毕业的"60后",被动成为一名高校英语教师,在职业发展第一阶段的适应期,仅仅视高校英语教师职业为一份工作。但受职业道德规约,他们认真对待这份工作,首先意识到高校英语教学子身份,建构了高校英语教学子身份的自我认知。不过,教学情感淡薄,"对学生并没有这么深切的爱。最狭隘地讲就是一个安身立命的需要"(刘师),将教学视为安家立命之本。

总之,由于4名师范毕业的"60后"成为高校英语教师是一种"偶然"或"运气的选择",所以这类"60后"教师群体在教师专业成长的第一个阶段,对教师职业的认知处在"浑浑噩噩"的混沌状态,仅局限于高校英语教师"教书匠"的身份——培养学生的英语听、说、读、写、译技能,尚未建立高校英语教师科研身份认同,是"科研小白","在这个学术上是一个小白,什么也不懂"(刘振),而建立自己有特色的英语教育理念则是在其职业生涯末期。

(三) 理想导向的"60后"职业趋向

第二类教师包括刘分和刘跨两位"60后"。他们就读的是非师范类高校,在国家统招统分政策框架中,由于受当时改革开放政策的影响,他们的大多数大学同学选择去了外资或合资企业,但这两位"60后"喜爱教师职业,受个人理想的引导以及关键人物的引领，主动选择了高校英语教师职业。

就刘分而言，在其教师专业成长的个体生命叙事和专业成长叙事中，多次强调其所成长的年代里人们讲理想、讲信念这一隐性的主流政治、文化，表明其成长的宏观系统中的政治、社会、文化不仅成为其个体叙事的宏大背景和文化脚本，更是对其专业成长产生了深远影响，再加上微观系统中，其母亲教师职业身份的潜移默化影响，刘分自小的理想"就是当老师"，而在本科阶段遇到的几位高校英语教师，作为其专业成长的关键人物，成为刘分高校英语教师目标身份认同（Sfard、Prusak，2005）和角色榜样。

可见，这些隐性的宏观主流政治文化、微观和个人理想主导了刘分对高校英语教师职业的选择，以至于在改革开放中期，在统招统分政策框架内，当面临其他职业诱惑时，其个人职业理想的引导和关键人物的引领占据了主导地位。未入职前，刘分就已确立了比较明晰的高校英语教师角色榜样，和向往但模糊的高校英语教师目标身份认同，表现出较强烈的教学情感，并主动选择了高校英语教师职业，正如其在叙事访谈中所叙述的一样。

> 我们那个年代，应该说是改革开放发展时期吧，所以很多同学会向往去外资、合资这些企业，因为那些地方也确实需要外语人才，而且挣的钱也确实是比较多，在学校里就可能跟他们没办法比。我是外语学院毕业的，毕业的学生并不以高校为主，因为学校不是师范院校，所以更多的是做口译、笔译，为企业或机关工作，真正走入高校的人是很少的。但是我自己，是因为在念书的时候就比较喜欢高校老师这个职业，所以在毕业的时候正好有这么一个机会，就进入高校当了一名英语老师。虽然不是社会的一个趋势，但是我个人比较喜欢，因为我在念书的时候，就是我在大学期间，我很欣赏我们的任课老师，绝大部分的，不能说是所有吧，也差不多是所有，我的任课老师们给我的印象比较深刻，我比较喜欢他们，我想跟他们［一样］。我当时真的是这么想的，就想如果可以和他们一样从事高校教师这么一个职业应该是一件挺开心的事情，也觉得是挺崇高的这么一个事业吧，也确实是这么想的。（刘分）

就刘跨而言，本科阶段在非师范类院校学的是外贸专业，虽然在国家统招统分政策框架下，留校从事了高校行政工作，但由于其个人成长经历中，从小受教师父亲的熏陶，对教师职业感兴趣，喜欢当老师，他的理想就是登上讲台，成为一名"纯粹"的老师，给学生传授知识。"我比较喜欢这个职业，第一就是说高校教师比较受人尊重，第二就是高校教师可以有机会接触更多的来自全国各地的学生。"

在其叙事中，刘跨还解释了为什么喜欢当教师，展示了其在成为高校英语教师之前，就建立起了比较强烈的高校英语教师身份认同——高校英语教学子身份和高校英语教师学习者身份以及高校英语教师职业认知——终身学习的职业，对高校英语教学表现出强烈的教学情感。

> 我觉得作为大学老师，必须要有一个终身学习的理念，你才能够跟每一届学生进行有效的知识交流，因为自己本身喜欢学习，而这样的一个职业又给我创造了一个不得不进行终身学习的平台，所以喜欢。此外，我觉得能够过一种比较平衡的兼顾工作

和学习的生活。(刘跨)

此外，刘跨在入职前建立的高校英语教学子身份和终身学习者的身份，又符合自己爱学习的性格特点，所以个性特征中内隐的情感特征、个人理想、高校英语教师职业归属感以及作为需求特征的爱学习性格，共同成为驱动其学习能动性积极发挥的内驱力，促使其发挥个人学习能动性，通过跨专业考取英语语言文学硕士研究生，拥有硕士学位，最终成为一名"纯粹"的高校英语教师。对刘跨而言，"这个选择，我觉得主要是遵从了我个人自己内心的感受"，而这种内心的感受则是对高校英语教师的职业认知和自我性格的认知，是个人要成为高校英语教师这一强烈愿望引领的结果。

综上所述，在改革开放中期，与"50后"教师相比，促使6名"60后"成为高校英语教师的因素是多样的，既有嵌入"60后"个人生命历程的宏观系统中"显性"的统招统分、师范教育政策的外在形塑——使得师范毕业的4名"60后"被动从学生身份转变为高校英语教师身份，入职高校成为他们个人生命历程中的"偶然"事件，导致入职初期对高校英语教师职业认知模糊、职业归属感不强、职业情感淡薄；又有渗透到"60后"个人生命历程的宏观系统中"隐性"的政治、社会因素潜移默化的影响，以及生命历程中关键人物的引领和个人性格、教学情感、个人理想等内隐的需求和动力特征的核心内驱力驱动，使2名非师范毕业的"60后"在社会结构中，发挥个人能动性，主动选择高校英语教师职业，如愿以偿成为高校英语教师，完成了其个人生命历程和专业成长历程中"一件挺开心的事情"。与4名师范毕业的"60后"教师相比，这2名非师范毕业的教师在入职之前就有比较强的高校英语教师职业归属，职业情感较浓厚。

二、"趁着现在还不算老，干自己感兴趣的"——能动调整引导的导师型高校英语教师

(一) 能动建构高校英语终身学习者身份

如上所述，两类"60后"英语教师由于职业导向不同，导致对高校英语教师目标身份认同、职业认知和教学情感不同。尽管如此，两类教师群体在各自的教师专业成长经历中，均经历了教师职业发展的第一阶段，即适应期，对高校英语教师的职业认知局限于高校英语教学子身份的认同，关注自我生存，缺乏对学生的关注。

经历适应期后，"60后"教师受最初建构的高校英语教学子身份认知影响，保持做教师的初心，"就是教书育人，教好学生，做好工作"（刘硕），坚守职业道德，对学生负责，并受个体主体性格中认真负责和爱学习的需求特征的内驱力驱动，意识到自身专业素养的不足和高校英语教师学习者身份，自主确立了提高职业素养和坚守教师高尚情操的目标，积极发挥学习能动性。在追求职业学习的过程中，一方面强化了高校英语专业子身份、高校教师教学子身份认知，另一方面重构了高校英语教师身份，既包括教学身份又包括教师学习者身份，建构了高校英语教师终身学习的职业认知，专业成长进入职业发展的第二个阶段，即通过学习提高自我阶段，这在"60后"教师的专业成长叙事中得到充分体现。

大学老师既然要教书育人，就需要有一定的能力，你自己不学习、不研究、不从事科研，那么你拿什么去教书育人？所以本身从成为一个大学老师开始就预设了或者说是规定了你必须成为一个终身学习者，你要与时俱进，你既要熟悉你所研究的领域，又要去不断学习新的成果。（刘跨）

教师这个职业多么需要教师有着高贵的情操！当然这高贵的情操不是与生俱来的，而是需要通过学习的，是要通过学习，是要通过各种各样的学习。（刘师）

从6名"60后"教师的专业成长叙事中发现，高校英语教学身份认知和个人性格成为他们发挥个人学习能动性、自主提升自我专业素养和坚守道德情操的核心内驱力，在践行学习能动性的同时，巩固了其在职业初期建构的高校英语教学身份，重构了高校英语教师职业认知。

（二）能动建构和社会情境形塑的科研身份认同

在教师专业成长历程中，外层系统中的学校职称晋升政策和对教师的科研考核，成为大多数"60后"教师不断追求职业发展，提升学历层次和自我专业素养的重要或关键外力牵引。

职业目标实际上都是很功利的，年轻的时候，就是为了晋升职称，从助教到讲师，再到副教授，再到教授，这是一个实际的驱动力……［具体而言］我要评职称，对吧？从助教到讲师、从讲师到副教授再到教授，即便是说我这个功利的想法［不对］，但它客观上来讲对一个人的成长也是有帮助的，就像君子爱财取之有道一样，就这个方面来说，即使我是功利的，也促进了我个人的专业发展。（刘跨）

尽管"60后"教师视晋升职称为安身立命之本，或多或少有些实用主义或功利主义，但从教师专业成长历程看，晋升职称作为重要外力牵引，与教师个体主体的动力特征、提升自我实现目标的内驱力，一起促使他们积极践行学习能动性，追求职业学习，充分发挥借力外层系统资源的能力，通过攻读硕士、博士学位，提升自己的科研技能和科研素养，丰富并利用这些个体资源，采取积极科研能动行为，取得不少科研成果。作为研究对象的6名"60后"，5名有教授或副教授职称，他们对自己的科研比较满意，具有科研成就感和获得感。而科研成就感和获得感，又正向影响"60后"教师群体丰富并重构高校英语教师身份，建构了高校英语教学科研身份认同。

科研这块儿，首先我觉得是给自己一个明确的大学老师的定位，就是说大学老师不光是一个教书匠的身份，还是一个学者。学者就是要不断地去完善自己的知识，然后进行跨学科的学习，吸收其他领域的研究成果为自己的研究领域服务。（刘跨）

（三）抗拒或有限科研能动性和教师身份认同危机

然而，对于刘分而言，外层系统的学校职称晋升政策对科研考核要求以及微观环境中其他同事晋升职称的努力，似乎对她没有产生影响，即将退休前，她仍为讲师职称，下

第八章 叙事探究结论

面是其个人反思：

"实际上职称对科研是有要求的。这个[副教授]职称我就阴差阳错地没评，而且特别有意思的是，很多人都说为自己的这个职称很努力，但我从来没有努力过，这也是事实。另外我认为像发表论文或者这些[课题]还是应该考虑的。（刘分）

和其个人反思一样，即使她努力想晋升职称，但由于多种原因，导致她考研未成功，没有接受过硕士、博士阶段的学术训练，缺乏足够的学术技能，很难成功申报课题、发表学术论文，达不到晋升高级职称的科研要求。此外，加上她本人对英语科研意义的质疑，导致其在职业生涯剩余时间，失去了科研方向，产生抗拒科研能动性，未能有效建构高校英语科研身份认同，彻底放弃了从事科研的能动行动，而主动选择教学。

"我好像不太注重科研，其实可能也有自己错误的认知，这个"错误"加上引号，因为我觉得文科类的科研，或者说更具体一些的语言类科研，它的影响力能有多大呢？我感觉我是有些质疑，我说的是语言上这个科研，我对它的这个影响力还是有些质疑吧……[未来]在教学方面，要让学生学会如何学习，尽最大能力给他们上好课，教给他们学习的态度，科研上就没有什么方向了，这是实话。然后在科研上，说实话，对我来说保持目前的状态就可以了吧，没有太大追求。（刘分）

刘硕和刘调2名教师，虽然在外力牵引下通过积极发挥学习能动性建构了高校英语科研身份认同，顺利晋升为副教授，但在后期职业生涯中，与刘分一样，或对外语科研的价值和意义产生怀疑，认为当前科研处在泛滥状态；或自感科研能力有限，申请课题失败等内外因素的负面影响，导致这2名教师未能继续维系高校英语科研身份认知，而产生抗拒科研能动性，其有限科研能动性的发挥，也仅仅是为了完成科研任务，如同刘分一样，专注日常教学。

"我自己是什么[课题]都申请不下来，然后就放弃了，就没有再申请了（笑）。说实话，我这是实事求是，后来我就真的没有再申请过……对我打击挺大的，后来我也不弄了，老师能力也有限……[所以]科研的话，就完成要求的科研工作量。（刘调）

通过进一步分析发现，刘分、刘调和刘硕3名"60后"教师所产生的抗拒科研能动性或践行有限科研能动性，放弃从事科研的能动行动，而专注于英语教学这一行动选择，再加上外层系统学校政策对英语学科的消极态度，负向影响了他们对高校英语教师职业的认知，产生比较强烈的职业身份认同危机感，认为自己是"边缘人物"。

"我在[职业生涯]第二阶段很长的一段时间里，并不热衷于职称评审，好像跟大多数老师走的路线都不一样，可能人家都在评职称，或者忙一些自己的事情，但是我纯教学。我感觉2018年前我一直都是一个"边缘人物"，因为什么都不争，也无

欲无求,所以说就是一个边缘人物。(刘分)

(四) 能动调整引导的导师型高校英语教师

尽管刘分、刘硕、刘调并未建构或维系科研身份认知,产生了抗拒科研能动性或有限科研能动性,失去对科研的兴趣,但他们仍积极发挥教学能动性,在教学职业晚期,仍坚守教学岗位,高标准要求自己,对学生负责,形成了自己独特的教育理念,成为能动调整引导的导师型高校英语教师。

首先,对于产生抗拒能动性的刘分而言,失去对科研的兴趣,受个体主体的讲党性的政治品格、认真负责的性格、职业精神和职业初期建构的高校英语教学子身份等内驱力驱动,在其教学职业晚期,仍保持对教学的热情,珍惜课堂上的每一分钟,在传授语言知识的同时,强调英语教学的本质在于引导学生正确的英语学习方法这一英语教育理念,成为学生学习英语知识的引路人和学生的学业导师。此外,在刘分看来,虽然教授学生英语知识和引领学生学业成长固然重要,但更重要的是,在英语教学实践中,高校英语教师要教会学生如何做人,成为正直、善良的人;同时以一个党员的身份引领、指导身边年轻教师积极向上,追求科研发展,在英语教学实践中成为锤炼学生品格的引路人,在频繁日常互动中,成为年轻教师的人生导师。

> 虽然说跟老师学知识 [重要],但老师教给学生的最重要的却不是知识,而是如何做人,做一个正直、善良的人。我觉得一个人的品德是最重要的,其次才是他的学识。学识很重要,但是对一个人来讲不是最重要的……其他老师跟我交流的时候,我也是这样跟他们讲的,不管从一个党员来讲还是说从自身的、发自内心的一个交流 [来讲],我说:"不能跟我一样,每个人的情况不一样,我是阴差阳错没上(晋升高级职称),没上也就没上,过了那么多年也就不受什么影响了,但是你不行,你太年轻了,你才三十刚出头,你必须奋斗、必须努力。"我都是这么和老师们交流的,所以他们也是挺赞同的。(刘分)

对于刘调和刘硕而言,虽受晋升职称的外力牵引,积极发挥学习能动性,获得硕士学位,建构了高校英语教师的科研身份认同,被评为副教授。然而,随着职业高峰的过去,2 名"60 后"教师进入了职业转折点,对科研热情降低,能动选择了教学。尽管如此,受建构的高校英语教学身份和个体主体认真负责的性格之内在驱动,和刘分一样,仍坚守教学初心,既像"园丁"一样在教学园地辛勤耕耘,又像"灯塔"一样,在引导学生学业成长的同时,成为学生思想的引路人和人生导师。

> 我一直一如既往地坚守自己 [的初心],这叫不忘初心,我坚守教师的初心,按照我的初心去行动,就是教书育人,教好学生,做好工作……坚持初心,阻力我就能克服……我一直就辛勤地给学生们准备课程,我更着重于把心思放在学生身上。(刘硕)

第八章 叙事探究结论

与刘硕和刘调相似,对于刘振、刘师和刘跨而言,受晋升职称的外力牵引,他们积极发挥学习能动性,不断追求个人职业学习,特别是在攻读硕士、博士学位阶段,受关键人物的引领,他们认识了科研,建构了高校教师的科研子身份认同,最终晋升为教授。

> 就一直一直学习,拖了这么长时间再考(硕士研究生)的原因就是追求,对于自己的人生也好、职业也好、英语水平也好,就是有这么一个追求……在我上研究生之前,基本上不知道什么叫科研,也不知道什么叫翻译,什么也不懂,等我上了我导师的课以后,他让我认识了什么是翻译,认识到如何去做科研,去写翻译方面的文章,为我以后的学术研究打下了良好的基础。所以说,硕士研究生期间,研究生导师对我[形成了]比较重要的影响。(刘振)

与刘分、刘硕和刘调相同的是,在职业晚期,3名"60后"教师仍积极践行教学能动性,形成了以学生为中心的教育理念——从学生视角,基于学生需求,与学生形成了平等合作的关系,实现了教学相长。正如刘跨在其专业叙事中所陈述的:

> 在我慢慢地形成[英语教育]理念当中,正是因为学生的这种[知识、能力]欠缺,才成就了老师,才使老师这个角色更加有用。如果学生都是很完美的,他自己各方面能力很强,实际上老师的存在感就不是很强。所以说,我觉得学生需要老师,他有所欠缺,他在压力或者挣扎中,老师的出现或者是参与可能起到更大的作用,这是我后来慢慢形成的理念。所以说对每个学生我觉得还是平等相待,从学生的角度去考虑,才能够更多一点发挥作为老师的这种作用……我个人认为在教学生的过程中,在所谓教学相长的这个过程中,对自己的学习有很大的促进。(刘跨)

同时,在"最近过程",通过与其指导的研究生和年轻同事的互动交流,一直维系并巩固着高校教师科研子身份认同,积极践行科研能动性,融教学和科研为一体,成为引领研究生、年轻教师学术成长的学术导师以及学生创新思维的引路人。此外,6名"60后"教师,在职业晚期,早期"休眠"的爱好或兴趣复苏,对于刘分、刘调和刘硕而言,在能动选择教学、放弃科研的同时,努力实现个人兴趣与工作的平衡,以满足个人兴趣,快乐生活。

> 对我来说很简单,有一句话不是说吗,"知道[认清]生活的真相,但是依然热爱生活"[罗曼·罗兰],就是说我的目标和我的生活几乎也不受影响……我的爱好太多了,看书,主要是小说,打乒乓球、唱歌、写作、烹饪,还有种菜、养花。(刘分)

刘振和刘跨则在职业晚期,积极发挥个人教学和科研能动性,在认真教学的同时,指导研究生和年轻教师从事科研活动,将教学、科研和生活融为一体,工作即生活。而对于刘师而言,虽然对教学和科研仍保持兴趣,但当意识到一个人的生命十分有限的时候,便作出了提前退休的主动选择,做生活中自己喜欢做的事情,而非为谋生而工作,以弥补人生之缺憾。

> 我已经选择提前退休了,之所以选择提前退休,一个原因就是我想趁着现在还不算老,还年轻,想干一干自己觉得感兴趣的事。而且作为一个社会的个体,你应该能为这个社会做一点什么,[或]一件事情。其实到现在我也没有想出来做什么,但是我想作为一个微小的个体,你能为这个世界做点什么,我觉得这点很重要。[换言之]当你的工作并不是以谋生为指挥的时候,你就可以想你能为这个世界做什么,你能为这个社会做点什么了,而这个时候你就会感觉到你选择的工作就非常有意义、有价值了。(刘师)

总之,6名"60后"教师受内驱力和外力牵引的共同作用,不断践行学习能动性,一方面通过追求个人职业学习,提升专业素养和教学能力,另一方面,除刘分外,其他5名教师积极发挥个体主体的资源特征,充分发挥利用外部资源的能力,努力汲取环境的生态养分,利用外层系统所提供的学历提升机会,通过攻读硕士、博士学位,掌握科研技能,积蓄科研素养,取得了不少科研成就,均晋升为副教授或教授职称。尽管6名"60后"教师受个体主体性格的需求特征和教学子身份认知的内在驱动力驱动,以及晋升职称的外力牵引,重构了高校英语教师的教学和终身学习者身份,但在追求职业学习、提升学历层次和积极践行学习能动性过程中,仅刘跨、刘振和刘师在整个职业生涯中维系着高校英语科研子身份认同。

可见,"60后"高校英语教师处在自主概念化阶段,通过个人能动选择,建构了高校教师教学子身份和终身学习者身份认同,并积极践行高校英语教学子身份,形成了有特色的英语教育理念,或成为年轻教师的导师,或成为学生的学业导师、学术导师、人生导师。此外,在他们面临退休的职业晚期,"唤醒"了年轻时的生活兴趣,在积极能动协调过程中,调整工作和兴趣、工作和生活之间的平衡,逐渐从工作转向个人兴趣或选择退休生活,以努力实现工作和生活的平衡。

三、"上好每一堂课,点亮学生心中的一盏灯"——积极影响教师能动性的践行

如上所述,无论师范毕业导向的刘振、刘师、刘硕和刘调在社会结构中"被动"安排到教师岗位,还是非师范毕业的刘分和刘跨受个人志愿引导"主动"选择教师职业,6名"60后"教师在个人生命历程和社会化进程中,受党员的政治品格、认真负责的性格以及所建构的高校英语教学子身份认同等内隐的个人需求和动力特征的内在驱动,在坚守教书育人的教师初心的同时,在"最近过程"的课堂环境中与学生互动交流,积极践行教学能动性,希冀在退休之前的职业生涯晚期,点亮学生心中一盏灯,引领学生学业、学术和思想成长,指导年轻教师学术成长。

> 即使作为一个微不足道的个体,也要为这个世界做点什么,哪怕只是点亮学生心中的一盏灯。所以,当你这样想的时候你就会尽你的努力,让学生今后成为一个你所

第八章 叙事探究结论

希望的人，就是为这个世界做点什么，而不是只为自己来索取什么的一个人。当然有这样想法的时候，也是很晚的时候了……我的课已经很少了，教授课不多，我很珍惜每一堂课，每一堂课我都非常愿意让学生能够得到一点启发，点亮他心中的一盏灯，让他成为更好的人。（刘师）

正是由于"60后"教师认同高校英语教师的教学子身份，通过个人努力，积极践行教学能动性，形成了有特色的引领学生学业、学术和思想成长的英语教学理念。对刘分而言，在这一英语教育理念支配下，珍惜、享受每一堂课，注重引领学生的英语学习方法，而非仅仅关注学生的语言技能培训，以促进学生的学业成长。

此外，对刘分、刘硕和刘调而言，在"最近过程"的课堂教学和与学生的频繁互动中，在语言知识的传授过程中，注重关注学生思想的成长和日常行为表现，通过课堂教学和过程性评价，在促进学生英语专业成长的同时，引领他们树立正确的人生观和世界观，正直做人，成为学生思想的引路人和人生导师。

跟学生这种［互动交流］，一方面当然就是想让他们好好学习，过得充实，另一方面其实更多的想要引导他们对于生活的态度。所以，尤其是最近这10年，上课经常引导他们，正确［引导他们］认识生活中的挫折成败，告诉他们要怎样办，鼓励他们。（刘调）

而刘跨、刘师和刘振，则在"最近过程"的课堂教学和与学生的频繁互动中，由于他们的硕士生导师身份，不仅关注对学生语言知识的传授，更关注在课堂教学和指导研究生、年轻教师的日常交流中，融教学、科研为一体，引领学生和年轻教师的学术成长，成为他们的学术导师。

在学院，作为一个老教师，可以说我起到了传帮带作用，有好多年轻老师在申报课题的时候、在写论文的时候，我都给了他们很多指导，有时候他们写一篇文章，或者写一份课题申报书，我不只是给他提意见而已，有时候会修改10遍以上。对于学生，就更不用说了，对研究生来说，研究生的论文我修改不是10遍以上的事儿了，研究生的论文会修改20遍、30遍以上。（刘振）

可见，对"60后"教师而言，由于他们在入职前或入职初期所认同的高校英语教师的教学子身份、对教师初心的坚守以及个体主体的动力特征的内驱力驱动，在追求个人职业学习的过程中，通过与学生在"最近过程"的课堂环境中的互动交流，滋养、维系并巩固了他们的高校英语教学子身份，他们积极践行教学能动性，努力实现教学目标，形成了自己有特色的英语教育理念，使他们成为导师型高校英语教师。

但和"50后"教师不同的是，并非所有"60后"教师建构或维系了高校英语科研身份认同，部分"60后"教师形成了抗拒或有限科研能动性，在一定程度上限制了他们的科研发展。通过进一步分析，除了他们自身对英语科研意义和价值的怀疑态度，还在于其所"坐落"的中间系统、外层系统和宏观系统等嵌套的生态系统，负向影响了他们科研能动性的发挥,削弱了他们在"最近过程"与研究对象、符号的频繁持续互动,导致他们放弃科研,选择教学、个人兴趣或提前退休,中止了科研活动。

首先,在中间系统,例如对刘分而言,在其个人生命历程和专业成长的社会化过程中,家庭经济负担、工作和家庭之间的矛盾、冲突与碰撞,给她的专业发展带来了巨大压力,而她并未像"50后"或其他"60后"教师一样,变压力为动力,或发挥借助外部资源的能力,争取家庭和他人的支持与帮助,致使其在追求职业学习、提升科研技能和素养的职业发展关键期,尽管有晋升职称的外力牵引和攻读硕士学位的机会,但迫于生活的压力和无奈,选择了放弃,而倾向于照顾家庭和孩子。这导致其在职业发展中后期,个人资源特征中缺乏足够的科研技能,没有能力发挥科研能动性,不得已放弃科研。

> 还有就是工作和家庭之间的关系,每个人的成长肯定都会遇到这个矛盾的嘛,而且必须要处理好这两者之间的关系,处理不好就很麻烦。处理好的话,家庭可能就会为你的个人发展提供很大的支持,处理不好就会成为阻碍。(刘跨)

其次,通过对"60后"教师专业成长故事的分析发现,和"50后"教师一样,外层系统是激发或阻碍高校英语教师教学、科研身份认同发挥的第二大场域,主要体现在学校层面的各项政策制定,如职称晋升政策,作为外力牵引促使除了刘分的其他"60后"教师,积极发挥学习能动性,通过在国内外高校攻读硕士和博士学位以及非学历教师发展活动所接受的科研训练,提高了自己的科研素养,使他们有科研能力发表论文。从这个意义上讲,所在学校的职称晋升政策、其他国内外高校所提供的学历和非学历教师发展活动,成为教师学习能动性和科研能动性践行的积极影响因素。

除了学校政策所发挥的积极影响,学校对英语学科的重视程度、现行政策,例如删减大学英语课时、英语课程设置的行政手段干预等,消极影响了"60后"教师能动性的发挥,给他们的高校英语教师身份认同带来困惑,自我效能感降低(班杜拉,2001),产生被"边缘化"的身份认同危机。

> 现在我觉得[英语]不行了,具体地讲,就是英语教师这个群体和英语专业在学校里面受重视程度不行了。你也是学这个专业的,你也能感受到现在我们专业是比较边缘的。(刘硕)

高校英语教师身份认同危机的加剧,使"60后"教师又产生比较低的自我效能感。而影响教师能动性有效发挥的重要原因之一,还在于外层系统中行政化比较严重的学校环境,这使"60后"教师最初建立起的受尊重的高校英语教师身份认同坍塌,这在他们"60后"的叙事中比较凸显。例如,曾经受个人愿望驱使主动入职高校英语教师的刘分,在访谈中表示,若进行第二次选择,宁肯不选择高校英语教师职业。

> 如果说现在让我来选择职业,我肯定不愿意做这个工作了,当然可能这种现象不仅在我们学校存在,应该说在全国都是普遍存在的一个问题。我说一个词你就明白

第八章 叙事探究结论

了,为什么是这样,发生了这样一个变化,就是高校行政化!它对教师地位的冲击是非常大的,体现在方方面面,这个我们一线教师是深有感触的。(刘分)

除了中间系统、外层系统,如前所述,在"60后"教师专业成长历程追溯和分析中还发现,宏观系统不仅成为"60后"教师个体和群体的叙事空间结构,而且在这一群体教师的个人生命历程叙事中不难看出,他们是伴随着我国改革开放成长起来的一代,不仅经历了改革开放的国家改革政策,更是感受到了新时代的高速发展。而在我国社会变迁过程中,快速发展的信息技术给英语专业、高校英语教师和高校英语教学带来很大冲击。作为高校英语教师群体的一部分,"60后"教师不同程度地受到了冲击和影响,虽然表现出的态度不同,但均努力适应时代的变迁,履行高校英语教师教书育人职责,积极践行教学能动性,这些在"60后"的专业成长叙事中有不同程度的表述。

首先,现在的英语专业已经褪去了改革开放初、中期的热度,专业地位逐渐从兴盛走向衰落,在学校课程建设中也从当年的核心地位滑向被时代边缘化的地位,这对"60后"教师的英语专业身份认同产生很大冲击。

> 这么多年[英语专业]变化太大了。我们上大学那个年代,英语专业是比较热门的。国家改革开放刚开始,大家还是比较喜欢这个专业的,就业前景也是非常好的,翻译方面的机会也挺多的。现在我觉得不行了,具体地说就是英语教师这个群体和英语专业在学校里面受重视程度不行了,我们专业是比较边缘的。(刘硕)

其次,信息化时代给英语专业带来挑战和危机的同时,也给高校英语教师的职业地位带来挑战,"60后"教师不再像最初他们在改革开放中期入职时那样,感受到尊重,而是在一定程度上感受到身份认同危机,有一定的职业紧张感。

> 社会状况确实也没什么好说的,学生现在啥都见过,真的,他有时候说一句话,或者他说一个东西,你就不知道,比方说游戏当中的一个东西,或者什么别的,学生都知道,我就不知道,以前这种事是不可能发生的,学生不可能比我知道得更多,但现在任何一个学生他都可能比你知道得更多。从学术角度说,学生也并不会完全把你当回事,因为他觉得你说的这个东西他上网查一查就能知道了,或者他上网查一查,可能跟你说的还不一样的,他更相信网上的。[所以]可能不是过去那样,老师说一就是一,说二就是二,现在真的不一样了,学生的心态不一样了,在这个现代技术手段不一样的时代,学生心态不一样,老师的心态也不应该跟过去一样了。(刘振)

和刘振所叙述的一样,在高速发展的信息化、数字化时代,"60后"高校英语教师像所有教师一样,不再像之前那样基本上是学生知识来源的唯一渠道,而今的学生在遇到问题或对某些知识感兴趣时,可通过互联网、数据库、慕课等多种渠道获取他们所需要的知识和技能,解答他们的疑惑,这给传统的"师者,传道授业解惑也"的教师权威地位带来挑战,也给以教师为中心、以课本为中心、以知识传授为中心的传统高校英语教学模式带来冲击。特别是2019年年底突发的新冠疫情,促使"60后"教师应对挑战,积极反思,发挥学习能动性,在积极反思、能动行动中,适应新形势,接受挑战,跟进教育改革,实现线上线下混合式教学模式改革。

从以上分析看,"60后"教师的专业成长环境,即"60后"教师个人生命历程所坐落的"生态系统"中的"生态因子",在支持、促进"60后"教师专业成长的同时,更多地给教师发展带来挑战。在微观系统,表现为学生对教师权威地位的挑战和不信任;在中间系统,表现为家庭和工作的矛盾冲突;在外层系统,表现为不利于教师成长的学校政策、对英语专业的不重视以及行政化教学氛围和宏观系统中社会快速发展带来的不适应等。这些因素消极影响了"60后"教师群体的英语专业身份认同、教师身份认同和能动性的发挥,产生了一定程度的专业身份认同和职业身份认同危机,与"50后"教师相比,"60后"教师总体职业效能感比较低,但对自身教学和科研能力比较满意,特别希望得到学生认可。

> 学生的看法是最重要的,对于老师来说,要是能得到学生的认可,那就是得了最高奖。不是说学校、学院、领导对你怎么认可,而是学生对你的认可,这个是最重要的。(刘调)

所以,尽管晋升职称对教师专业发展具有外力牵引作用,但对于"60后"高校英语教师群体而言,主要是受教师个体主体中的政治品格、性格、责任心等个体需求和动力特征以及建构的高校英语教学子身份认同等"内隐"的内驱力驱动,激发他们践行自己拥有的"终身学习者"理念,积极发挥学习能动性,追求职业学习,提升自己的专业素养和科研能力,并在"最近过程"的课堂环境和日常互动中,与英语专业符号、学生、年轻教师和研究对象进行互动交流,得以巩固、维系高校英语教学子身份和科研子身份认同,这些进而促进了"60后"教师专业成长。

总之,从"60后"教师群体专业成长的个人生命历程和专业发展历程中发现,他们处在高校英语教师职业生涯的高峰转折期(连榕,2004),在英语专业备受重视的改革开放初、中期,他们入职高校,成为英语教师,建构了很强的英语专业身份认同;在随后的专业发展历程中,建构并巩固了很强的高校英语教学子身份认同和终身学习者身份认同,形成了有特色的英语教育理念;同时,在个人特征中的需求特征(如性格)、动力特征(如政治品格)和资源特征(如专业素养、科研素养)与教师所建构的高校英语教学身份认同和终身学习者身份认同等内驱力驱动、晋升职称外力牵引以及关键人物的影响下,取得了一定的教学和科研成就,职业生涯达到高峰期。

但高峰期过后,随着退休年龄的临近和英语专业地位的下降,在职业生涯后期,"60后"教师进入了职业转折点,产生了一定程度的专业身份和教师身份认同危机,科研热情下降,甚至对英语科研价值产生怀疑。部分教师产生消极科研能动性或有限科研能动性,通过个人自主选择,放弃了科研活动,选择了教学、早期休眠的个人兴趣或个人关心的事情、提前退休,力图保持工作与生活的平衡,从而成为导师型高校英语教师(如学生的学业导师、人生导师、科研导师等),并非所有"60后"教师都建构或维系了高校英语科研身份认同。

所以,从"60后"高校英语教师群体的专业成长经历中我们发现,这一群体的专业身份认同和高校英语教师身份认同的建构、巩固、重构或解构，一方面受到"60后"教师所"坐落"的国家政策和隐性的社会文化因素的形塑、个体主体的动力特征和资源特征以及外在嵌套的生态系统的综合影响，另一方面，也是他们发挥积极学习能动性、教学能动性和能动调整所致；而高校英语教学、终身学习者和科研身份的建构、重构或解构，又与个体主体的动力特征、资源特征和需求特征相互联系、相互影响，成为"60后"教师发挥积极学习能动性、教学能动性和消极科研能动性或有限能动性的不可分割的有机部分（如图8.2所示）。

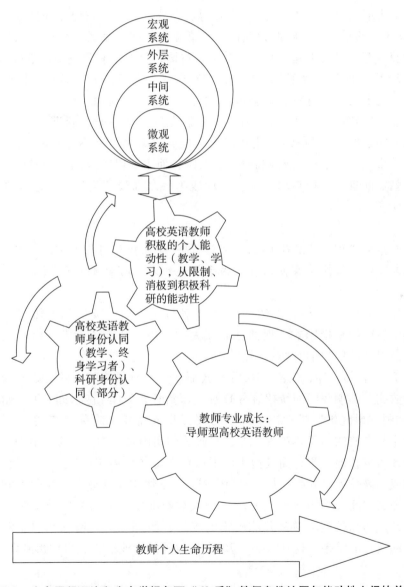

图8.2 生命历程理论和生态学视角下"60后"教师身份认同与能动性之间的关系

第三节　稳定期被认可的"70后"：积极能动践行的教学科研型高校英语教师

一、"喜欢这个工作"：个人情感和职业发展前景导向的教师职业选择

如表7.1所示（见第七章），齐胜、齐博、齐分、齐专、齐爱和齐扩等6位教师，分别出生在70年代的早、中、晚期，成长于改革开放时期，完成了从小学到高中再到中专或大学的学校教育，自初中起开始学习并喜欢英语，且在所有学科中英语成绩较好。

由于"70后"成长于改革开放时期，带有这代人明显的时代特征，即改革开放日益多元的社会文化形态，使这一代人摆脱了集体主义规约，逐渐形成了以个人感受为中心的生存观（王飞、徐继存，2018）。所以，他们在选择职业时，既不像"50后"那样根据国家需求，"被动"学习英语专业并成为高校英语教师，又不像"60后"那样受国家统招统分政策影响，"偶然"成为高校英语教师，而主要以个人感受为导向，根据个人兴趣、喜好和就业前景，选择英语专业，主动成为一名高校英语教师。正如齐爱在其专业成长叙事中所言：

> 我们算是"70后"，当年的话英语还算一个比较热门的专业，其实跟个人兴趣爱好以及未来就业前景［有关］，［我由于］这两方面因素才选择。（齐爱）

可见，和"60后"一样，虽然"70后"就读本科时，英语仍为热门专业，同时受初、高中英语教师的积极影响，促使他们在大学阶段选择英语专业，但最主要的内驱力在于个人意愿以及他们中学时期对英语的兴趣。

与"60后"教师一样，6名"70后"教师在中专或师范院校的英语专业毕业时，经历了改革开放初、中期我国的统招统分政策，师范教育政策，自1999年开始的高等教育（包括大学本科、研究生）扩大招生规模的教育改革政策（简称"扩招"），以及统招统分政策的废止和高校的招聘政策等。在这些政策的实施过程中，齐专、齐分2位"70后"在统招统分政策废止前入职，而其他4位则在新世纪初期由于高校扩招，教师缺编严重，毕业时应聘成为高校英语教师。尽管"70后"在教师职业选择上，受国家和学校政策的影响，但选择成为高校英语教师主要源自个人对教师职业的热爱以及对职业发展前景的向往。所以，成为高校英语教师并非政策的规约，而是在个人情感和职业发展前景的引导下个体主动选择的结果，这在6名"70后"教师的专业成长叙事中得到印证。

> 在毕业的时候，我们大部分同学选择进高校，成为高校英语教师，其实更是因为自己喜欢这个职业……［此外］这份工作［入职高校的工作］做了一段时间，你可能就会碰到一些瓶颈，或者对于自身未来的发展问题你有可能会作出考量，觉得这个可能不会成为自己终身从事的职业。（齐爱）

当时[师范毕业]其实是去中学的,但是考虑到个人还是想要有点儿发展,所以当时进的是师范专科学校,也算高校,觉得在这个地方平台要稍微高一点,可能会有[好的]发展前景……我觉得我还是比较喜欢这个行业。(齐专)

所以,与"60后"教师相比,"70后"教师虽在职业选择上受政策、社会的影响,但更多源自个人兴趣和职业发展前景的考虑,体现了"70后"教师具有以个人感受为中心的生存观,受其影响,他们主动选择了高校英语教师这一职业。

二、"只要有一天你站在这个讲台上,你就得不断地学习,不断地充电":个体主体能动建构的教学科研型高校英语教师

如上所述,在改革开放的大潮下,6名"70后"受个人情感和职业发展前景引导而主动选择高校英语教师职业,和"50后""60后"教师一样,在他们入职的前几年,处在职业发展初期的新手教师学习阶段,对高校英语教师职业缺乏足够认知,仅局限于高校英语教学子身份认知,学习如何与学生相处,如何将英语专业知识传授给学生。

入门期时我觉得我本身作为一个新手教师,在教授学生学习的同时,我其实也是一个初学者,我的身份一方面是教师,另一方面也是一个学习者——我在学习如何跟学生沟通,如何把我所掌握的那些知识以一种比较系统的、易于学生接受的方式传递给他们。(齐爱)

而在他们践行教学能动性时,尽管入职前接受过师范教育,或有过教育实习或小学、初中、高中教学经历,学习并掌握了一些教育教学理论,但对教师职业的感性认识比较多,缺乏足够的理论指导;而在最初阶段的教学实践中,又不能将有限的理论结合到教学实践中,常感到迷茫和困惑,导致他们更多关注自我生存,缺乏对学生需求的足够了解和关注,存在"两张皮"现象。

我觉得最早阶段也是一个迷茫期,我自己不知道怎么教,没教过,不知道怎么回事。不知道[怎么教],这是最早[时期],肯定是[迷茫]。[师范教育阶段]我们学过很多理论,其实完全可以套,但有的不适合我。[所以]第一个阶段我觉得就跟"两张皮"一样,就是跟学生貌似很好,其实没深入进去。教学最早的时候是这样,我觉得是这样,虽然很努力地去找,但是还是没深入进去,没抓到问题的本质,还抓不到。(齐专)

导致他们抓不到问题本质的原因,在"70后"教师看来,是自身知识结构不合理,缺乏理论和科研素养。他们想努力提高自己,于是促使自己不断读书、学习,通过提升学历层次,攻读硕士和博士学位,以完善做英语教师的知识结构,积蓄科研素养。

经过[最初]几年的工作,发现自己的知识结构和理论[素养]方面是有缺陷

的，尤其是做高校老师，只有基础知识是不够的，需要有一定的理论修养。所以，从硕士到博士期间，我觉得在理论方面成长比较快，理论方面经验比较深，就是学的东西比较多。这是一个成长进步、自我修炼的过程。（齐分）

只有读书，只有不停地读书，才能提高自己的学历，必须通过读书来改变自己的命运。所以说，我不断地提高学历，包括我到了大学当老师之后，也在不停地读书，后来硕士、博士也读完了。［而且］我喜欢不停地体验新的东西，到一个新的环境当中去提高自己。这也和个人性格有关，就是说我一直保持着一种积极向上的状态，永远处于一种活跃的状态。（齐胜）

可见，正是由于个体主体意识到自身知识、能力不足，促使"70后"不断学习；同时，自身积极向上的心态、爱学习的性格等动力和需求特征以及最初建构的高校英语教学子身份等内驱力的驱动，使"70后"教师不断践行学习能动性，确立明确的学习目标，追求个人职业学习，同时借力外层系统所提供的硕士和博士学习机会，提高自己的理论素养和科研素养，建构了高校英语教师终身学习者的子身份认同。

只要有一天你站在这个讲台上，你就得不断地学习，不断地充电……需要老师有一个持续的学习力，需要老师不断地去培训，不断地去进修，不断地去提升自己的学业水平和专业知识，尤其是学术水平，这对高校教师要求是非常高的。所以说我从本科到硕士再到博士这样一个不断持续学习的［过程］，对我这个职业是非常有影响的，也是非常不一样的。（齐分）

而建构的终身学习者的子身份认同，反过来又不断促使"70后"教师践行个人能动性，促就其专业成长历程从学习、适应高校英语教学的新手阶段到熟练应用理论的熟手阶段，对英语教学有了更多认知，从关注教师自我生存转向关注学生发展（连榕，2004），从注重语言知识传授到努力提高学生的英语能力，并引领学生思想成长，在英语教学实践中形成了以学生为中心的英语教育理念和平等的师生观。

师生之间关系，实际上到现在的话，我认为就是一个平等关系，以前的话是师道尊严、教师主导，现在我觉得也并不是说学生一定要主导，现在学生主导的话也不适合，应该说以学生为中心。（齐胜）

在巩固原有的高校英语教学子身份、积极践行学习能动性和教学能动性的同时，"70后"教师也积极建构了科研子身份认同，由此重构了高校英语教师身份认同，丰富了其原有的高校英语教师职业认知。

［之前认为，高校英语］老师上课不就是说两句英文？但后来当了老师之后才知道：想真的当一个好的老师（也并不说好的老师，教学教得好也是个好老师），当一个更好的老师或者更全面的老师，就必须还得搞科研，所以说和理想中的［高校英语教师］是不一样的，因为教学的话教几句、几个单词，那只是一个部分，在某种

情况下，我想更重要的是科研……你上了博士的话，才知道在什么情况下你的研究能力才能高一些，才知道什么是研究，什么是专业发展。大学老师也得做科研，做科研不也是在提高你的学历吗？（齐胜）

总之，在改革开放不断推进的宏大时空背景下，在6名"70后"教师专业成长的个人生命历程和社会化进程中，其职业选择、高校英语教师身份认同建构虽受其成长的社会文化背景（如统招统分，就业压力不大，师范毕业当教师）的形塑影响，但巩固、维系最初的高校英语教学子身份认同、建构教学科研型高校英语教师身份认同的核心动力，源于个体主体热爱英语专业和高校教师职业的积极情感、爱学习的性格、积极向上的心态等动力和需求特征，以及自身所拥有的知识结构、科研素养等资源特征，特别是不断追求学习和积极采取行动的学习能动性践行，以及借力外层系统的生态因子，内因和外力相互作用，共同促进了6名"70后"高校英语教师的教学子身份、科研子身份和终身学习子身份认同的建构，其教师专业成长经历了从最初的学习型高校英语教学身份到经验型教师身份，再到融教学与科研为一体的教学科研型教师，得到了学校和学生的认可，有比较强烈的职业成就感。

我在教学方面、科研方面都得到了认可，我想这就是我的成绩。因为在大学里面大学教师有三个功能，一个教学，一个科研，还有一个服务社会，我教学方面是优秀，科研方面也是优秀，服务社会方面也挺好的。（齐胜）

三、"做好这份工作"：积极影响教师能动性的践行

如上所述，在"70后"教师专业成长的个人生命历程和社会化进程中，既不像"50后"教师受国家政治、政策的规约，因国家需求而"被动"成为一名高校英语教师，又不像"60后"教师受师范导向"偶然"或追求个人职业理想"主动"成为一名高校英语教师，而是随着改革开放的逐步深入，受多元文化的影响，形成了以个人感受为中心的职业取向——出于个体对英语专业和教师职业的积极情感以及对就业前景的良好预测，为谋求生存和更好的个人发展，有目地选择了高校英语教师这一职业。所以，对"70后"教师而言，他们更强调高校英语教师工作的工具性和专业性，视高校英语教师职业为"谋生的工具"，或一份工作。

英语教师，我个人认为就是一份工作，我觉得任何一份职业最终结果都是一个谋生的工具。（齐博）

在从事高校英语教师职业这份工作时，"70后"高校英语教师群体则与"50后"和"60后"一样，对高校英语教师职业的最初认知也是把书教好，同时也建构了高校英语教学子身份认同。受将高校英语教学工作视为谋生手段的职业认知、"努力要把书教好"的高校英语教学子身份认同以及个体主体爱学习、积极向上等动力特征的内驱力共同影

响,他们确立了明确的学习目标,以目标为引领,不断践行学习能动性。而践行学习能动性的行动则发生在适宜"70后"个体专业成长的家庭环境以及与学生、同事互动的日常教学环境的"最近过程"中,受关键人物的引领,借力外层系统的"活性因子"攻读硕士、博士学位,从而积累了丰富的专业知识、提升了科研素养。例如:对齐专、齐分和齐爱而言,微系统的家庭为其职业选择、职业学习和专业发展提供了适宜的物理环境和人文环境,培养了他们喜欢学习的习惯,积极向上、追求职业学习和认真对待工作的态度。

特别是她们在充分发挥学习能动性的过程中,得到家庭成员的经济和精神支持,顺利攻读并取得硕士或博士学位。如齐爱,在获得硕士学位,拥有成为一名高校英语教师的个人资本后,能够在个人职业规划的引领下,由一名企业员工应聘成为一名高校英语教师,开启了自己新的职业生涯,并通过践行学习能动性建构了高校英语教师身份认同。而对齐专而言,家庭作为微系统的重要一环,为其专业发展提供了适宜环境,但更为重要的则是其最初建构的高校英语教学子身份认同以及积极向上的个体主体动力特征,两者共同影响了其个体学习能动性的积极发挥,使其攻读并获得博士学位。

> 不同年龄对教师职业认知是不一样的,最早的时候不知道大学英语教师是干什么,就觉得是教书,其实我当初还真不知道科研是怎么回事……像我当时读硕士的时候,就发誓再也不写[论文]了,再也不想读[博士]了,可到了工作岗位上你还得弄,我觉得人是要往上走的,你是要向上的……当然我的这个能动性是很强的,但是现在觉得有时候有一种力量在推着你,让你不得不这样去做。(齐专)

所以,攻读博士学位这一积极行动,在齐专看来,不仅改变了其内隐的知识、态度、思维方式,更影响了其个人生活轨迹和专业发展,成为其专业成长中的关键事件(卢德生、苏梅,2016)。与齐专和齐爱相似,对齐分而言,在其家庭为其专业发展提供适宜环境的同时,更受最初高校英语教学子身份认同的驱动,充分利用外层系统提供的攻读硕士和博士学位的机会,在关键人物博士生导师的引领下,促使自己不断践行学习能动性,完成了硕士和博士阶段学习。可见,攻读博士学位这一积极行动,在齐分看来,不仅改变了其内隐的知识结构,提升了其理论素养和科研素养,也影响了其个人生活轨迹和专业发展。

> 博士期间,我觉得最重要的是专业知识和理论知识,尤其是理论素养的这种积淀。读了很多书,了解到了跨学科的重要性,然后再回到教师行业的时候,我就能够脱离原来那种局限于英语专业的工具性的视野,视野变得比较广阔,能够进行跨学科的对比,然后就能用哲学宏观视角来指导自己的教学,看问题的方式和深度,都比第一阶段要广要深一些。(齐分)

齐胜、齐博和齐扩3名"70后"男性教师,虽然没有像齐专、齐爱和齐分3名女性教师那样,受"最近过程"的家庭环境影响,但他们同样有要把工作做好、要有更好生活的积极向上的个体主体动力特征,这促使他们不断追求职业发展,积极发挥学习能动

第八章 叙事探究结论

性,攻读并获得硕士、博士学位,进而为未来的职业发展积累了深厚的理论素养和学术素养,巩固了其高校英语教学子身份认同。尤其是齐胜,其个体主体积极向上的动力特征十分突出,在不断践行学习能动性的过程中,从一名企业员工起步,攻读并获取硕士、博士学位后,成功应聘高校英语教师,改变了个人生活轨迹,实现了其职业理想。

所以,对"70后"高校英语教师而言,其最初对高校英语教师职业认知和建构的高校英语教学子身份认同,与他们个体主体积极向上的动力特征一起,促使他们不断发挥积极学习能动性,并在践行学习能动性的专业学习中,不断追求专业发展,提升学历层次,攻读并获取了硕士、博士学位,使他们有了足够的理论、学术、能力资本,能够在"最近过程"的课堂教学环境以及与学生的日常互动中,积极践行教学能动性,在巩固其最初的教学子身份的同时,建构了高校英语教师科研子身份认同,重构了高校英语教师身份认同,对高校英语教师身份内涵有了深刻的认识和阐释。

> 我们自己也想往上进步,想去提升自己的能力,提升自己的教学。其实教学跟科研是不分家的,因为我们去做科研,实际上有助于提升我们的教学水平,所以这两块能够联系起来。这是我们提升教学水平以及科研水平的一个追求,当然也想更进一步地提升自己的职称。(齐扩)

正是由于"70后"教师意识到高校英语教师这份工作不仅包含英语教师身份,还包括研究者身份,促使他们不断追求职业学习,更新确立职业发展目标,而在实现职业发展目标过程中,发挥积极学习能动性、教学能动性和科研能动性,在丰富高校英语教学子身份认同时,构建了高校英语科研子身份认同,重构了高校英语教师身份认同,形成了高校英语教学科研身份认同。可见,教师身份认同和能动性相互联系、双向互动,共同作用于"70后"高校英语教师专业成长。

而"70后"高校英语教师专业成长则发生在"最近过程"。具体而言,滋养、启动、驱动其专业成长的"最近过程",除了如上所说的家庭环境,更为重要的还包括师生互动的课堂环境,师生、同事间频繁互动的工作环境,教师学习共同体(如教学团队、科研团队等),它们共同构筑了教师专业成长的微观系统。在微观系统中,"70后"教师在"最近过程",受建构和重构的高校英语教师身份认同(即教学科研身份认同)的内驱力驱动,与"重要他者"(如父母、学生、同事、导师),特别是学生进行教学、科研互动交流,促进了"70后"教师这一群体的专业成长。正如齐分对高校英语教师身份自我认同促进教学和科研能动性的反思一样:

> 作为一个老师,首先是一个老师,然后你是如何实现这个身份的,你是在和学生对应、呼应、互动的关系中,就是在相互关系之中形成了你的教师身份。然后如何发挥教师的作用,或者说如何得到学生的认同,如何获得同事或者说社会的认同,就是要有责任感吧,就需要有你有事业心,包括你非常勤奋、非常努力、非常认真,有你自己的专业精神职业精神,这些我觉得就是教师认同的一些因素。所以我觉得你说的这个教师的认同,是非常重要的,你如果有这种认同感的话,就会对职业感兴趣,也会对自己的专业感兴趣;如果没有认同的话,别人做别人的,我自己也可以不做。(齐分)

与学生的频繁互动交流,不断促进教师践行积极学习能动性,通过攻读硕士和博士学位,提升自己的专业素养和科研素养,积累了一定或足够的个人资源(如知识、学术技能和学术素养),能够在适宜其成长的工作环境中,在外层系统的学校教学改革、科研考核和教师考核等政策的外力牵引和激励下,不断践行教学、科研能动性,主动寻求并积极从事英语教育教学改革,在巩固个人英语教学子身份认同的同时,构建了集体教学身份认同,并进一步促进了个人和环境教学能动性的发挥。

我们教学团队里有很多优秀的英语教师,比如说教授、副教授,他们不论是教学能力还是科研能力都非常强,起到了一个非常好的示范引领作用。加入这个团队当中,就会发现团队特别好,总会有"大咖"带着我们来做科研,带着我们来做教学。(齐爱)

同时,在"70后"教师专业成长的"最近过程"中,在日常与学生频繁的教学科研互动中,其所构建的高校英语教师科研身份认同的内驱力,外层系统中科研考核要求(如晋升职称、聘期考核)的外在牵引,共同促使他们不断践行学习能动性和科研能动性,树立了短期和长期科研目标,积极采取行动,不间断申报科研课题,撰写发表论文。

现在不是流行一个词叫"躺平"吗?就是说其实没有人逼着你去做[科研],你也可以不去做,就是你只完成你的教学,然后就也可以不去做科研,也没有人逼你。当然我们也有科研工作量的要求,不可否认这也是我们必须完成的任务之一,但如果说只是为了完成[科研]任务去做科研的话,我非常反感。我觉得包括兴趣,包括责任,包括教师身份认同,包括职业、专业精神,也包括我们必须完成自己的职业的要求,就是职业的教师身份所应该完成的事情,这些都是紧密联系的、密切相关的,它们是一个链条上的不同环节,不能把它们割裂开来。(齐分)

然而,"70后"教师在努力做好教学和科研,追求个人职业学习目标、采取积极科研能动行为的个人生命历程和社会化过程中,有比较强的教学科研压力,产生了一定的职业焦虑(田贤鹏、姜淑杰,2022)。产生的原因,一方面主要来源于教师专业成长的中间系统:其高校英语教师职业身份、角色与在家庭和工作中承担的其他身份和角色产生了矛盾冲突,尤其表现在女性教师群体中。

实现教学和科研目标的话,一方面我觉得女教师尤其是高校女教师面临的压力比较大,尤其是家庭压力还比较大,就是说她一方面要照顾家庭,另一方面又要工作,女性很难平衡这两方面,尤其是时间上。我说的当然[比较片面],这是一个传统说法,但是现在一般情况还是这样子的。比如说女性教师下课之后,回家还需要去照顾孩子,还需要去做饭,男教师的话,有可能他回家时他的妻子已经把家务活就做好了。女教师或者女性知识分子,回到家庭里还是一个母亲的角色,还是一个妻子的角色,一个女儿的角色,所以在时间分配上造成了很大的压力。这是女性知识分子和女性教师所要面临的一个难题、一个挑战。[齐分]

第八章 叙事探究结论

除了在教师专业成长的中间系统，高校教师需承担由于职业身份和社会身份冲突所带来的职业压力，另一方面，还来源于外层系统中教师政策对教师的科研考评以及晋升职称难、发表学术论文难等给教师带来的科研压力，这在所有"70后"教师的专业成长叙事中均不同程度地谈到。

> 英语教师科研压力比任何学科的压力都大，因为本身英语教师是在国内，英语专业的数量是最多的，全国3000多所高校几乎每个学校都有英语老师，其中有2/3以上的学校都有英语专业，公共英语跟专业英语的老师每个学校都有很多，所以英语教师的基数非常庞大，那么相对来说竞争也比较激烈……英语的核心期刊也少，所以英语教师不像理工科教师那样容易发文章，加上它又是外语类的，还不是中文。（齐博）

尽管"70后"在其专业发展过程中，有比较大的教学和科研压力，但这一群体教师并未在压力下选择"躺平"，放弃科研，而是受其所建构的高校英语教学科研身份认同所带来的内驱力的驱动以及科研考核、职称晋升等外力的牵引，积极探寻融教学与科研为一体的科研方向，努力协调职业身份和社会身份，取得了不少的职业成就。与"60后"教师相比，"70后"教师有比较强的职业成就感，对个人教学和科研满意，也得到学生、学校和社会的认可。

总之，伴随着改革开放出生、成长的"70后"高校英语教师群体，入职于改革开放中期或新世纪，经历了我国改革开放以来的各项教育、教学改革和高校教师聘任制改革，虽面临压力，但总体处在高校英语教师职业生涯的稳定期。通过进一步分析其专业成长叙事，发现这一群体教师在其个人生命历程和专业发展历程中，基于个人爱好和对高校英语教学的愿景入职高校，成为高校英语教师，在职业生涯早期建立了高校英语教学子身份认同，发挥热爱英语教学的工作热情，并转化为教师专业成长的内驱力，促使其不断追求职业学习，践行学习和教学能动性，积极探索英语教学改革，具有较高英语教学能力，获得学生认可；同时，在科研方面，不断确立短期和长期科研目标，在科研身份自我认同的内在驱动和教师评聘政策外力牵引的共同影响下，积极践行科研能动性，积累了一定科研经验，出版专著，发表论文，成为所在高校不可缺少的科研骨干，得到了同行和学校的认可。

和"50后""60后"教师一样，"70后"教师的高校英语教学科研身份认同的构建，一方面受政治、社会、文化结构的形塑；另一方面受个体主体的动力特征、资源特征和需求特征的内在驱动，嵌套的外在生态系统的压力及牵引力、"动态因子"激发、个体能动建构等综合影响；反过来，高校英语教学、终身学习者和科研身份的建构和重构，又与个体主体的动力特征和资源特征相互联系、相互影响，成为"70后"教师发挥积极学习能动性、教学能动性和科研能动性的不可分的有机部分（如图8.3所示）。

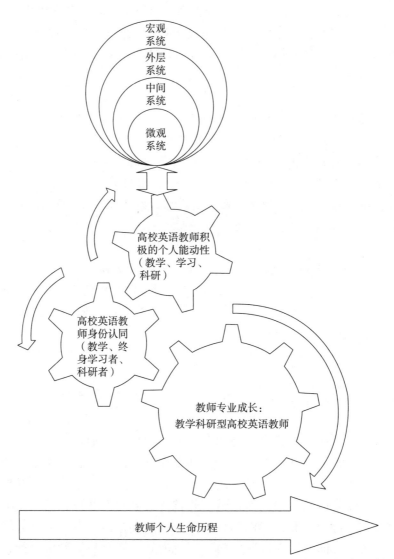

图 8.3　生命历程理论和生态学视角下"70后"教师身份认同与能动性之间的关系

第四节　专业成长期的"80后"：协调多重角色的教学经验型高校英语教师

一、"个人兴趣及个人职业目标起了决定作用"：专业志趣导向的高校英语教师职业的主动选择

如表 7.1 所示（见第七章），巴礼、巴鹉、巴雪、巴妍、巴展、巴振和巴博等 7 位"80后"教师，出生在改革开放初期，均在进入新世纪的 2000 年之后成为高校英语教师，

其中巴礼、巴鹅、巴雪、巴妍、巴展5名女性教师具有硕士学位，另外2名男性教师巴振和巴博则拥有博士学位。

在7名"80后"教师专业成长的个人生命历程和社会化过程中，国家改革开放全面深入，与各国间的政治、经济、科技、文化等交流日益密切，英语也变得更加重要。他们自初中开始学习英语并对英语表现出浓厚兴趣，初、高中英语学习成绩比较好，为其在大学主动选择英语专业奠定了情感基础。

本科选择英语专业，除了个体对英语的浓厚兴趣，"80后"还反映受当时社会背景的影响。高考填报志愿时，正值国家改革开放全面深入，对英语人才需求激增，英语专业炙手可热，本科英语专业点也在1978年到2008年的30年间，增加了十几倍，总数达900多个（胡文仲，2008），这为"80后"就读本科英语专业提供了客观可能，正如巴礼回忆其本科主动选择英语专业时所叙述的那样：

> 我们那会儿［填报高考志愿时］，英语还是挺热门的，那会儿学英语的人还是挺多的，好像不太像现在，因为［现在］好像没有我们那会儿［英语］那么受重视了。我们那会儿［大学］学英语，毕业后又能够去教英语，可能［当时］大学英语老师还是比较缺，所以我觉得应该是社会的一种影响，那会儿改革开放时期不都鼓励大家去学习外国的一些东西吗？反正那个时候我们学英语还是挺热门的。"（巴礼）

正是在个人兴趣、社会环境的共同引导下，7名"80后"主动选择了本科英语专业，为其主动选择英语教师职业奠定了专业基础，也使"80后"作为个体主体具备了必要的知识资源。而他们主动选择高校英语教师的动力之源，则来自"80后"教师作为个体主体对教师职业的喜爱和向往，其中巴礼、巴鹅、巴雪、巴振和巴博等5名"80后"就读师范类本科英语专业，希冀师范毕业后成为一名教师。尽管巴妍和巴展2名教师就读的是非师范类高校英语专业，但由于个人对教师职业和英语专业的喜爱，他们也主动选择成为一名高校英语教师。

除了个体主体对教师职业的喜爱和向往，"80后"在本科或硕士毕业求职期间，即2000年之后，正值国家自1999年起实施高校"扩招"政策，大学生人数激增，导致高校教师短缺（尤伟，2016），招聘政策相对比较宽松，这为"80后"教师群体实现他们的职业理想提供了客观可能。

综上所述，从"80后"高校英语教师专业成长的生命历程和社会化过程的叙事中，我们发现出生在80年代的高校英语教师，在其本科选择英语专业时，正值国家改革开放全面深入，英语人才短缺，英语专业炙手可热，更重要的是由于个体主体对英语专业有兴趣；而他们本科毕业就业时，又适逢高校扩招、本科英语专业点增多。在他们选择专业、谋求职业时，既不像"50后"教师由于国家需求，"被动"学习英语专业而成为高校英语教师，又不像"60后"受国家统招统分、师范毕业导向政策的绝对影响，"偶然"成为一名高校英语教师，而更像"70后"教师那样，以个体感受为中心，根据个体主体对英语专业的兴趣、对教师职业的喜爱和向往，主动选择英语专业和师范类高校，乐意并主动成为一名高校英语教师。从这个意义上讲，与"50后""60后"相比，"80后"高校英语教师虽在专业选择、职业选择上受当时社会的影响，但更多源自专业志趣和

"更多个人的职业发展规划"（巴展），自主选择了高校英语教师这一职业。简言之，个体主体的专业志趣和对教师职业的的情感导向影响了"80后"教师对高校英语教师职业的自主选择。

二、"我想当个好老师"：个体主体能动建构的教学经验型高校英语教师

可能由于"80后"教师的专业志趣和对教师职业的喜爱，主动选择了高校英语教师这一职业，所以入职初期，他们并不像"50后"和大部分"60后"教师那样，感觉从学生身份转为教师身份的突然或成为个人生命历程中的"偶然事件"，也不像"70后"教师在入职一开始就感到"迷茫"和"困惑"，而是在入职前的学生时期，就建构了带有积极情感的英语专业身份认同和高校英语教师目标身份认同——高校教师教学子身份，而巴展的目标身份认同，更是包含了科研子身份和终身学习者子身份。

> 我们的校园是一个非常"纯洁"的环境，可以从事自己喜欢的研究方向，可以有时间来看书、学习，然后将自己学习到的东西分享给我的学生，就是这样的一个学习和教书环境，其实也是我会从事高校英语教师职业的一个原因，[就是]非常单纯的环境，职业环境非常好。（巴展）

尽管"80后"教师巴展在入职前建构了高校英语教师的三个子身份认同，但其他6名"80后"教师仅建构了高校英语教学子身份认同，未构建起高校英语科研子身份认同，如巴雪所讲述的："上学那会儿，就是单从教学来想的。"而且，入职初期相当长的一段时间内，可能由于学校政策中对教师未做科研要求，在一定程度上缺乏外力牵引，"80后"教师未能积极践行科研能动性，包括巴展在内的7名"80后"教师，在入职初期仍未建构或维系高校英语科研子身份认同。

所以，入职后很长一段时间内，"80后"教师对高校英语教师身份认同仅局限于入职前对高校英语教学子身份的认同，并积极、愉快践行教学能动性，在这一群体教师专业成长叙事中反映，虽然高校"扩招"政策导致其所教授的大学生人数增多，教学工作量大，但很开心。同时，也可能没有家庭和科研的压力，生活很安逸。

> 我觉得我刚毕业的那个时候好像更轻松一些，然后也没有那么多[科研及其他]要求，感觉还是挺安逸的。（巴礼）
> 一开始肯定就像我们说的蜜月期，什么都好，我也觉得很开心。（巴雪）

在"80后"高校英语教师入职初期的"蜜月期"，他们不仅开心，而且对高校英语教学充满了好奇、热情，教学有激情，"刚入职的时候，情绪比较高涨，那时候刚入职的时候每天也觉得很开心"（巴振），在积极践行教学能动性的过程中，维系并巩固了入职前的高校英语教学目标身份认同。尽管如此，如同"50后""60后""70后"教师一样，"80后"教师也同样经历了从学生身份到教师身份转换的高校英语教师学习者的身份适应过程，视入职初期为"适应"期（巴振），"开始学习阶段"（巴展），学习如何教学、如

第八章 叙事探究结论

何与学生沟通交流，认同自己的职业身份"就是教师"（巴礼），教授学生语言知识。但由于所学理论与实践不一致，加上年轻、教学经验不足、掌握的教学理论知识较少的原因，"80后"教师不知道如何处理教师与学生的关系，课堂教学大多是教师本人的"一厢情愿"，更多关注教师的自我生存和自己脸面的得失，且将课堂教学中未能与学生有效沟通交流视为"关键事件"（卢德生、苏梅，2016）。

> 以前刚参加工作就会是忙于这种［教学］，你不能说应付，是因为你刚参加工作，这些对你来说都是一个新的挑战，我觉得忙着去适应，然后忙着去把这些东西传达给学生，有时候当然会是灌输给学生……但那个时候好像还不知道自己的问题，总自以为是，可能会有一些幼稚，一些自以为是，课堂上自说自话是一厢情愿的，这种时候我觉得会比较多……［出现这种情况］肯定还是自己一开始经验［不足］的原因，年龄［小］的原因，会把事情想得比较理想化。然后对教学，我觉得掌握的理论肯定还是比较少，就是一厢情愿地去讲课。（巴雪）

随着年龄、教龄的增长，到了教学生涯中期，他们虽不像入职初期有更多教学激情，但凭借最初对教师的热爱、对教学和学生的责任，视教学为"一份良心的职业"（巴妍），不断积极践行个体教学能动性，不管教授什么课程，均认真对待，并不断调整、更新教学内容和教学方法。"80后"这种对教学的积极情感和热爱，对教学和学生负责任的职业道德坚守，不仅成为"80后"个体主体的动力特征和高校英语教学子身份认同的重要内涵，而且成为教学能动性践行的不可或缺的重要组成部分，彼此联系，相互影响，又共同作用于教师教学能动性的践行，使得他们努力追求"我想做个好老师"的职业发展，将"成为名师"作为自己的职业奋斗目标，得到学生的广泛认可。

> 教学方面起码做一个合格老师，对得起自己这份职业，当然就是能够成为名师，这是最好的，这可以说是一个奋斗目标。（巴振）
> 我想当个好老师。我心目中的好老师，就是让自己的教学特别有意义，能够真正给学生带来帮助，甚至对他们的人生产生一些积极的影响……［所以］想尽可能使我的课堂生动有趣，让学生喜欢听我的课。（巴妍）

正是在"我想做个好老师"和"成为名师"的职业发展目标和职业奋斗目标的双重引导下，"80后"教师不断应对变化的时代、变化的教学内容和变化的学生，将宏大的职业目标和教学愿景转换为具体的教学目标——把教学工作做到最好，使自己的教学更有意义，在给学生带来帮助，让学生喜欢听自己课的同时，实现了教师自我专业成长。

> 我觉得作为一个职业教师来说，能够被学生认可，并且在自我成长当中对自己有帮助，能够有成就感。这可能就是我的一个目标吧。（巴展）

可见，"80后"教师的职业发展目标和奋斗目标，与他们对英语专业、高校英语教师职业的热爱以及所建构的高校英语教学子身份认同（包含教师责任）一起成为驱动教师专业成长的内驱力,促使这一群体不断追求职业学习,在践行教学能动性的同时,也践行着学习能动性,并能动建构了终身学习者的子身份认同,进而丰富了高校英语教师身份认同,正如巴鹉所叙述的:

> 我觉得高校老师这样的一个［职业］,或者说所有老师,他其实都是［处在］终身学习的一个状态,不可能拿着原来的这些东西在讲台上站［讲］一辈子,不论是从技术上,还是从知识结构上,还是新知识的接受度上,都需要终身学习的这样的一种状态。而终身学习,对于教师专业［发展］,专业身份构建和专业提升和掌握,肯定都是有促进作用的……作为教师身份,那么现在,其实我自己感觉真的是终身学习、终身成长的这样的一个过程。(巴鹉)

此外,也正是在积极主动追求职业发展目标和终生职业奋斗目标,践行教学能动性和学习能动性的过程中,"80后"高校英语教师不断在"行动中反思"(reflection–in–action)和"行动后反思"(reflection–on–action)(Schön,1987)自己的教学实践,即通过在课堂教学中观察学生反应和课后反思,及时调整、更新教学内容和教学方法,努力提高自己的教学水平,既关注学生学业成长,又能真正帮助学生,对学生的"人生产生一些积极的影响"(巴妍),注重学生"在社会中发挥的作用"(巴展)。

> 我觉得主要就是学生上我的课的［时候］,我会希望学生能跟我积极地配合、互动,我觉得他们的反应是促使我作出一些调整,作出一些反思的比较重要的一个因素,因为如果上课他们不太喜欢我的课或者反应不太好的话,我上课时自己也很难受、很痛苦……讲完某堂课,如果效果不太好,我感觉学生反应我不太满意的话,就会反思这堂课,为什么会这样呢?反思之后下一节课就会进行调整。就是让自己的教学特别有意义,能够真正给学生带来帮助,甚至对他们的人生产生一些积极的影响。(巴妍)

除了不断践行个体教学能动性——自主确立"我想当个好老师"的教学和职业发展目标,7名"80后"教师还不断反思自己的教学实践,调整更新教学内容和教学方法。在面对新时代现代教育信息技术给高校英语教育带来的挑战时,他们采取环境能动性行动,积极引领教研室或参加高校英语教学改革团队,在建构高校英语个体教学身份认同的同时,也建构了集体教学身份认同,个体教师不再感到"孤独",与团队成员一起,积极发挥环境教学能动性,通过分享交流、合作互助,在集体教学实践中,提升了教师个人教学能力和教学水平,促进了个体教师教学方式的变革和教师专业成长。

> 我感觉教学的整体要求,［例如］翻转课堂、网络教学这些要求,对老师的教学能力有一个更高的要求,好像想安于现状是不可能的了,反正我也是［不安于现状］。不过好在我有个团队,而且跟着我们的团队,在大家的帮助下共同进步,就觉得不是那么孤单,我觉得这点还是挺好的。(巴妍)

● 第八章 叙事探究结论

可见，正是由于"80后"教师在职业初期、中期直至现在，不断践行个人教学能动性和环境能动性，才得以巩固并维系入职初期的高校英语教学子身份认同，实现了从新手教师到经验型高校英语教师的飞跃，其职业生涯也从入职初期关注语言知识传授的自我生存阶段，发展为注重教书育人的教学成熟阶段，如同巴雪反思自己专业成长时所叙述的：

[职业发展]初步阶段，教师在课堂上教给学生知识，当然[后来]我慢慢觉得我们还应该是一个教育者，除了教给学生知识，还应该在生活方面、人格方面，给学生一些好的引导，[即]我们说的育人。我肯定希望能够把更多的正能量传达给学生，希望能影响到学生，教书加育人。当然这是一个理想状态，也是我们所有老师要努力的方向，我觉得应该就是大家应该都向这个方向努力。（巴雪）

在"80后"教师职业生涯的中期以后，尽管学校政策中对科研的重视丰富了他们入职前、入职初期对高校英语教师职业的认知——高校英语教师除了从事英语教学，还需进行科学研究，但对这一群体而言，他们的科研能动性似乎没有充分发挥，他们感受到的科研压力没有很好地转化为进行科学研究的动力，亦未将这一丰富的职业认知建构为科研子身份认同，从而产生了比较强烈的职业焦虑和职业压力。

现在的[科研]要求高了，我感觉我真的适应不了，我觉得我也岁数大了点儿，适应能力也差点儿，所以我压力挺大的……[科研]太有压力了，压力山大，很有压力，但我消解不了，我硬着头皮在做科研。（巴妍）

有时候也消解不了[压力]，我们始终伴随着压力，不可能总是那么轻松，自己只能尽量把时间安排好，然后把压力化作动力。（巴雪）

总之，如同"70后"高校英语教师一样，在改革开放不断深入发展的宏大时空背景下，在7名"80后"教师专业成长的个人生命历程和社会化进程中，其职业选择、高校英语教师身份认同建构虽受其成长的社会文化背景（如报考英语专业受社会的影响、高校扩招带来的就业岗位增多、就业压力不大等）的形塑影响，但巩固、维系最初的高校英语教学子身份认同，建构高校英语科研子身份认同和终身学习者身份认同的核心驱动力，源自个体主体热爱英语专业和高校教师职业的积极情感。同时，个人和环境教学能动性以及学习能动性的不断践行等内在因素，共同促进了"80后"高校英语教师的教学子身份认同、终身学习者身份认同的建构，且高校英语教学子身份认同与积极教学能动性互动联系，共同促进了教师专业成长，其专业成长也经历了从最初的学习型高校英语教师到经验型高校英语教师的提升。然而，尽管高校对教师的科研要求逐渐提高，但这一群体教师的科研能动性似乎没有充分发挥，产生了强烈的压力感和职业焦虑，其压力并未真正转化为个体或环境科研能动性行为。对这一群体教师而言，他们的压力亟须转化和消解。

三、"踏踏实实把课教好":积极影响教师教学能动性的践行

如上所述,在"80后"教师专业成长的个人生命历程和社会化进程中,受个人志趣导向而主动选择成为一名高校英语教师,通过积极践行教学能动性,维系并巩固了入职前和入职初期所建构的高校英语教师教学子身份认同和高校英语教师终身学习者子身份认同;尽管这一群体教师在职业发展进入中期后对高校英语教师职业认知发生了变化,认同高校英语教师应从事科学研究,但并未积极主动践行科研能动性,导致未能有效建构或维系高校英语科研子身份认同。

所以,对"80后"教师而言,他们强调高校英语教师工作是履行高校英语教学子身份认同所赋予的责任——把教学搞好。"教师职责就是我上课时,肯定会尽心尽力"(巴妍),并解释教学工作不仅是高校英语教师的立身之本,更是教师对学生应尽的职责,将自己的教师身份比喻为"园丁"或"阳光"。一方面,自己像园丁一样,给学生传授知识,营造学生成长的适宜环境;另一方面,自己像阳光,通过教师的积极言谈举止,成为学生的领路人,在引领他们学业成长的同时,引领学生思想成长,达到教书育人之目的。

[想把自己]比作阳光。学生在大学期间还是比较懵懂的一个时期,老师扮演的角色,对学生来说就像阳光一样,如果做得好了,就能够给他们无论是学习上还是人生价值观上带来一些比较重要的引导。(巴鹉)

我觉得老师就像一个园丁,这个比喻虽然非常传统,但我觉得作为一个园丁,就要不断通过自己的这种理念,去打造一个非常美丽的花园……给他们[学生]提供专业知识的同时,打造一个有阳光、有雨露、非常美的环境,学生在这个环境中能够自由成长,不断去突破自己……教师更重要的是一个领路人,[教师]自身的言行、积极的人生观和价值观都会影响到学生,[教师要做的是]如何激发学生对生活、学习积极地去面对、去学习,积极地去成长。[所以]我觉得老师更像一个大朋友,[做到]如何用自己的一些学习和成长经历,不断地去感染学生,不断地共同努力,相互促进,积极面对困难和挑战。(巴展)

受将高校英语教学工作视为立身之本和对学生负责的职业认知、把教学搞好的高校英语教学子身份认同以及个体主体对英语和教师职业的热爱等动力特征的内驱力共同影响,"80后"教师不断践行教学能动性,确立了"想成为名师"并为之努力奋斗的职业愿景和"踏踏实实把课教好"(巴雪)的具体教学目标,并在宏观和微观教学目标引导下,不断践行学习能动性,丰富了高校英语教师教学子身份认同,高校英语教师身份认同既包括教学子身份认同又包括终身学习者的子身份认同。

和其他年代出生的教师一样,"80后"教师践行积极教学能动性和学习能动性,也是发生在驱动其专业成长的课堂内外教学环境里。具体而言,在"80后"教师专业成长的课堂内外教学环境的"最近过程"中,受其对高校英语教师职业认知、教学子身份认同和终身学习者子身份认同的内在驱动,与学生进行有效沟通、交流和互动,特别是在课

● 第八章 叙事探究结论

堂教学过程中，学生在课堂上的表现和对教师的反馈促进了教师反思，在反思中教师主动调整教学内容，更新、变革教学方法，从而促进了学生综合能力的提升，促进了学生成长。反过来，学生的课堂反馈、认可和成就也促进了教师成长，这在"80后"教师的专业成长叙事中最为突出。

> 教学是一个双向的交流，我会在意学生对我［所教授］课的反馈和评价，对于老师的认可与不认可，这个肯定是很在意的。即便教学十几年了，学生的反馈还是会影响到我授课的状态……［例如］当时可能跟那个班的同学沟通上不是特别好，一学期就带得不是特别顺利，当时有一些挫败感……［但当］看到同学们进步，对自己的［肯定］反馈，自己会很有成就感。（巴雪）

除了与学生在课堂内外的互动交流，促进了教师教学积极能动性、学习能动性的发挥和教师专业成长，在日常教学的微观系统中，"80后"教师与周围同事建立了比较和谐的同事关系，在与同事互动交流的"最近过程"中，通过同事的引领、支持和影响，受个体主体的动力特征（即对英语专业和教师职业的热爱）和资源特征（如本科和硕士阶段所积累的英语语言知识和技能，教学初、中期所积累的教学经验）等内驱力驱动，他们积极践行个体教学能动性和环境能动性，不断努力，在巩固、维系高校英语教学子身份认同的同时，建构了集体教学身份认同（康翠萍、王之，2021），丰富了自己的教学方法，提升了自己的教学能力。

> 我刚上班的时候，学院有一些老教师指导我挺多的，不管在心理上，还是具体的教学方法上，他们都给我很多帮助；不管是我去听他们的课，或者他们听我的课，都会给一些特别具体的建议或者什么的。我感觉自我上班以来，学校的一些同事，尤其是老教师都非常提携新人，他们真的是特别兢兢业业，也不怕辛苦，所以不管教学态度，还是［教学］方法，都受他们的影响，或者说［给我的］帮助挺大的。（巴礼）

可见，在滋养、启动、驱动"80后"教师专业成长的"最近过程"中，师生互动的课堂环境、与学生和同事间频繁互动的工作环境，共同构筑了教师专业成长的微观系统。在微观系统中，受建构的高校英语教学子身份认同的内驱力驱动，与"重要他者"——学生和同事的频繁互动交流，又不断促进教师践行积极学习能动性，主动寻求并积极从事英语教育教学改革，在巩固个人英语教学子身份认同的同时，构建了集体教学身份认同和终身学习者的身份认同。

在"80后"教师专业成长过程中，尽管外层系统中的高校科研考核、职称评审和教师考核等政策，对教师从事科研、产出科研成果提出了越来越高的要求，且对"80后"教师具有一定的外力牵引，但这种外力牵引似乎没有和"80后"教师个体主体的动力特征、资源特征一起，有效影响其科研能动性的积极发挥。或者对科研能力恐慌，加上职业角色和家庭角色的冲突，使得这一群体教师科研能动性受限：仅仅被动践行了科研能动性，或践行了有限科研能动性，进而产生了比较强烈的职业焦虑和职业压力，未建构或巩固高校英语教师科研子身份认同。

新时代教师身份认同与能动性的关系研究
——基于天津高校英语教师专业成长的经验调查

我刚开始毕业当老师的时候，[学校] 可能对老师的科研工作要求没有那么严格，老师写论文、发论文都简单一些。然后过了几年之后，科研这块要求就特别严格了，特别高，包括发论文的期刊质量的要求也都高了，所以感觉体会比较深的一点，就是对老师的科研上要求特别高……我觉得科研就像巨石，压得我透不过气来，我想解决这个问题，是因为学校要求必须有科研工作量，如果没有这个要求，我就不会去解决这个问题的……我觉得我自己是绝对不会做科研的，就是因为学校对我们有要求，有硬性的一些要求才去做的，基本是被政策逼的。我一想到这个科研工作量没完成，就去会搞一下科研，别的不会 [主动去做] 了。（巴妍）

导致科研压力不能有效转为科研动力的重要原因，除了外层系统为高校英语教师提供的论文发表期刊较少，学校给予英语教师的支持力度较小等外部原因，更重要的内在原因则是受访的大部分"80后"教师仅具有硕士学位，他们反映所接受的学术训练不足，科研素养有待进一步提高，即个体主体的资源特征不足以内驱教师科研能动性。具体而言，"80后"教师科研能动性受限，不能有效帮助他们化解压力，转为从事科研的动力，他们希冀学校给予更多支持。

[读研究生时] 可能这方面（科研技能）学得也不太扎实，科研方面的功底不是很深，所以现在突然让我搞科研 [有压力]。[此外] 原来写一篇普通的论文，在普通的期刊上发表，但现在普通期刊都难发了。现在的要求高了以后，我感觉我就真的适应不了。我觉得我也岁数大了点儿，适应能力也差点儿，所以我压力挺大的。（巴妍）

需要学校支持 [英语] 专业发展，每个学校的外语专业都有这样一个需求，[希冀] 得到学校支持，得到学校认可。（巴博）

除了个体主体资源特征中的科研素养不足、外层系统发表论文机会少，还有来自高校英语教师专业成长中间系统的消极因素，即高校英语教师职业身份、角色的"加持"，与其在家庭和工作中承担的其他身份和角色产生的矛盾冲突，即多种角色冲突，一定程度上影响了"80后"教师科研能动性的积极发挥，加剧了这一群体教师的科研压力和职业焦虑，这在"80后"女性教师群体的专业成长叙事中似乎更加突出。

[科研] 停滞主要是家里原因要多一些，家里边顾不过来，照顾孩子老人什么的，还得上课，就感觉分身乏术，没有办法继续科研……我很多时候都得孩子晚上睡着以后才能备课，就总得熬夜，好在现在她上幼儿园了……[我的职业生涯] 第一个阶段是老师，第二个阶段是老师和科研者，那两年的确还会申请一些项目，然后做一些翻译什么的，是因为教学那方面可能相对觉得轻松了一些，然后能腾出来一些精力。第三个阶段主要就是妈妈，然后是妈妈和老师。（巴礼）

总之，伴随着改革开放出生、成长的"80后"高校英语教师群体，入职于新世纪，经历了我国自改革开放以来的英语教学改革和高校教师聘任制改革，有十几年的工作经验。通过进一步分析其专业成长叙事，发现这一群体教师在其专业发展的个人生命历程和社会化过程中，基于个人志趣入职高校，成为高校英语教师，在职业生涯早期建立了高校英语教师教学子身份认同，对英语专业和教师职业有着积极情感，对学生和教学认真负责，成为教师专业成长的内驱力，促使其不断追求职业学习，践行学习和教学能动性，并在践行学习和教学能动性的过程中，进一步稳固了高校英语教学子身份认同、终身学习者身份认同，在教学中积累了比较丰富的教学经验，具有熟练的教学技能，并逐渐从学习型新手教师成长为经验型教师。此外，伴随着新时代教育教学改革和学生的变化，他们积极探索英语教学改革，主动参加教学团队或教研室为基础的教师学习共同体（展素贤，2018），不断更新课程内容和教学方法，以实现教书育人之目的。然而，由于个体主体的资源特征中，科研技能不足，加上中间系统多重身份带来的各种责任的叠加和角色冲突，以及外层系统的高校科研政策、教师考核以及论文发表难等的影响，所以"80后"教师个体主体产生巨大的科研压力，或没有时间了解科研领域的最新发展，或没有能力从事科学研究，使其科研能动性受限，或消极从事科研，或发挥着有限科研能动性，导致并未建构或稳固高校英语科研身份认同。总体而言，这一群体教师处在专业成长期，是努力协调多重角色的高校英语经验型教师群体，在追求个体专业成长的社会化过程中，试图得到学生和他人的广泛认可。

可见，和"50后""60后""70后"教师一样，"80后"高校英语教学身份认同构建，一方面受到社会、文化结构的形塑，另一方面更多受到个体主体的动力特征和资源特征的内在驱动以及个体能动建构的综合影响；反过来，高校英语教学、终身学习者的建构和重构，又与个体主体的动力特征和资源特征相互联系、相互影响，成为他们发挥积极学习能动性和教学能动性的不可分割的有机部分（如图8.4所示）。

第五节 适应生存期的"90后"：有激情的学习型高校英语教师

一、"主要看自己的兴趣爱好"——兴趣导向自主选择高校英语教师职业

如表7.1所示（见第七章），玖新、玖时、玖代和玖跨等4名高校英语女教师，均出生在90年代初期，伴随着国家改革开放的全面深化而成长，接受了本科教育和研究生教育。其中，玖新、玖时和玖代获硕士学位，均有两年多教龄；玖跨拥有博士学位，入职不到一年。

在4名"90后"教师的个人成长过程中，我国于2001年加入世贸组织，2008年北京成功举办奥运会，国家越来越重视与世界各国在政治、经济、文化和体育等领域的交流，教育部也力推本科英语教育改革，加强大学英语课程，发展中小学英语教育，鼓励课外英语教育，逐渐点燃了民众重视英语的热情（王定华，2018）。学习英语成为一种社会潮流，也对时值小学、初中和高中的"90后"的英语学习产生积极影响，玖新、玖时和玖代3名"90后"自小对英语感兴趣，在本科阶段选择了英语专业，之后又攻读并获得了英语学科的硕士学位。

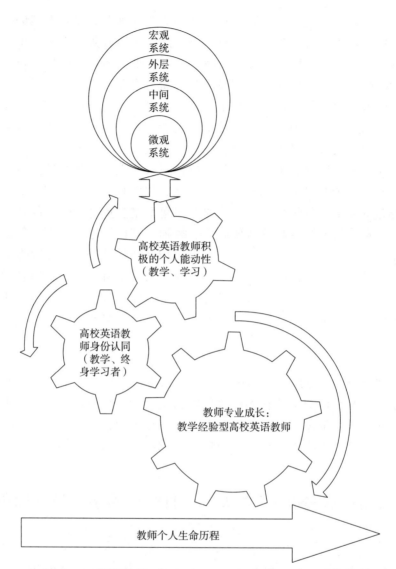

图 8.4 生命历程理论和生态学视角下 "80 后" 教师身份认同与能动性之间的关系

我从小可能比较擅长英语，学英语也多一点儿，主要是因为父母那一代可能英语比较欠缺，很担心我这一代英语再欠缺，所以他们就在我小时候给我做了很多英语方面的补习，包括从小我每天被迫在家里听各种英语的录音或者电影之类的，所以也是英语成绩比较好吧，就理所应当地选这方面的专业（本科英语专业）了。（玖新）

尽管玖跨本科就读的是非英语专业，但其硕士和博士阶段学的是比较文学和世界文学专业，在学习和研究这些学科的过程中，通过比较不同国别使用不同语言所表达的思想、文化，以及汉语和英语的相通相融和语言的共性特征，玖跨对英语语言文学产生兴趣，这成为建构其跨学科身份和英语学科身份的知识基础与"内生动力"。此外，2018 年 8 月，在全国教育大会召开前夕，中共中央在所发文件中首次提出"新文科"概念（黄启兵、田晓明，2020），注重文科各学科间的融通以及文理的交叉融合，构建中国特色社会主义的学科知识体系（马骥，2019），以及当今高校"新文科"建设与实施等，合力形塑了玖跨的跨学科身份和英语学科身份，使其形成了从事外语教学与研究乃顺应了时代潮流的学科意识。

可见，和"60后""70后""80后"一样，由于当时社会对英语的普遍重视以及当今高校"新文科"建设，加上父母的影响，更重要的是由于个人对英语学习和研究的兴趣，"90后"在高考填报本科志愿和进行职业发展规划时，主动选择了英语专业，而重视英语的社会情境、新时代"新文科"建设的国家倡导以及家庭语境则"形塑"了"90后"的英语专业身份认同。

除了"90后"教师个体对英语学科的浓厚兴趣成为其专业身份建构的内生动力，其主动选择高校英语教师职业的主要原因，还在于他们本科、硕士英语专业的学习经历或硕士、博士阶段与英语专业相通相融的比较文学知识体系，为他们从事高校英语教师职业提供了必要的知识和经历资源，进而成为"90后"教师个体主体的重要资源特征。

[之所以选择高校英语教师职业]，印象比较深的，是从接受[本科英语]教育开始，自己[又]到校外去实习，这时候开始接触[英语]教育，然后[硕士]又一直学英语，所以我觉得自然而然形成一个高校英语教师职业倾向。（玖时）

"90后"除了对英语学科有浓厚兴趣，他们也对教师职业感兴趣。可见，"90后"选择做一名高校英语教师，体现了这一代人的职业自主选择特点。换言之，在"90后"教师专业成长的个体叙事中，虽然"重要他者"（Mead，1934；Sullivan，1953），如自己高校英语教师、家长以及社会对教师职业认同的感染，在一定程度上影响了"90后"选择高校英语教师职业，但主要源自他们对英语和教师职业的兴趣和喜爱，这在"90后"教师专业成长的叙事中得到充分印证。

[选择高校英语教师职业]主要还是自己的一个想法，包括自己一直以来的[英语学习]经历……自己一直以来都比较倾向于老师这个职业，所以从本科和研究生开始有相关的一些准备，包括平常一些兼职[做教师]，都会往这方面去接近，所以毕业的那一年，就往教师方向去找工作，然后也是[为了实现]自己的一个梦想，就是比较喜欢当老师这么一个想法……[此外]接触到的高校英语老师都非常的优秀，对我的学习、人生价值观，还有毕业后的职业发展和就业方面都有很关键的一些指导，所以我的老师对我的影响也是比较大的。（玖代）

综上，从"90后"教师专业成长的生命历程和社会化进程的叙事中，发现这一代教师与"80后"教师一样，受专业情感和职业情感引导，主动选择成为高校英语教师，但这一代人的职业选择似乎更受个人对英语专业和教师职业兴趣的内在驱动，而他人或社会影响则非主要影响因素。换言之，在高校英语教师职业选择的过程中，"90后"教师主要从自己兴趣出发，自愿、自主选择了英语专业和高校英语教师职业，乐意并主动成为一名高校英语教师。从这个意义上讲，与"50后""60后""70后"和"80后"教师相比，"90后"教师的职业选择主观上似乎不受当今社会的影响，更多源自个人兴趣爱好，通过高校招聘，成为一名高校英语教师。简言之，个体主体对英语专业和教师职业的情感导向影响了"90后"的高校英语教师职业选择，入职前对教师职业就有积极的情感倾向，建构了比较稳固的英语专业学科身份认同。

二、"在做教学的基础上，再去做科研"——能动建构教学科研型的学习型高校英语教师

虽然4名"90后"教师入职前在研究生阶段学过有关课堂教学的理论和实践，或兼职做过英语教师，但和"50后""60后""70后""80后"教师职业生涯早期阶段一样，参加叙事探究的"90后"高校英语教师正处在职业发展的第一阶段，经历着从学习者身份到高校英语教师身份的转换过程，他们在高校环境努力适应教师身份，学习如何教学和科研。和所有刚入职的教师一样，有不安，有兴奋，在此阶段重点关注自我生存，努力提升自己，正如她们在其专业成长叙事中叙述的一样：

> 现在我感觉自己还是在学习的一个阶段，还在输入，还没有到输出的一个阶段，还是在慢慢地积累自己、提升自己，如果按照教师发展理论来说，应该还是关注自己的一个阶段：怎么样去更好地去适应这个环境，怎么样去提升自己，怎么样去教好自己的课，上好课，还是这样一个阶段。（玖代）

> 还是按照学校当前的人事制度走，就是一个学习者的身份，先来学习，先熟悉学校的环境，先熟悉整个教育，高校教育和高校教育的环境，熟悉之后再慢慢地去适应……先说教学上采取的措施，[第一年当辅导员]，刚上课才一年，相当于刚接触大学生，所以现在应该说是处于探索阶段；然后科研方面就是一个小白，就是探索。（玖时）

尽管4名"90后"教师处在教师职业发展的学习阶段，但可能由于入职前所建构的比较稳固的英语学科专业身份认同、受父母或自己高校英语教师的影响对高校教师的认知较多，以及个体对教师职业的积极情感等因素的影响，他们入职后很快就确立了努力提升自己的总目标，"[提高]对自我的要求，希望自己能进步，不能总留在一个水平"（玖时），正是这一总体目标的内驱力转换成教师个体主体的内在动力，促使她们想办法适应高校环境、教好课、做好科研。在入职后的较短时间内，"90后"教师便能积极能动践行教学和科研实践，更新了入职前狭义的高校英语教师目标身份认同，即高校英语教学子身份认同，从而建构了高校英语教学科研身份认同。

> 其实我们[入职]之前一直以为老师的主要任务是上课，后来才了解到，大学老师想要自身发展，其实还是做科研；若真的想提升自己，对科研是有要求的，但这方面我确实很薄弱。（玖时）

可见，伴随着国家改革开放深入推进而成长的"90后"高校英语教师，其职业选择、

英语专业身份认同和高校英语教师身份认同的构建,虽然受社会文化背景(如社会对英语的重视、"新文科"建设)的一定影响,但巩固、维系并更新入职前的学科专业身份认同和高校英语教学子身份认同的核心动力,源自个体对英语学科和教学的兴趣以及个体主体的动力特征中不断追求个人职业发展目标的引领,这些因素共同促进了"90后"教师在其职业发展的学习阶段,在追求实现个人职业目标的过程中,通过学习如何教学、如何科研,并积极践行教学和科研能动性,不再局限于其狭义的目标——高校英语教学子身份认同,而是通过先教学、后科研,教学和科研协调发展的职业发展路径,建构了教学科研型的高校英语教师身份,在能动建构高校英语教学科研身份认同的同时,又促使她们在教学和科研上不断树立新目标。

三、"高校英语教师就是一个集教学和科研于一体的职业"——身份认同影响能动性践行

如上所述,在"90后"教师专业发展的个人生命历程和社会化进程中,由于受其英语专业兴趣、喜欢教学以及个体主体动力特征"希望自己能进步"的总体职业目标驱动,他们积极践行教学和科研能动性,首先建构了高校英语教学子身份认同,将教学作为一名高校英语教师的首要任务,"面对教学挑战,先把老师这一基本角色做好,[即]先把教学做好"(玖时)。

正是由于她们对高校英语教师的教学子身份和教师教书育人职责的高度认同,受"我想上好课"的个体主体的内在动力驱动,在职业生涯的学习阶段,虽有过担心,但面对教学挑战,努力实现"把课教好"的总体教学目标。而在围绕这一总体教学目标实施时,在促进其专业成长的"最近过程"——课堂教学环境中,积极践行个人教学能动性,针对不同层次的学生需求,积极调整教学目标和教学内容,注重加强与学生的互动交流,积累教学经验,主动进行教学实践中和实践后反思,努力提升教学水平。

> 我教的都是大一、大二那一代小朋友,他们都是"00后"了,那帮小孩和我们[这一代]还是有一定区别的,大家总觉得可能从"90后"开始大家都差不多了,但事实上差别还蛮大的,感觉他们比我们这一代人更容易和别人变得亲近,更不认生。上课时,大概再加上我们比较年轻,他们就很喜欢和我们开玩笑,其实还算挺积极配合的。我之前也担心过,觉得大外(大学英语)这门课,对于很多理科生、工科生来说,可能就是他们非常不看重的课程,所以我当时就在想是不是上课会比较沉闷,但事实上还是可以的,小朋友们还是挺配合的……[但]要接触的学生是各个专业的,所以上课的内容以及上课的目标要根据学生的专业适当地进行调整,就是我上课的时候适当顾及学生的专业……[所以],一般我会经常问学生关于我教学的情况,因为平时也听不到,就会问一些上课比较认真的小朋友,就是问他们一下我最近的教学方法他们觉得怎么样;他们如果有需求,我一般都会根据他们的需求改。(玖新)

可见,和"50后""60后""70后"和"80后"教师一样,"90后"教师的专业成长,主要发生在与学生密切互动的课堂环境。换言之,课堂环境成为滋养教师专业成长

的第一场所,在这一"最近过程"中,"90 后"教师与学生建立了和谐的师生关系,通过与学生的互动交流、调整教学和反思实践等教学能动行动,在巩固、维系高校英语教师子身份认同的同时,进一步促进了教师教学能动性的发挥,两者相互关联,彼此影响,共同促进了"90 后"教师教学水平的提升和学生的成长,并由此给教师带来更多教学激情和教学成就感,正如玖时描述的在课堂环境的"最近过程"所体验的师生互动和教学相长的感受:

> 体验上课的过程,确实是让人很激动、很兴奋的一个过程,我这么说你可能觉得有点夸张,[但]这确实是,就真的[是]你和学生互动的一个过程以及你能亲身感觉到一次比一次效果好的过程,确实是挺让人激动的。刚开始做教育,你可以看到明显的变化:你课堂的变化,还有你学生的变化都是显而易见的,你能感觉到的,确实感觉到的,会挺激动的。(玖时)

在促进"90 后"教师专业成长的"最近过程"中,除了与学生互动交流的课堂环境,还包括适宜教师专业成长的学院环境。在这一"最近过程"的微观系统中,"90 后"教师与年长教师互动交流,通过倾听同事的职业建议,亲历教研组及课题组的教学和科研实践,不仅丰富、拓展了最初的高校英语教学子身份认同,还重构了高校英语教师身份认同,包括教学子身份认同和科研子身份认同,明晰了两者之间的内在关系。

> 除了教学,因为[亲历]大家都比较看重教研和科研,[此外]之前我们学院进行了聘岗改革,明确了大家到底要做哪些事情……高校英语教师就是集教学和科研于一体的一个职业,[所以]要针对不同的学生群体作出教学上的调整,然后以教学促科研、以科研促教学……在当前高校的大环境下,教师不可能只搞教学,是一定要搞教研和科研的。(玖新)

而在重构了高校英语教师身份认同,建构高校英语教师科研子身份认同的同时,进一步激发了"90 后"教师科研能动性的发挥,他们一方面进行科研规划,另一方面主动参加学术讲座和集体科研实践。但由于从教时间短,科研方向和选题仍处在探索阶段,希望得到专家引领。

> 最近这两天就是在听讲座,听听别人的研究成果,看看对自己有没有什么启发,尽量能找到自己感兴趣的点,然后再结合自己上课的真实经历,看看有没有一些触发的点……其实我们也慢慢开始入手科研了,这是怎么都要做的一件事情,当然有这个人事制度改革还是加速了这个过程,但是说到底还是要做科研……我目前面临的最大困难还是科研方面的,需要一些指导。(玖时)

可见,"90 后"建构的高校英语科研子身份认同,促进了其科研能动性的积极发挥,同时个人和环境科研能动性的积极发挥又稳固了其科研子身份认同,两者相互影响,共同作用于"90 后"高校英语教师的专业成长,而这一成长的过程则发生在与同事、研究

第八章 叙事探究结论

对象联系互动的"最近过程"中。

除此之外,在"90后"教师专业发展的个人生命历程和社会化进程中,如同其他年代教师一样,其所"坐落"的中间系统和宏观系统等嵌套的生态系统也积极或消极影响了个人科研能动性的发挥。首先,在中间系统中,存在着教学和科研之间的矛盾,表现在课时量很大,导致没有时间和精力从事科研,这一突出矛盾使其科研能动性受限,进而消极影响了这一群体教师科研能动性的发挥,正如他们如下所叙述的:

> 因为平时课时量确实是很大,非常大,就是公共[英语]课的课时量特别大,导致你就几乎没有时间去研究别的东西了,就真的非常大,跟预想的不太一样……目前为止课时量很大,后面可能会变少,只能自己找时间去听讲座,然后结合自己的工作经历来找一找有没有可研究的点,这是真实存在的压力,但是就只能自己慢慢地去探索。(玖时)

其次,和其他年代教师一样,"90后"教师反映外层系统中的学校政策(如职称评审、人事制度改革、大学英语教学改革等)对她们产生了比较大的影响,形塑了其高校英语教师身份认同,激发了其个体能动性的发挥。例如:对于玖跨而言,晋升职称不仅是其职业追求的目标,更是其科研能动性主动践行的牵引;对于玖新、玖代和玖时而言,大学英语教学改革和人事制度改革,一方面"形塑"了其高校英语教师身份认同,另一方面激发了其教学能动性和科研能动性的践行。

> 学校政策可能对教师影响会大一点儿,英语学科属于基础学科,而我们学校主要是理工科学生,[所以]看学校到底想要把英语摆在一个什么位置,这个情况会影响我们的能动性,包括教学方式……科研方面,有[政策]规定,就是制度方面的影响。(玖时)

此外,像其他年代高校英语教师一样,通过对"90后"教师专业成长的故事分析,我们发现,宏观系统一方面成为"90后"教师个体和群体的叙事空间结构,另一方面宏观系统中的新时代国家政治、教育政策的规约,隐性的立德树人教育价值观念,渗透到她们的个体思维逻辑中,贯穿其教师职业选择、教师身份认同的整个过程,在形塑其高校英语教师身份认同的同时,也积极影响了"90后"教师的教学、科研能动性的发挥。

> 如果说没有这些政策变化[课程思政]的话,我觉得一直可能都是这样授课,或者只根据每年不同学生的情况变化,可能就稍微做一些小的改革。但是这么一个政策变化,其实也是帮助我自己能够让课堂更加丰富,然后也是能够让学生学到更多的东西,觉得更加全面。(玖代)

总之,从新时代入职的"90后"教师专业成长的个人生命历程和社会化历程中可以看出,他们处在高校英语教师职业生涯的学习阶段,如何适应新的高校环境,在高校中立足,是这一群体教师关注的核心问题。无论对教学还是对科研他们都怀有很高的激情,乐于接受有经验同行的帮助，希望并试图在教学和科研上有所建树。教学中，他们努力从学生身份转换为教师身份，积累教学经验；科研上，积极探索，寻求科研兴趣点。

虽然处在适应生存期，但由于个体主体的动力特征、资源特征以及积极教学能动性和科研能动性的发挥，他们能动建构了高校英语教学科研身份认同。而这一身份认同又成为这一群体教师的教学能动性和科研能动性践行的内驱力，表现在：教学上自主确立上好课的教学目标，在课堂环境的"最近过程"通过与学生的互动交流，积极对教学内容和教学方法进行调整，努力积累教学经验，积累并掌握有效的教学技能，进行教学实践反思；科研上，自主确立科研目标，主动行动，听讲座、参加集体科研实践。尽管如此，他们的科研能动性受限，一方面由于教学和科研的矛盾冲突，另一方面由于他们的科研仍处在探索阶段，亟须专家引领。可见，"90后"高校英语教师教学科研身份认同与积极教学和科研能动性相互联系、相互影响，共同促进了这一群体教师的成长（如图8.5所示）。但如何处理教学与科研的关系，合理分配时间，成为"90后"高校英语教师必须面对的问题。

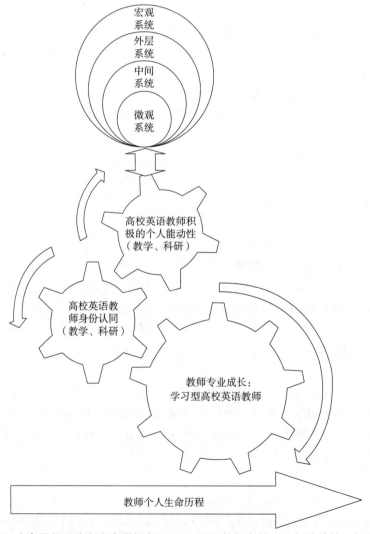

图8.5 生命历程理论和生态学视角下"90后"教师身份认同与能动性之间的关系

第六节　讨论：高校英语教师身份认同和能动性的互动关系、运行机制与特点

从"50后""60后""70后""80后"和"90后"高校英语教师群体或个体叙事中发现，处在不同时代脉络和历史背景下的高校英语教师，受个体主体的身份认同感知、个人能动性和环境能动性的践行，以及不同年代群体所处的政治、社会、文化结构的共同影响，在专业发展的个体生命历程和社会化过程中，构建了不同类型的高校英语教师身份认同，践行了不同程度的个人能动性和环境能动性。同时，教师身份认同与个人、环境能动性之间相互联系、彼此影响，共同促进了高校英语教师专业成长，使不同年代的高校英语教师群体处在不同的职业发展阶段，呈现不同的特征（如表8.1所示）。

表8.1　不同年代高校英语教师职业发展阶段及其特征

出生年代	入职年代	职业发展阶段	特征								
			教师身份认同的建构					教师能动性的践行			
			教学身份认同	科研身份认同	终身学习者身份认同	专业身份认同	身份认同危机或多重角色身份冲突	学习能动性	教学能动性	科研能动性	环境能动性或能动调整引导
50年代	改革开放初期	• 教学科研型高校英语专家教师 • 隐退淡出期 • 强烈职业成就感	√	√	√		—	积极	积极	积极	环境能动性（教学和科研）
60年代	改革开放中期	• 导师型高校英语教师 • 高峰转折期	√	√	√	√	一定程度身份认同危机	积极	积极	积极、有限或抗拒	能动调整引导
70年代	改革开放中期	• 教学科研型高校英语教师 • 稳定期 • 较高职业成就感	√	√	√	√	协调多重角色身份冲突	积极	积极	积极，但产生比较大的科研压力	—
80年代	新世纪	• 教学经验型高校英语教师 • 成长期	√	√		√	多重角色身份冲突	积极	积极	受限（科研能力恐慌）、被动或有限、科研压力大	环境能动性（教学）

新时代教师身份认同与能动性的关系研究
——基于天津高校英语教师专业成长的经验调查

续表

出生年代	入职年代	职业发展阶段	特征								
			教师身份认同的建构					教师能动性的践行			
			教学身份认同	科研身份认同	终身学习者身份认同	专业身份认同	身份认同危机或多重角色身份冲突	学习能动性	教学能动性	科研能动性	环境能动性或能动调整引导
90年代	新时代	• 学习型高校英语教师 • 适应生存期 • 有激情，积极探索英语教学和科研	√	√	—	√	—	—	积极	受限科研能动性（教学工作量大，科研探索）	人际互动

如表8.1所示，每一年代的教师都带有生命历程中的时代痕迹，他们承载着我国教育变革、英语教学改革和英语教育发展的历史，也体现了高校英语教师专业成长历程。

具体而言，在"50后"到"90后"教师专业发展的群体和个体叙事中，无论哪个年代出生的教师，不管是由于"国家需要，党的需要就是我的志愿"，在改革开放初期被动入职的"50后"，还是"我们那个年代是改革开放时期，确实需要外语人才"，由师范、理想导向而"偶然"或主动选择成为高校英语教师的"60后"，还是"喜欢这个工作"，由个人情感和职业发展前景导向的"70后"主动选择高校英语教师职业，还是"个人兴趣及个人职业目标起了决定作用"，由于专业志趣导向而主动选择高校英语教师的"80后"和"90后"，在其个人生命历程和教师专业发展历程中，总体呈现出四种教师子身份认同类型，即专业身份认同、教学身份认同、终身学习者身份认同、科研身份认同。

同时，从最初的职业选择到采取或放弃教学科研行动的过程中，总体而言，不同年代的教师践行了积极教学能动性和学习能动性，却呈现了四类科研能动性，即积极能动性、受限能动性、抗拒能动性、消极能动性。这四类教师科研能动性和从生态学视角提出的教师能动性表现分类框架（理想型能动性、受限型能动性、主动抗拒型能动性、从属型能动性）（刘新阳，2020）及四类能动性的表现形式（高度认可，稳步发展；积极调适，力不从心；内心抗拒，消极应付；思求变，随波逐流）（康铭浩、沈骑，2022）大体一致。

此外，教师身份认同与教师能动性密切联系，形成矩阵互动关系，这一互动关系与教师个体特征和其所"坐落"的生态系统相互作用，促进或抑制了教师专业成长的"最近过程"（如图8.6所示）。

如图8.6所示，在教师身份认同和能动性的互动矩阵的第一象限，在不同年代间和同一年代内高校英语教师专业成长的历程中，在自我身份认同构建和积极能动性的互动中，其专业发展历程总体经历了以下互动联系的、循环往复的动态复杂过程：

入职前，除了"50后"教师，不同年代的高校英语教师均建构了比较理想的或狭义

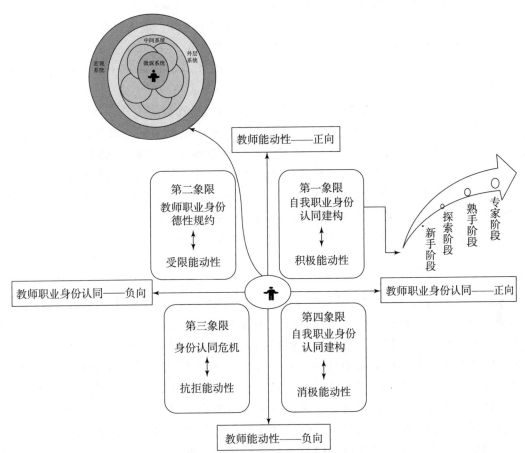

图 8.6　高校英语教师教师身份认同与教师能动性之间的互动关系和运行机制

的高校英语教师目标身份认同,即高校英语教学子身份认同和专业身份子认同,对高校英语教师职业有一个比较模糊的认知。尽管如此,随着教龄的增加,不同年代的高校英语教师的个人教学能动性或环境教学能动性的积极践行和其所"坐落"的生态系统互动联系,影响了高校英语教师职业认知的变化,使他们认识到高校英语教师除了教学,还承担着科研和社会服务等职责。

随着高校英语教师职业认知的变化,其自我职业身份认同感知也相应发生变化。即在巩固入职前或入职初所建构的比较狭隘的高校英语教学子身份认同的同时,这一子身份又更加丰富,且重构了高校英语教师身份认同——既包括高校英语教学子身份,也包括高校英语教师终身学习者子身份认同和高校英语科研子身份认同。

同时,伴随着重构的高校英语教师身份认同,其职业发展目标也相应发生变化,促使高校英语教师积极发挥学习能动性,并处在"过去—现在—将来"的连续体中(阮晓蕾,2018),不断制定短期和长期职业发展目标;并在职业发展目标引导下,进一步促进了个人、环境教学能动性以及个人、环境科研能动性的发挥;而教学能动性、科研能动性的践行程度,又进一步建构、维系、巩固了教学子身份认同和科研子身份认同,或解构了科研子身份认同(如部分"60后"教师)。

此外，高校英语教师身份认同及个人和环境能动性又相互影响，并与教师个体主体的动力特征（如职业情感、积极努力向上的态度和职业目标）、资源特征（如英语专业学习、硕士博士阶段学习等）和需求特征（如性别和性格）互动联系，成为促进教师专业成长的内驱力；同时，教师专业成长又受其所"坐落"的生态系统（微观系统、中间系统、外层系统、宏观系统）的综合影响，成为教师专业成长的外力牵引。

内驱力和外力牵引共同作用，促使高校英语教师教学和科研成长，从一名高校英语新手教师（所有不同年代的教师群体），不愿意当高校英语教师或缺乏教学经验和科研经验的学习型英语教师（所有教师群体），成长为教学经验型英语教师（"80后"）、被认可的教学科研型英语教师（"70后"）、导师型英语教师（"60后"）和教学科研型英语专家教师（"50后"），先后经历了职业适应生存期（"90后"）、成长期（"80后"）、稳定期（"70后"）、高峰转折期（"60后"）和隐退淡出期（"50后"）。

内驱力和外力牵引教师专业成长，则发生在教师专业成长的"最近过程"，内驱力和外力牵引叠加作用，共同启动、维系并促进了教师专业成长的"最近过程"，即高校英语教师与学生、同事进行日常互动联系的微观系统——课堂环境、日常工作环境（包括学院氛围）。具体而言，在课堂内外与学生的互动交流中，一方面学生的需求和变化促进了教师不断更新、改革教学内容和教学方法，积极进行教学反思和教学能动性的践行；另一方面，学生的积极反馈和认可促进了教师的成就感，成就感又进一步巩固了其教学子身份认同和个人、集体教学能动性的践行。除了与学生互动交流，教师在日常工作中，通过与自己感兴趣或喜欢的"英语科研"这一特殊符号互动，主持课题，发表论文，促进了其科研成就感，而成就感又进一步激发了个人科研能动性。总之，在促进教师专业发展的"最近过程"中，高校英语教师通过其所构建的"流动""变化"的职业认知和职业身份认同，与个人、环境能动性以及个人科研能动性的互动联系，促进了教师在教学、科研方面的成长，而影响两者互动联系的因素，主要来自个体特征和生态系统两个方面。

第一，在个体特征中，按照影响大小依次表现为动力特征、资源特征和需求特征三个层面。在个体动力特征方面，主要包括个人职业理想、兴趣（如对英语专业、教学、科研、教师职业等）、单独学习，或与他人发起或参与的教改、科研项目以及追求短期和长期目标的意愿和动机（如回城、改变身份、晋升职称、提升学历层次等）；在资源特征方面，主要包括自主或终身学习能力、大学学习经历获得的英语知识和技能、攻读硕士，特别是博士学位所获得的学术素养和科研能力、借力外部环境资源能力（如参加教师职业发展活动）；在需求特征方面，主要包括男女性别（如女性教师群体产生的职业压力和职业焦虑似乎大于男性教师群体）、性格特点（如爱学习）等，促进或阻止来自外部挫折的反应。

第二，在生态系统方面，除了"最近过程"的微观系统的课堂环境和教师日常工作环境（如教研室、学院环境），还包括中间系统、外层系统和宏观系统。其中，中间系统主要体现在家庭和工作中的相互联系、协调与冲突；教学与科研之间的协调与冲突，如教学任务量大导致教师没有时间从事科研等；多重角色身份冲突和协调。外层系统，主要包括学校政策（如晋升职称、科研考核、绩效考核、对英语学科的政策、教学改革）、英语期刊论文难于发表的学术界、参加教师所在学校外的在职培训和学历层次提升等。

第八章 叙事探究结论

宏观系统,主要包括社会政治环境、主流意识形态、国家教育政策和教育改革政策等,这些均影响了"最近过程"中教师身份认同和能动性的互动关系,进而又使得高校英语教师专业成长呈现出不同职业发展阶段的特点。

总之,在高校英语教师专业成长的个人生命历程和社会化过程中,在结构化的社会环境与个人能动性之间的博弈过程中,受个体主体特征的影响,教师确立个人职业发展目标,积极采取行动,有效利用生态系统的活性因子或生态因子,在自主选择职业发展道路时,建构了正向的自我教师身份认同(包含高校英语教学身份、高校英语科研身份和终身学习者身份),并与积极的个人和环境能动性(包含教学能动性、科研能动性和学习能动性)互动联系,改变了个人生活轨迹的同时,促进了个人专业成长,有强烈的教学科研成就感,成为英语教学科研型专家教师。这在"50后"高校英语教师群体、"60后"刘跨、刘师、刘振等人和"70后"齐胜、齐博、齐分、齐专等人中最具代表性。

相反,在高校英语教师身份认同和教师能动性互动矩阵的其他象限中(第二、三和四象限),教师职业身份认同和能动性的互动关系在一定程度上阻碍了高校英语教师专业发展的"最近过程"。

在互动矩阵的第二象限,如对于"60后"刘调、"70后"齐扩、"80后"巴妍、巴鹅、巴雪、巴展和"90后"玖新、玖时、玖代等高校英语教师而言,在教师专业发展的"最近过程",随着与学生的互动交流,在得到学生认可的同时,产生了一定程度的教学成就感。同时,受强烈的教学责任感和教师职业身份的德行规约,他们发挥了积极教学能动性,但由于未接受过博士阶段系统科研训练,导致其个人资源特征中的科研素养不足,加之受工作和家庭矛盾冲突的制约,不能有效协调多重角色身份冲突,在其专业发展的"最近过程",发挥了受限科研能动性,致使其科研身份认同较弱,两者之间的互动关系阻碍了其专业发展,专业成长受限。

同样,在矩阵的第三象限,如对于"50后"伍学而言,由于受宏观生态系统的社会结构规约,最初不情愿成为一名高校英语教师,在职业发展早期,虽遵守传统的职业规范形成对英语教师身份的初步认识,并建构了狭义的高校英语教师教学子身份认同,但由于其英语专业和身份归属感较弱,职业身份认同弱,产生了教师身份认同危机,影响了其教学能动性的发挥,产生抗拒教学能动性,采取放弃教学岗位的行动(找人事处处长调岗),进而阻碍了其专业发展的"最近过程";而对于"60后"刘硕、刘分而言,在其职业发展后期,受生态系统的中间系统影响(学校大学英语政策和高校行政化),虽对英语科研有一定认知,但并未建构或维系高校英语教师科研身份认同,产生教师身份认同危机,认同自己被"边缘化",成为"边缘人",影响了其科研能动性的发挥,产生抗拒科研能动性,放弃科研行动,阻碍了其专业发展的"最近过程",导致其专业成长停滞。

而在矩阵的第四象限,如对于"70后"齐爱和"80后"巴礼、巴振、巴博而言,在其专业发展的"最近过程",随着与学生、同事和英语专业符号的互动交流,通过发挥积极学习能动性,经历了硕士和博士阶段学习,他们对自己的教学和科研越来越熟练。同时,亲身目睹学生英语学习上的进步以及自己所拥有的教学和科研成就,使他们有强烈的教学和科研认同感,均建构了较强的高校英语教学、科研和学习身份认同。但由于受所处的生态系统的微观系统（如家庭和工作之间的矛盾、缺乏组织支持）和中间系统（教师聘任制度改革）的综合影响，虽有能力从事科研，却发挥了消极科研能动性，进而阻碍了其专业发展的"最近过程"，导致其专业成长停滞。

可见，高校英语教师身份认同、能动性与教师个体特征、环境和时间的相互作用促进（第一象限）或抑制了其专业发展的"最近过程"（第二、三和四象限）。很显然，唯有在教师身份认同与能动性矩阵的第一象限，教师形成强烈的教师身份认同，发挥积极能动性，并与个人特征、环境和时间产生共振，相互促进，其个人职业生涯才能发展到高校英语教学科研型专家阶段（如"50后"教师、"60后"刘跨、刘师、刘振和"70后"齐胜、齐博等）。换言之，高校英语教师身份认同与教师能动性之间的互动关系是教师个人因素、微观系统、中间系统、外层系统和宏观系统多重环境以及时间综合作用的结果，高校英语教师的教师身份认同与教师能动性之间关系的这一互动机制，对新时代高校英语教师以及其他学科教师的专业成长的运行机制有重要的参考价值（详见第九章）。

所以，个体因素、嵌套的生态系统条件和时间参数的相互作用解释了教师身份认同与教师能动性之间关系发挥作用的原因（如图 8.6 所示），这一发现与以往的研究不同（Lasky，2005；Ruohotie-Lyhty、Moate，2016；Toom 等，2015；高雪松，2018）（详见第二章），作者认为两者之间的运行机制是内部因素、外部环境和时间综合作用的结果。

此外，教师身份认同和能动性之间的互动关系的运行机制也有一定特点。第一，两者之间的关系的运行机制呈动态性，这一动态变化过程既受教师个人因素的影响，也受个人生命历程不同阶段的四个嵌套生态系统（即微观系统、中间系统、外层系统和宏观系统）的影响。第二，两者之间关系的运行机制也呈现出代际差异特征。如表 8.1 和图 8.6 所示（详见本章第一节至第五节），与其他年代教师相比，个体主体的动力特征（如强烈的学习动机）和需求特征（积极向上的性格特点）以及宏观系统所隐含的政治、社会和文化结构的形塑作用，似乎在"50后"教师积极发挥个人学习能动性、教学能动性、科研能动性、环境能动性以及教师身份认同感知变化过程中的作用更为显著；而主流社会价值观和教育观在反映和应对、化解"60后"教师职业认同危机的个体能动和协调作用中发挥着重要作用；对"70后"教师而言，在面对改革时的科研压力、身份转换，以及教学、科研能动性的践行方面，他们表现则比较突出，这也是身份认同和能动性之间的相互关系运行机制复杂性的一个重要证据，即两者之间的关系不是单向的、线性的，较差的环境系统会导致两者之间的互动出现刚性；此外，多重角色身份冲突以及个体主体特征中的资源特征（即科研能力不足）对"80后"教师的时间分配和子身份选择（如发挥有限科研能动性）的消极影响更大；而微观系统中的人际互动对"90后"教师身份认知的构建、教学方法和途径的探索、职业目标的规划等方面的影响更为明显。可见，两者之间关系的运行机制具有动态性和复杂性特征，而已有研究，在揭示两者之间关系的运行机制特征方面则显不足（Tusi，2015）。

总之，叙事探究结论表明：不同年代的高校英语教师，在其专业成长的个人生命历程和社会化进程中，成为嵌入特定制度脉络下的社会个体，由于教育理念的传承和教师职业的本质特征，在其身份认同构建及其影响因素、教师能动性内涵及其影响因素以及身份认同和能动性之间的关系方面又存在共性。所以，叙事探究结论进一步回答了研究子问题 1 和 2（见第二章和第四章），并在回答两个研究子问题的基础上，深入探究了高校英语教师身份认同和能动性之间的互动关系、运行机制及特点，进一步揭示了两者的互动关系如何在个体主体的动力特征、资源特征和需求特征等内因驱动下，与所处的外在环境的生态因子发生关联，共同促进了教师专业成长。这一研究结论印证并丰富了定量研究结果和先导研究结论。

第九章 主要发现与讨论

本章在回顾研究的基础上,总结主要研究结论和理论贡献,讨论实践启示和建议,指出研究之不足和未来的研究方向。

第一节 研究回顾

已有研究表明,在外语/二语教师教育领域,教师身份认同和能动性在外语/二语教师专业成长中起着核心作用(Priestley 等,2015;王艳,2013;付维维,2020)。所以,国内外研究者从不同理论视角,分别对外语/二语教师身份认同和教师能动性展开了深入、广泛的研究,取得了丰硕成果,发现外语/二语教师身份认同和教师能动性之间存在密切关系。但在我国外语教师教育研究领域,对于高校英语教师身份认同和能动性之间到底存在着怎样的关系,并以怎样的机制影响着这一群体教师的专业成长,并未进行深入探究(详见第二章)。

为弥补已有研究之不足,本研究从生态学(Bronfenbrenner,2005)和生命历程理论(Thomas、Znaniecki,1996)交叉理论视角(详见第三章),基于我国社会历史变迁中的天津高校英语教师专业成长经验调查,在宏大的时空背景下,聚焦我国社会历史变迁中不同年代的天津高校英语教师,探究这一群体教师的身份认同和能动性之间的关系,以及这一关系以怎样的机制影响了我国高校英语教师的专业成长,以构建新时代高校英语教师专业成长的促进机制,为其他学科教师专业成长提供借鉴和启示。

之所以采用生态学和生命历程理论这一交叉理论视角,是因为这两个理论不仅关注个体发展的时间和空间维度,强调个体生命历程,而且注重个体发展所处的生态环境,包括社会境脉对个体发展的影响,同时又重视个体能动性在社会结构中的反作用。所以,采用这一交叉理论视角,能帮助作者全方位考察天津高校英语教师群体在个体生命历程和社会化进程中,其身份认同和能动性之间的关系,以及两者之间的关系如何影响了他们的专业成长。

为实现研究目的和研究目标,解决了一个核心研究问题,即经历我国社会历史变迁的天津高校英语教师,在其专业成长的个体生命历程和社会化过程中,所构建的教师身份认同和践行的教师能动性以怎样的关系和运行方式影响了他们的专业成长?围绕这一核心研究问题,解决了以下三个研究子问题:

研究子问题 1:处在我国不同社会历史情境中的天津高校英语教师,在个体生命历程和专业成长的社会化过程中,发挥了怎样的教师能动性?哪些因素影响了他们的教师能动性行为？

研究子问题2：处在我国不同社会历史情境中的天津高校英语教师，在个体生命历程和专业成长的社会化过程中，建构了怎样的教师身份认同？哪些因素影响了他们的身份认同建构？

基于研究子问题1和研究子问题2，回答了研究子问题3，即核心研究问题，高校英语教师身份认同和能动性以怎样的关系和运行机制，影响了他们的专业成长？

围绕核心研究问题，针对三个研究子问题，研究分三个阶段进行（详见第四章）。第一阶段为先导研究，不仅由于研究目的之需，更是由于我国高校英语教师身份认同和能动性关系的研究比较欠缺。故在先导研究中，采用定性个案研究，考察了3名不同历史情境下的高校英语教师身份认同构建及其影响因素，对教师身份认同和能动性关系进行了先导研究（详见第五章），结论为第二阶段的经验调查提供了数据依据。

第二阶段为经验调查中的问卷调查，这是因为高信度、高效度的调查问卷和科学的抽样方式，能帮助作者采集大样本的定量数据，为科学的变量关系提供"事实"快照。所以，依据先导研究结论，以"局外人"身份，采用定量研究，对来自天津高校的275名高校英语教师开展了问卷调查，采集了大样本的定量数据。通过定量数据统计，总体调查了教师能动性和教师身份认同之间的关系（详见第六章），研究结论在印证和丰富先导研究结论的基础上，为第三阶段提供了数据保障。

第三阶段为经验调查中的叙事探究，因为叙事探究的内涵特征和本研究目的高度契合，能帮助作者以"局内人"身份，从参与教师群体所经历的个体生命历程和专业成长的社会化进程中，深度解读教师身份认同和能动性之间的关系。所以，基于第二阶段的问卷调查结果，选取了来自二本高校的26名不同年代的英语教师（即"50后""60后""70后""80后"和"90后"教师），对他们展开了叙事探究（详见第七章）。主要以访谈方式采集了丰富的定性数据，通过扎根理论进行定性数据分析，所得结论在补充、丰富和印证第一、第二阶段的研究结论的同时，有效回答了高校英语教师身份认同和能动性之间的关系和运行机制（详见第八章）。

可见，三个阶段相互联系，每个阶段的研究结果为下一阶段提供了研究基础；同时，下一阶段的研究结论又印证并丰富了之前阶段的研究结果；最终三个阶段的研究结论共同回答了三个研究子问题和核心研究问题。

第二节 主要发现

一、高校英语教师能动性现状、践行和影响因素

（一）教师能动性现状

就天津高校英语教师能动性总体现状而言，基于问卷调查结果（详见第六章），这一群体教师具有较高的教师能动性、个人能动性和环境能动性，表明高校英语教师无论是

从个体层面还是从环境层面都能积极参加教师发展活动,这一研究发现似乎和高校英语教师线上教学能动性的定量研究结论相左(康铭浩,沈骑,2022)。

其中,个人能动性显著高于环境能动性,男性教师能动性和环境能动性显著高于女性教师,在读博士和具有博士学位的教师,其个人能动性显著高于拥有硕士学位和学士学位的教师,来自"双一流"高校的英语教师,其教师能动性、个人能动性和环境能动性显著高于来自一本、二本高校的英语教师;而来自二本高校的英语教师,其总体教师能动性、个人能动性和环境能动性显著低于来自"双一流"、教育部直属高校和一本高校的英语教师。但高校英语教师总体能动性、个人能动性和环境能动性在年龄、教龄、职称、所教课程和学生等方面均没有显著差异。

问卷调查之后的叙事探究结论,一方面印证了问卷调查结果:不同年代的天津高校英语教师的教师能动性较高,且个人能动性显著高于环境能动性,特别是具有博士学位的教师,其个人能动性显著高于拥有硕士、学士学位的教师,原因在于拥有硕士、学士学位的教师自感科研能力有限,或发挥了受限科研能动性,或被动践行科研能动性,甚至放弃科研。此外,个人能动性和环境能动性在年龄、教龄、职称、所教课程和学生等方面均似乎没有显著差异。另一方面,虽然部分女性教师群体(如"70后"和"80后"教师群体)面临科研压力、多重角色身份冲突,在发挥科研能动性方面受限,但叙事探究结论似乎不支持男性教师的教师能动性和环境能动性显著高于女教师这一定量研究结果。同时,叙事探究结论也在高校英语教师能动性践行上补充并丰富了问卷调查结果和先导研究结论。

(二)教师能动性践行

第一,在天津高校英语教师个人生命历程和专业成长的社会化进程中,他们发挥了较高的个人能动性,表现在学习能动性、教学能动性和科研能动性的践行上,但存在代际差异。总体而言,不同年代教师均发挥了积极学习能动性,这成为内在驱动力,驱动他们不断自主确立学习目标,借力外部系统的生态因子,通过参加专业发展活动,攻读硕士和博士学位,以提高自己的教学和科研素养。同时,所有年代的教师也在与学生、同事和英语专业这一特殊符号的频繁互动的教师专业成长的"最近过程"中,特别是在课堂教学环境的微观系统(如教研室、教研团队)中,均发挥了积极教学能动性,不断树立和更新教学目标,通过主动反思、向有经验的教师学习、参加教研室共同体和集体教学实践等方式,形成从最初的学习型教师到经验型教师,再到导师型教师,最终成为专家型教师的专业成长经历。

然而,在践行科研能动性上,总体上,"50后""70后"和"90后"教师践行科研能动性的积极性似乎比"60后"和"80后"教师要强,在"最近过程"所采取的科研行动更为主动。相反,在"60后"和"80后"教师中间,部分教师产生了消极科研能动性、受限科研能动性,甚至放弃科研行动等行为。

第二,总体而言,天津高校英语教师的环境能动性低于个人能动性,但也存在代际差异。从叙事探究结论看,"50后"教师的整体环境能动性(包括教学能动性和科研能动性)和"80后"教学环境能动性的践行似乎要高于其他年代的高校英语教师,表现在他们引领并积极参与集体英语教学改革和从事团队课题研究;而在参加叙事探究的其他年代的高校英语教师中,很少引领或参加新时代所倡导的课程教学改革团队、科研攻关团队和以学习共同体模式运行的教研室,特别是对"90 后"教师而言,急需科研团队引领。由此可见,除"50 后"教师外,其他年代的高校英语教师,其环境能动性的践行尚有很大的提升空间。

第三,从叙事探究结论还发现,总体而言,拥有博士学位的高校英语教师,其个人能动性似乎高于不同年代和同一年代内拥有硕士学位的教师。一方面表现在拥有博士学位的教师有很强的学习能动性,终身学习能力强;另一方面,与拥有硕士学位教师相比,他们积极践行科研能动性,无论哪个年代的教师,他们一直积极主动申请课题,发表论文。

总之,不同年代间和同一年代内的高校英语教师,其能动性的践行程度并不相同,究其原因,似乎是多重影响因素共同作用的结果。

(三)影响因素

叙事探究结论呼应了先导研究结论,进一步印证和丰富了问卷调查结果:不同年代间和同一代内的高校英语教师,其能动性践行程度之所以不同,是因为教师内在因素和外在因素的共同作用,它们或促进、或阻碍、或限制了教师能动性的发挥,成为教师能动性践行的积极因素或消极因素。

就促进教师能动性发挥的积极因素而言,不同年代间和同一年代内的高校英语教师,其强烈的教师身份认同感知(包括终身学习者身份认同、教学身份认同和科研身份认同)、职业身份归属、对教师职业的热爱、职业成就感,以及个体主体的动力特征(如动机、兴趣)、资源特征(如硕博学习经历、科研素养和能力)和需求特征(如性格、性别)等教师个体内在因素,以及外在环境因素(如职称评审)等,积极影响了教师能动性(包括学习能动性、教学能动性和科研能动性)的践行,促进了教师个人学习、教学和科研能动性以及环境能动性的发挥,使他们不断在追求专业水平提升、职业目标确立以及教学科研水平提升的教师专业发展过程中,积极发挥了个人能动性和环境能动性。

相反,就制约、阻碍甚至限制教师能动性践行的消极因素而言,不同年代间和同一年代内的高校英语教师,其身份认同危机、缺乏职业身份认同归属、被"边缘化",以及个体主体的动力特征丧失(如缺乏科研动机和兴趣)和资源特征中科研素养与能力的不足等作为教师个体内在因素,与外在环境因素中的微观系统(如缺乏组织支持)、中间系统(家庭与工作之间的冲突、多重角色身份冲突、教学压力大、发表学术论文难)、外层系统(如高校行政化、教师评聘政策、科研压力)等,消极影响了教师能动性,特别是科研能动性的践行,阻碍了教师个人学习、教学和科研能动性以及环境能动性的发挥,使他们的专业成长受限、受阻直至停滞。

以上发现,呼应了有关个人经历、教师信念、发展目标、人际关系和发展环境等高校英语教师职业发展影响因素的已有研究(龙德银,廖巧云,2021;张姗姗,龙在波,2021)。

二、高校英语教师教师身份认同内涵、建构及影响因素

先导研究、经验调查中的问卷调查和叙事探究的研究结论共同表明,出生在不同年代

的高校英语教师,在其专业成长的个人生命历程和社会化过程中,受内外因素的影响,建构了不同类型的身份认同,加持了多种角色身份,教师身份认同建构是复杂的、动态的,并非一成不变的。

(一) 教师身份认同内涵

尽管不同年代的教师有着不同的个人生命历程,经历了不同的社会变迁,但他们承载着相同的身份认同内涵,主要包括(详见第五章和八章):

(1) 对高校英语教师职业的高度认知(如教学科研的融合,终身学习、教学相长)和喜爱,树立终身学习的职业观,作为师者不能止步,要秉承终身学习理念,助力学生成长,在教学相长中实现自我专业成长;

(2) 对高校英语教师身份的认同,特别是对高校英语教师终身学习者和教学身份的认同,能从学生需求出发理解、关爱并帮助学生;

(3) 由高校英语教师的职业认知和身份认同而"赋予"的高校英语教师职责:从学生需求出发,给予学生关心和帮助他们解决困难,促进学生学业和思想的成长;

(4) 具有明确的教学理念,如以学生为中心的教学理念,教学相长,学生成就师者,树立为学生服务的教育理念等。

(二) 动态的教师身份认同建构

天津高校英语教师建构了目标/理想身份认同和实际身份认同,且两种身份认同存在不一致。其中,目标身份认同指教师在未入职或入职初期,对"我想成为怎样的教师"的总体认知(Sfard、Prusak,2005)。由于处在入职前或入职初期,对所从事的高校英语教师职业和教师身份缺乏足够理解,所以高校英语教师目标身份认同往往是模糊的,是不清晰或狭义的高校英语教学子身份认同,是理想化的"好教师"形象,并受其父母或曾教授他们的高校英语教师的影响。换言之,在建构高校英语教师目标身份认同的过程中,父母或原有教师成为他们的角色榜样,不仅影响了其职业选择,而且帮助他们建构了模糊的目标身份认同或理想的教师身份认同。

但随着教龄的增加,在高校英语教师专业成长的个体生命历程和社会化过程中,受其所"坐落"的生态系统影响,在教师专业发展的"最近过程",在与学生、同事和科研及英语专业符号这些特殊对象的频繁互动中,教师通过发挥个人或环境能动性,使得入职前和入职初期所建构的想象/目标身份认同变得越来越清晰,并被实际身份认同所取代,丰富了职业早期所建构的高校英语教学子身份认同,建构了高校英语专业身份认同、终身学习者身份认同和科研身份认同,重构了高校英语教师身份认同,导致目标身份认同和实际身份认同的不一致(详见第八章)。

除了承担职业角色(追求职业学习、从事教学和科研活动),教师还承担着家庭(即父母和子女)和社会角色(如行政工作),导致家庭和社会的多重角色身份加持到其职业角色之中。而在多重角色身份加持的个人生命历程和社会化过程中,由于学校政策这一外层系统的影响,天津高校英语教师普遍存在着比较高的职业压力,特别是科研压力。与男性教师相比,似乎女性高校英语教师承担着更多的家庭责任,职业压力、科研压力似乎更大(详见第八章),这也呼应了已有的相关研究结论(顾佩娅,2014)。

（三）教师身份认同建构的影响因素

如上所述，在对天津高校英语教师成长的个体生命历程和社会化过程的经验调查中，发现教师身份认同的建构处在"流动""变化"的过程之中，而影响这一"流动""变化"的因素，主要由个体主体的能动建构和其"坐落"的生态系统的外在形塑综合影响所致，两者之间的张力作用导致了不同年代群体和个体的教师身份认同建构出现差异（详见第五章和第八章）。具体而言，高校英语教师身份认同构建主要受以下两大类因素的影响：

个体主体能动建构：教师不同身份认同类型的建构主要由个体主体能动建构所致，而个体主体能动建构主要表现在个体主体特征方面以及个人和环境能动性的发挥程度，这两大方面因素形成内驱力，驱动高校英语教师建构了不同的教师职业身份认同。其中，个体主体特征方面，主要体现在动力特征（如动机、兴趣）、资源特征（如硕博学习经历、科研素养和能力以及充分利用环境资源的能力）和需求特征（如性格和性别）；在环境能动性践行程度层面，主要体现在能动性的积极践行上。相反，若受到消极因素的影响，教师能动性消极、受限或停滞，则不能建构高校英语教师教学身份认同或科研身份认同。

生态系统的形塑：除了个体主体的能动建构，在教师身份认同建构的社会化过程中，不同年代的高校英语教师所经历的社会历史时期（如"文化大革命"时期、改革开放时期、新世纪）、教育教学改革（如大学英语教学改革），特别是新时代教育教学改革（混合式教学、多媒体、互联网教学改革以及教师角色转变）对他们的教师身份认知、学术身份认同和教师角色转变具有形塑作用。在"最近过程"的微系统——课堂教学环境和学校环境中，通过与学生和同事的互动交流、学生成长对自我职业成就感的鼓励以及与同事的合作交流等适合教师专业成长的活动过程，建构、稳固并重构了从学习者到教学身份再到教学和科研身份的认同，使他们建构、强化或重构了教师身份认同和职业归属，促进了教师教学科研水平的提升，实现了教师专业成长。相反，当生态系统中某个要素或生态因子（如科研）发生变化，而教师在微观系统、中间系统或外层系统又得不到足够的人力、物力和组织支持，就会失去教学或科研积极性，产生消极、受限能动性，不会树立更高的职业发展目标，进而会产生身份认同危机甚至职业危机感。

三、教师身份认同与能动性关系、影响因素和运行机制

先导研究、问卷调查和叙事探究结论相互印证、相互支持，共同回答了研究的核心问题，发现在天津高校英语教师专业成长的个人生命历程和社会化过程中，结构化的社会环境与个人能动性之间存在多样化的博弈关系（如图8.6所示），教师身份认同和教师能动性之间存在矩阵互动关系。具体而言，在结构化的社会环境和个人能动性之间的博弈过程中，受个体主体特征的影响，教师确立个人职业发展目标，有效利用生态系统的活性因子，积极采取行动，建构了正向自我教师身份认同（包括高校英语教学身份、高校英语科研身份和终身学习者身份），并与积极的个人能动性（包括教学能动性、科研能动性和学习能动性）和环境能动性互动联系（第一象限），在改变教师个人生活轨迹的同

时，促进了个人专业成长。相反，在高校英语教师身份认同和教师能动性的互动矩阵的其他象限中（第二、三和四象限），教师职业身份认同和能动性的互动关系在一定程度上阻碍了高校英语教师专业发展的"最近过程"。

所以，高校英语教师身份认同与教师能动性之间的互动关系是教师个人因素、微观系统、中间系统、外层系统和宏观系统多重环境以及时间因素综合作用的结果。换言之，个体因素、嵌套的生态系统条件和时间参数的相互作用解释了教师身份认同与教师能动性之间关系发挥作用的原因。

此外，教师身份认同和能动性之间互动关系的运行机制呈动态性，具有代际差异特征。具体而言，个人特征和宏观系统在"50后"教师个人、集体积极能动性发挥和教师身份认同感知变化过程中发挥的作用更为显著；主流社会价值观和教育观在反映和应对、化解"60后"教师职业认同危机的个体能动和协调作用中发挥着重要作用；"70后"教师在面对改革时的身份转换选择和教学、科研能动性的践行方面比较突出；多重角色身份冲突对"80后"教师的时间分配和子身份选择的影响更大，产生的科研压力最大；微观系统中的人际互动对"90后"教师身份认知的构建、教学方法和途径的探索、职业目标的规划等方面的影响更为明显。

简言之，天津高校英语教师的身份认同与教师能动性之间的关系是一种矩阵互动关系，并与教师的个人特征、嵌套的生态系统和时间因素共同构成了这种关系的运行机制，具有复杂性和代际差异特点。

四、新时代高校英语教师专业成长的运行机制

基于天津高校英语教师身份认同与教师能动性之间的矩阵互动关系及其运行机制和特点，构建了新时代高校英语教师专业成长的运行机制，反映了新时代高校英语教师专业成长规律，对其他学科教师专业成长具有一定启示作用。

新时代高校英语教师专业成长，如同其他学科教师专业成长一样，并非一蹴而就的教育事件，而是处在动态变化中的教育过程，随着个人的生命历程和所"坐落"的生态系统，包括社会文化境域的变化而发展，在时间维度和空间向度上变化。因此，考察新时代高校英语教师和其他学科教师的专业成长时，需追溯教师个人生命历程中，影响其专业成长的关键人物和事件，并考察其专业成长的社会化进程中所经历的社会变革和教育变革，特别是对其身份认同和能动性具有形塑作用的社会文化境域。

和其他学科教师一样，在高校英语教师专业成长的个人生命历程和社会化进程中，受教师个体因素和外在环境因素共同影响。其中，教师个体因素，包括教师积极身份认同建构（终身学习者身份认同、教学身份认同和科研身份认同）、教师个人能动性（学习能动性、教学能动性和科研能动性）和环境能动性的积极践行，个体主体的动力特征（如对教师职业和专业的兴趣、动机）、资源特征（英语专业学习经历、自我效能感、学术素养和利用外部环境资源的能力）和需求特征（如积极向上的性格），是教师专业成长的内驱力和不竭动力。环境因素包括在教师专业成长的"最近过程"以及促进教师专业成长的生态系统中的活性因子，如：微观系统中学生、同事和领导对教师的积极反馈和肯定以及家庭的支持；中间系统中家庭和工作的平衡、教学和科研的平衡、促进教师专业发

展的政策和措施等；外层系统中导师和同行的积极影响以及教师参加提升学历层次和促进教师专业发展的博士学习经历和其他职业发展活动；宏观系统中隐性的政治、社会和文化等主流意识形态等。这些外在因素作为牵引力，与教师个体因素形成合力，发生同频共振，共同促进了高校英语教师从新手阶段的学习型教师，成长为教学科研型的专家教师。所以，要探究新时代教师专业成长路径，首先要发现影响新时代高校英语教师或其他学科教师专业成长的内外因素，并通过激发、维系教师个体因素的活力和培育、保护生态系统的活性因子，帮助教师构建积极的教师身份认同和发挥积极的教师能动性。

可见，在影响教师专业成长的内外因素中，教师个体因素是内驱力，其中教师身份认同是教师专业成长的核心，教师能动性发挥着关键作用。而教师身份认同和能动性又存在着互动矩阵关系，是教师个人因素、微观系统、中间系统、外层系统和宏观系统多重环境以及时间因素综合作用的结果。在这种互动矩阵关系中，唯有教师构建积极的教师身份认同和践行积极的教师能动性，并与教师其他个人因素和生态系统因素发生共振，两者之间关系才能与其他内外因素处于正向状态，从而驱动教师专业成长。所以，在考察新时代高校英语教师以及其他学科教师专业成长的个人生命历程和社会化进程中，要综合考虑影响教师身份认同和能动性的各种因素，促进教师身份认同和教师能动性的积极践行，创新两者之间关系的有效运行机制，才能有效促进教师专业成长。

综上，总体研究结论不仅丰富了我国已有外语教师教育的研究成果，而且能为新时代我国外语教师和其他学科教师专业发展带来启示，因此这一研究具有重要学术价值和实践意义。

第三节 理论贡献

本研究的主要理论贡献有以下三个：

第一，丰富了已有教师身份认同和能动性关系的研究，阐释了教师身份认同与能动性之间的互动矩阵关系，构建了两者之间关系的运行机制。

在已有国内外教师身份认同和教师能动性关系的研究中，特别是在我国外语教师教育领域，研究者多关注教师身份认同对教师能动性的单向影响，反之亦然（Beijaard 等，2004；黄景，2010；Huang、Benson，2013），在一定程度上忽略了两者之间的互动关系研究，以及两者之间关系的运行机制如何影响了教师专业成长。

本研究从生命历程理论和生态学理论的交叉视角，视高校英语教师为发展中的个体，从个体生命历程的时间维度和个体主体所经历之社会变迁的空间向度，考察了不同年代间和同一年代的内高校英语教师专业成长的历时变化和共时差异，在此背景下进一步揭示了教师身份认同和能动性之间的关系和运行机制，探讨了运行机制的内在特征，弥补了已有教师身份认同和能动性之间关系研究之不足。

第二，丰富了已有研究理论视角所探究的教师身份认同与能动性之间的关系。

在国内外教师教育研究领域，研究者多采用单一理论视角分别对教师身份认同和能动性展开研究，并发现身份认同和能动性之间存在密切关联，但缺乏对这种关联的深入研究。本研究从交叉理论视角，对两者之间的关系进行了深化和拓展的研究（详见第二章)。

采用生命历程理论和生态学的交叉理论视角,从天津高校英语教师的个体生命历程的时间维度和社会变迁的情境向度,在我国社会文化背景下,基于我国高校英语教师的工作场域,以教师专业成长的时间维度和空间向度为坐标,所开展的我国高校英语教师身份认同和能动性关系的本土化实证研究,符合我国高校英语教师专业成长路径。所以,这一交叉理论视角不仅合适,而且丰富了已有研究理论视角所探究的我国教师身份认同与能动性之间的关系。

此外,从交叉理论视角研究我国高校英语教师身份认同与能动性之间的关系,既丰富了我国教师专业发展研究的透视角度,也为外语教师教育领域的实证研究提供新的研究思路,并为其他学科教师专业发展提供了启示和借鉴。

第三,构建了新时代高校英语教师专业成长机制,补充并丰富了已有外语教师发展研究。

为构建新时代高校英语教师专业成长机制,基于不同年代的天津高校英语教师的专业成长经验所开展的教师身份认同和能动性之间关系的研究,不仅深入探究了两者之间关系、运行机制及其特点,而且实现了本研究的总体目标,构建了新时代高校英语教师专业成长机制,深化了对我国高校英语教师专业发展过程的认识,补充并丰富了已有外语教师发展研究,也为其他学科教师发展提供了研究路径。

第四节 实践启示

从研究成果和理论贡献看出,本研究对新时代高校外语教师和其他学科教师、高校教育管理者以及外语教师专业发展促进者有一些有益的实践启示。

一、对新时代高校教师发展的实践专业启示

对于新时代高校英语教师和其他学科教师而言,在宏观层面需关注国家政策方向,把握个体生命历程的关键事件和生态系统的活性因子,不应仅关注教育的微观领域。这就要求高校英语教师和其他学科教师在当今世界所经历的百年未有之大变局中,在我国处于近代以来最好的发展时期,要胸怀天下,在习近平所阐释的"四有"好老师的标准引导下,深刻理解把握"立德树人"的教育总体目标,肩负起"为党育人,为国育才"的历史使命和新时代的责任担当,具有高度的政治责任感和高尚的职业道德,爱岗敬业,关心学生学业和思想成长,努力建构起积极的融终身学习者身份、专业身份、教学身份和科研身份为一体的高校教师身份认同,个人职业生涯规划和专业成长方向需符合国家发展趋势。

在教师专业成长的个人生命历程和社会化进程中,在个人职业生涯的不同阶段,在所坐落的生态系统中,当遇到不利于教师专业成长的矛盾、冲突、困难和其他不利因素时,如中间系统中家庭和工作的矛盾、教学与科研之间的冲突、多重角色身份冲突,外层系统中不能自主的学校政策、发表学术论文难等,而产生职业压力、职业倦怠甚至是身份

认同危机感时,一方面,要学会调整情绪,提升情绪智力,即加工情感信息和解决情绪性问题的能力(Salovey、Mayer,1990),另一方面,要发挥个人积极学习能动性,有效利用生态系统中的活性因子,主动寻求他人、组织支持和专业发展机会,如有经验教师的引领、参加不同形式的学习共同体和职业发展活动,在集体教学和科研实践中,发挥环境能动性,努力构建集体教师身份认同。同时,要努力提升个人专业能力、教学科研素养,以有效发挥个人积极教学能动性和科研能动性,加强对教学和科研的反思,使自己的教学科研成果服务于国家和社会的发展。

二、对新时代高校教师专业发展促进者的启示

对于不同层级的教师专业发展推动者,如高校教师发展中心和院系领导,需关注高校英语教师的代际差异,制定有针对性的教师发展机制。这就要求不同领域、不同层次的教师专业发展促进者,充分考虑高校教师的代际差异,"下沉"到高校英语教师和其他学科教师中间,基于不同年代间和同一年代内教师专业成长的经验调查,深入了解他们的专业发展现状和需求,掌握发展中个体教师的动力特征、资源特征和需求特征,考察他们教师身份认同的自我感知和个人、集体能动性的践行程度,以此为据,为不同年代间和同一年代内的高校英语教师群体和其他学科教师群体提供有针对性的资源和组织支持,培育并维系良好的促进教师专业成长的微观系统,以有效促进高校教师在其专业成长的"最近过程",在与学生、同事和科研及英语专业"符号"互动中,构建积极的教师身份认同,践行积极的学习能动性、教学能动性和科研能动性。

所以,建议不同层级的教师发展促进者为不同年代的高校教师制定有针对性的切实可行的教师发展促进机制。对于积极能动践行的"50后"教学科研型高校英语专家教师而言,要利用他们专业成长中的成功经历和丰富的教学科研经验,即使他们处在职业生涯的隐退淡出期,已经退休,也要充分发挥他们的专家引领作用,短期或长期聘请他们成为教学督导和科研咨询顾问,以指导年轻教师的教学科研发展。对于能动调整引导的"60后"导师型高校英语教师而言,他们处在职业生涯的高峰转折期,或者说职业生涯末期,即将退休,有一定程度的职业倦怠和科研懈怠,在教学、科研、生活和个人兴趣上面临多重能动选择,但他们对年轻教师、个人教学、学生和课堂都充满感情,乐意成为学生和年轻教师的导师,所以要完善实施多重教师评价机制,在尊重教师多重选择的基础上,保护他们的教学热情,激发他们的科研内生动力,充分发挥他们的导师作用。对于积极能动践行的"70后"教学科研型高校英语教师和协调多重角色的"80后"教学经验型高校英语教师,由于他们分别处在职业生涯的稳定期和专业成长期,有短期和长期专业发展目标,是当前的教学、科研骨干,所以要给予他们专业发展政策和专业发展活动的倾斜,理解他们的角色冲突、工作和生活中的压力、科研时间分配上的困难,在施以教学科研支持的同时,要帮助他们解决工作和生活中的困难,激发他们的教学和科研活力,增强他们的心理韧性,即发展中的个体教师在与不同层面生态环境相互作用的复杂动态过程中所形成的心理能力(刘宏刚、褚文秀,2022),促进积极教师身份认同和教师能动性的互动。对于有激情的"90后"学习型高校英语教师,由于他们处在职业生涯初期的学习阶段,亟需有经验的教学科研导师和团队引领,所以要及时了解他们的职业

发展需求，以帮助和引导他们进行职业规划，提供人力、物质资源和组织支持，促进他们快速成长，以帮助他们适应职业责任和教师角色身份，建构起积极的教师身份认同。

三、对政策制定者的建议

对于政策制定者而言，应给予高校教师，包括英语教师更多的人文关怀，避免"一刀切"的政策执行方式。在新时代教育改革背景下，高校英语教师的期望身份与实际身份总是存在差异，导致其产生脆弱性、焦虑感和倦怠感等各种负面情绪。同时，他们在教育改革中的经历和感受使他们产生了一定程度的身份认同危机和角色身份冲突，在一定程度上削弱了他们的教师能动性。所以，政策制定者应充分考虑教师的个体差异，了解他们在现实生活中所面临的困难，倾听他们的声音，在教育政策的制定中给予更多的人文关怀。

第五节 研究局限和未来研究建议

尽管本研究对国内外外语/二语教育领域作出了有益的努力，并为我国高校英语教师的专业发展提供了多方面的启示和借鉴，但仍存在一定的局限性，建议未来研究多关注以下几个方面：

一、扩大研究对象

尽管在外语教师群体中，英语教师占绝对优势，但英语以外的其他外语语种教师也有一定数量；此外，仅基于天津高校英语教师的专业成长经历，来考察教师身份认同和能动性之间的关系有一定的局限性。

所以，未来研究应扩大研究对象，不仅要包含英语语种以外的高校外语教师，而且所选取的高校外语教师应来自我国更多有代表性的其他地区，这样所构建的高校外语教师专业成长运行机制才更具有普遍性。

二、推广性研究

尽管本研究采用定量和定性相互补充、相互印证的研究范式，构建了新时代高校英语教师专业成长运行机制，研究手段也可谓系统、有序、科学，但所采集的定量和定性数据均来自较发达的天津地区，这一结论是否适于发达或欠发达地区，尚待考证。由于经济、文化发展对地区的教育水平有一定的制约作用，这势必会影响教师专业发展经历、教师身份认同和教师能动性之间的关系，以及据此而构建的新时代教师专业发展的运行机制。

所以，期待我国其他地区研究者，如欠发达的西部地区和广大的中部地区研究者采用多样的实证研究手段，去验证和完善本研究所得的研究结论。

三、拓展应用性研究

本研究的总体研究目标是基于天津高校英语教师的专业成长经历，探究教师身份认同和能动性之间的关系，以构建新时代高校英语教师专业成长的运行机制。但所构建的新时代高校英语教师专业成长运行机制，能够在多大程度上促进在职教师专业成长？如何将研究成果融入高校英语教师专业发展的内容和途径中，才能更有效地促进教师专业发展？这些问题的解决，本研究均未涉及。

期望未来研究者采用更多合适的实证研究手段，如基于特定教育场景的个案研究，或在真实社会环境中进行准实验研究，去进一步探讨本研究未解决的问题。

附录 1

调查研究中的高校英语教师专业发展能动性调查问卷

一、您的基本情况（请您选择与您情况相符的答案）

1. 您的性别：A. 男　　B. 女
2. 您的年龄：A. 35 岁及以下　　B. 36~45 岁　　C. 46~55 岁　　D. 56 岁及以上
3. 您的教龄：A. 10 年以下　　B. 11~20 年　　C. 21 年及以上
4. 您的最高学历：A. 本科　　B. 硕士　　C. 博士在读　　D. 博士
6. 您的职称：　　A. 助教　　B. 讲师　　C. 副教授　　D. 教授
5. 您任教的学校类别：A. "双一流"院校
　　　　　　　　　　B. 教育部直属高校（非"双一流"）
　　　　　　　　　　C. 普通一本
　　　　　　　　　　D. 二本院校
7. 您所教英语：A. 大学英语
　　　　　　　B. 研究生英语
　　　　　　　C. 英语类专业英语（如：英语、翻译、商务英语等专业英语）
　　　　　　　D. 专业英语（非英语类专业）
　　　　　　　E. 其他（请注明）_____
8. 您所教的学生层次：A. 专科生　　B. 本科生　　C. 硕士研究生
　　　　　　　　　　D. 博士研究生　　E. 其他（请注明）_____

二、客观题（请根据您的真实想法，选择与您情况最相符的答案）

序号	题项	非常不符合	不符合	不确定	符合	非常符合
1	与学生互动交流，能促进我的科研发展。	1	2	3	4	5
2	我常在优秀同行的激励下进行专业学习。	1	2	3	4	5
3	我经常参加同事 QQ 群或微信群内非正式教学分享与讨论。	1	2	3	4	5
4	我能根据教学、科研发展需求进行专业学习。	1	2	3	4	5

续表

序号	题项	非常不符合	不符合	不确定	符合	非常符合
5	我能主动向领导述说个人教学需求。	1	2	3	4	5
6	我能根据学生需求和大纲要求制订教学目标。	1	2	3	4	5
7	我能主动与优秀同行交流,提高专业学习能力。	1	2	3	4	5
18	我能寻求多种途径进行专业学习。	1	2	3	4	5
9	我能与学生合作,共同完成研究课题。	1	2	3	4	5
10	我能根据学科发展方向,适当调整个人专业学习计划。	1	2	3	4	5
11	我能主动向优秀同行寻求学术建议或学术帮助。	1	2	3	4	5
12	我能根据研究兴趣和研究方向确定科研目标。	1	2	3	4	5
13	当遇到学术研究问题时,我经常审视自己的态度。	1	2	3	4	5
14	与学院领导融洽的人际关系促进了我的专业发展。	1	2	3	4	5

三、多项选择题(请您根据您的真实想法,选择与您情况相符的答案)

1. 下列哪些因素会激励您去追求教学、科研和专业学习?

　A. 职业归属感　　　　　　B. 对教师职业的热爱

　C. 职业成就　　　　　　　D. 先进的教学信念

　E. 组织支持　　　　　　　F. 改革认同

　G. 晋升职称　　　　　　　H. 奖励制度

　其他因素,请另注明:_____

2. 下列哪些因素会阻碍您去追求教学、科研和专业学习?

　A. 对教师职业的倦怠　　　B. 职业归属感的缺乏

　C. 自身能力的不足　　　　D. 传统的教学信念

　E. 组织支持的缺乏　　　　F. 改革认同的缺乏

　G. 教学任务重　　　　　　H. 生活与工作的冲突

　其他因素,请另注明:_____

附录 2

叙事探究的连续、迭代访谈提纲

第一轮访谈

1. 请问，您是哪个年代出生的？"50后"？"60后"？"70后"？"80后"？"90后"？
2. 您何时开始从事高校英语教学的？是否尝试过其他职业？为什么？
3. 您能谈一下您是如何成为一名高校英语教师的吗？
4. 请您描述一下您成长的家庭环境及出生时的社会背景。您认为这些对您成为高校英语教师有影响吗？
5. 请您描述一下您的学习经历。您认为学习经历对您成为高校英语教师有影响吗？请您回忆一下，您经历过哪些大的社会政策、教育改革、教师政策及学校制度？（若经历过，继续追问哪些政策、制度或改革对受访教师有影响，有什么影响。）
6. 在您高校从教生涯中，您是否遇到过对您影响比较大的一些人物或事件？请详细说明一下他们如何影响了您的教学或科研或生活？
7. 请谈一下您当前的工作和生活现状（例如：教学、科研、困境、压力、矛盾、与同事合作交流、与学生关系等）。请用比喻（metaphor）来描述您的教师身份或教学科研现状。为什么用这个比喻描述呢？请详细阐述一下。
8. 回顾您的从教生涯，您会把它分成几个阶段？在不同的阶段，您是如何看待自己的角色的？
9. 您认为社会对教师的态度及角色期待是什么？您怎样看待自己的职责？
10. 您经常对自己的教学、科研和自我发展反思吗？请详细说明一下。

第二轮访谈

1. 您为什么选择高校英语教师这个职业？
2. 从教以来，您现在的教学和原来相比发生了哪些变化？原因是什么？
3. 您是否认为理想中的高校英语教师和现实中的有所不同？（如果是，您是怎样解决这个问题的？）
4. 请问您有过什么样的职业目标？
5. 请您回忆一下，你的教学生涯中，发生过什么对您影响比较大的事件吗？（如换工作，换居住城市，升职，婚育等）。您的职业目标因此发生过改变吗？（如果有，请问您做出改变的动机是什么？）

附录2　叙事探究的连续、迭代访谈提纲

6. 您对自己的教学和科研能力满意吗？您是如何改善或提高的呢？请问您接下来打算怎么做呢？

7. 您参加过哪些教学或科研活动？（如教学比赛、教学团队、研究小组活动或教师培训活动）您是主动参加的吗？

8. 您是如何计划，参与这些教学科研活动的？您如何反思这些活动？

9. 您在意别人（如学生、学校、家庭和社会）对您工作的看法吗？您知道他们给您的评价是什么吗？对此您是如何做的呢？会因此采取什么行动吗？

10. 能否描述一下您平时工作的主要情绪？

11. 在平常工作中，您是否有过情绪失控的时候？您是怎样处理的？

第三轮访谈

1. 您对高校英语教师这个身份或者职业有一个什么样的认知呢？

2. 作为一名高校英语教师，您的高校英语教学、科研目标分别是什么？

3. 为了实现这些教学或科研目标，您都采取了哪些行动或措施呢？

4. 在实现这些目标的过程中，您觉得哪些因素促进了您的目标的实现？

5. 如谈到兴趣、信念、目标、身份认同等，请问什么因素激发了您的兴趣、信念、目标和身份认同？能否详细说明，这些因素如何促进了您的教师身份认同和专业发展？

6. 在实现您的教学和科研目标的过程中，您对高校英语教师这个职业或身份的认知有没有什么转变呢？

7. 在实现这些目标的过程中，您觉得哪些因素阻碍了您的发展？能否详细说明，这些因素如何阻碍了您的发展？

8. 您是如何应对这些因素的呢？

9. 是什么因素激发您采取这些措施的呢？

10. 今后您还希望得到哪些帮助呢？

附录 3

叙事探究的最后一轮深度访谈提纲

1. 请问：您何时从事高校英语教学的？哪些因素（如英语学习经历、出生时的家庭、社会背景或其他）影响了您的选择？

2. 您认为社会（如社会、学校、家庭和学生）对高校英语教师职业或高校英语教师有何看法？您在意他们的看法吗？为什么？

3. 您理想中的高校英语教师的工作和生活是什么样子？您怎样看待自己的职业身份和高校英语教师角色？能否用比喻（metaphor）来描述一下？

4. 能否叙述一下您从教后的工作（如教学、科研、困境、压力、与同事合作交流、与学生关系等）和生活情况（如困难、压力、矛盾或其他）？这和您理想中的高校英语教师一样吗？（追问：有哪些不同或相同？）

5. 能否分享一下您从教后的工作成就？（视情况可追问：您对自己教学、科研或工作满意吗？您打算未来怎样做？）

6. 您如何成长为如今有成就的您？能否详细分享一下你的专业成长经历？（追问：您会把它分成几个阶段？为什么这么分？在这几个阶段中，您对高校英语教师身份和角色有怎样的认知？）

7. 在这几个阶段中，您都有过怎样的教学、科研或其他方面的职业目标？是否实现了？怎样实现的（促进因素是什么）？或为什么没实现（阻碍因素是什么）？

8. 在实施这些目标时，您遇到过哪些困难、困惑或危机？怎样解决的？

9. 回忆您的专业成长经历，您认为国家、学校或学院层面的哪些制度、政策、改革对您有影响？请详细说明一下。

10. 在您的专业成长经历中，哪些人物或事件对您影响比较大？为什么？

11. 平时工作中，您如何和学生、同事、校外同行或其他人互动交流的？请详细说明一下。您认为他们的鼓励重要吗？

12. 平时工作中，您如何对自己教学、科研和自我发展反思的？您又如何鼓励自己的？请详细说明一下。

参 考 文 献

[1] AKKERMAN S F, MEIJER P C. A dialogical approach to conceptualizing teacher identity [J]. Teaching and Teacher Education, 2011 (27): 308 – 319.

[2] BANDURA A. Social cognitive theory: an agentic perspective [J]. Asian Journal of Social Psychology, 1999 (2): 21 – 41.

[3] BARRETT M J. Making (some) sense of feminist post-structuralism in environmental education research and practice [J]. Canadian Journal of Environmental Education, 2005 (1): 62 – 78.

[4] BARKHUIZEN. Reflections on language teacher identity research [M]. New York: Routledge, 2017.

[5] BARKHUIZEN G. A narrative approach to exploring context in language teaching [J]. ELT Journal, 2008 (3): 231 – 239.

[6] BARKHUIZEN G. Narrative approach to exploring language, identity and power in language teacher education [J]. RELC Journal, 2016 (1): 25 – 42.

[7] BEIJAARD D. Teachers' prior experiences and actual perceptions of professional identity [J]. Teachers and Teaching, 1995 (2): 281 – 294.

[8] BEIJAARD D, MEIJER, PAULIEN C, et al. Reconsidering research on teachers' professional identity [J]. Teaching and Teacher Education, 2004 (20): 107 – 128.

[9] BENSON J. Teacher autonomy and teacher agency [A]. In Barkhuizen, Gary. Reflections on Language Teacher Identity Research [C]. NY: Routledge, 2017: 18 – 23.

[10] BIEN A, SELLAND M. Living the stories we tell: the sociopolitical context of enacting teaching stories [J]. Teaching and Teacher Education, 2017 (69): 85 – 94.

[11] BIESTA, GERT, PRIESTLEY, et al. The role of beliefs in teacher agency [J]. Teachers and Teaching: Theory and Practice, 2015, 21 (6): 624 – 640.

[12] BROFENBRENNER B. The ecology of human development [M]. Cambridge: Harvard University Press, 1979.

[13] BRONFENBRENNER U. Making human beings human: bioecological perspectives on human development [M]. Thousand Oaks, CA: Sage Publications, 2005.

[14] BRONFENBRENNER U, MORRIS P A. The bioecological model of human development [A]. DAMON W, LERNER R M. Handbook of child psychology: theoretical models of human development [C]. New York: Wiley, 2006: 793 – 828.

[15] BUCHANAN, REBECCA. Teacher identity and agency in an era of accountability [J].

Teachers and Teaching: Theory and Practice, 2015 (6): 700-719.

[16] BROWN J D. Using survey in language programs [M]. Cambridge: Cambridge University Press, 2001.

[17] CHAN C, CLARKE M. The politics of collaboration: discourse, identities, and power in a school-university partnership in Hong Kong [J]. Asia-Pacific Journal of Teacher Education, 2014, 42 (3): 291-304.

[18] CLANDININ D J, CONNELLY F M. Narrative inquiry: experience and story in qualitative research [M]. 张园, 译. 北京: 北京大学出版社, 2008.

[19] COLDRON J, SMITH R. Active location in teachers' construction of their professional identities [J]. Journal of Curriculum Studies, 1999, 31 (6): 711-726.

[20] CONNELLY F M, CLANDININ D J. Shaping a professional identity: stories of education practice [M]. New York: Teachers College Press, 1999.

[21] CORBIN J M, STRAUSS A L. Basics of qualitative research: techniques and procedures for developing grounded theory [M]. 朱光明, 译. 重庆: 重庆大学出版社, 2015.

[22] DAY C, KINGTONA A, STOBART G. The personal and professional selves of teachers: stable and unstable identities [J]. British Educational Research Journal, 2006 (4): 601-616.

[23] DEVELLIS R. Scale development: theory and applications [M]. Thousand Oaks: Sage Publications, 2003.

[24] EDWARDS, ANNE. Relational agency: learning to be a resourceful practitioner [J]. International Journal of Educational Research, 2005 (43): 168-182.

[25] ELDER, GLEN H. Children of the great depression: social change in life experience [M]. Boulder: West View Press, 1999.

[26] ELDER G H, JOHNSON M K, CROSNOE R. The emergence and development of life course theory [C]//MORTIMER J T, SHANAHAN M J. Handbook of the life course. New York: Kluwer, 2003: 3-19.

[27] EMIRBAYER M, MISCHE A. What is agency? [J] American Journal of Sociology, 1998 (4): 962-1023.

[28] ETELÄPELTOA, VÄHÄSANTANEN K, HÖKKÄ P, et al. What is agency? conceptualizing professional agency at work [J]. Educational Research Review, 2013 (10): 45-65.

[29] FARRELL T S. "Who I am is how I teach?" reflecting on language teacher professional role identity [C]//I BARKHUIZEN, GARY. Reflections on language teacher identity research. New York: Routledge, 2017.

[30] GEE J P. Identity as an analytic lens for research in education [J]. Review of Research in Education, 2001 (25): 99-125.

[31] GOLLER M. Human agency at work: an active approach towards expertise development [M]. Wiesbaden: Springer, 2017.

[32] HIVER P, WHITEHEAD G. Sites of struggle: classroom practice and the complex

dynamic entanglement of language teacher agency and identity [J]. System, 2018 (79): 70 – 80.

[33] HÖKKÄ P, VÄHÄSANTANEN K, MAHLAKAARTO S. Teacher educators' collective professional agency and identity – transforming marginality to strength [J]. Teaching and Teacher Education, 2017 (63): 36 – 46.

[34] HUANG J P, PHIL B. Autonomy, agency and identity in foreign and second language education [J]. Chinese Journal of Applied Linguistics, 2013 (1): 7 – 28.

[35] IZADINIA, MAHSA. A review of research on student teachers' professional identity [J]. British Educational Research, 2013, 39 (4): 694 – 713.

[36] JIN L X, CORTAZZI, M. Reaching for the gold standard: metaphors and good university teachers [J]. Chinese Journal of Applied Linguistics, 2020 (2): 131 – 149.

[37] JOHNSON K, GOLOMBEK R. The transformative power of narrative in second language teacher education [J]. TESOL Quarterly, 2011, 45 (3): 486 – 509.

[38] KAYI A, HAYRIYE. Teacher agency, positioning, and English language learners – voices of pre – service classroom [J]. Teaching and Teacher Education, 2015 (45): 94 – 103.

[39] KORTHAGEN F A J. In search of the essence of a good teacher: towards a more holistic approach in teacher education [J]. Teaching and Teacher Education, 2004 (20): 77 – 97.

[40] LASKY S. A sociocultural approach to understanding teacher identity, agency and professional vulnerability in a context of secondary school reform [J]. Teaching and Teacher Education, 2005 (8): 899 – 916.

[41] LEE S, SCHALLERT, D. Becoming a teacher: coordinating past, present, and future selves with perspectival understandings about teaching [J]. Teaching and Teacher Education, 2016 (56): 72 – 83.

[42] LIDDICOAT A J, TAYLOR L K. Agency in language planning and policy [J]. Current Issues in Language Planning, 2020 (1): 1 – 18.

[43] LIPPONEN L, KUMPULAINEN K. Acting as accountable authors: creating interactional spaces for agency work in teacher education [J]. Teaching and Teacher Education, 2011 (5): 812 – 819.

[44] LYNNETTE B, ERICKSON, STEFINEE P. Consequences of personal teaching metaphors for teacher identity and practice [J]. Teachers and Teaching, 2017 (1): 106 – 122.

[45] MASLACH C, SCHAUFELI W B, LEITE M P. Job burnout [J]. Annual Review of Psychology, 2001 (1): 397 – 422.

[46] MILLER, ELIZABETH R, GKONOU, et al. Language teacher agency, emotion labor and emotional rewards in tertiary – level English language programs [J]. System, 2018 (79): 49 – 59.

[47] MEAD G H. Mind, self and society from the Standpoint of a Social Behaviorist [M]. Chicago: University of Chicago Press, 1934.

[48] NG, PATRICK C L, ESHTHER B Y. Teacher agency and policy response in english language teaching [C]. New York: Routledge, 2016.

[49] ODUM E P, BARRET G W. Fundamentals of ecology [M]. 陆健健, 等译, 北京: 高等教育出版社, 2009.

[50] PENNINGTON, MARTHA C, RICHARDS, et al. Teacher identity in language teaching-integrating personal, contextual, and professional factors [J]. RELC Journal, 2016 (10): 1-19.

[51] PYHÄLTÖ K, PIETARINEN J, SOINI T. Teachers' professional agency and learning - from adaption to active modification in the teacher community [J]. Teachers and Teaching: Theory and Practice, 2015, 21 (7): 811-830.

[52] PRIESTLEY M, BIESTA G J, ROBINSON S. Teacher agency: an ecological approach [M]. London: Bloomsbury Academic, 2015.

[53] RICHARDS J C. Second language teacher education today [J]. RELC Journal, 2008 (39): 158-177.

[54] ROSA E M, DUDGE G. Urie Bronfenbrenner's theory of human development: its evolution from ecology to bioecology [J]. Journal of Family Theory and Review, 2013 (5): 243-258.

[55] RUOHOTIE L M, MOATE J. Who and how preservice teachers as active agents developing professional identities [J]. Teaching and Teacher Education, 2016 (55): 318-327.

[56] SALOVEY P, MAYER D. Emotional intelligence [J]. Imagination, Cognition and Personality, 1990 (3): 185-211.

[57] SCHÖN D. Educating the reflective practitioner [M]. Jossey-Bass: San Francisco, CA, 1987.

[58] SFARD A, PRUSAK A. Telling identities: in search of an analytic tool for investigating learning as a culturally shaped activity [J]. Educational Researcher, 2005, 34 (4). 14-22.

[59] SMAGORINSKY P. The method section as conceptual epicenter in constructing social science research reports [J]. Written Communication, 2008 (3): 389-411.

[60] SOMERS M. The narrative construction of identity: a relational and network approach [J]. Theory and Society, 1994 (5): 605-649.

[61] Sullivan H S. The interpersonal theory of psychiatry [M]. New York: Routledge, 1953.

[62] TAJFEL H, TURNER J C. The social identity theory of intergroup behavior [C]// WORCHEL S, AUSTIN W. Psychology of Intergroup Relations Chicago: Nelson-Hall, 1986.

[63] TASHAKKORI A, TEDDLIE C. Mixed methodology: combining qualitative and quantitative approaches [M]. Thousand Oaks: Sage, 1998.

[64] THOMAS W I, ZNANIECKI F. The polish peasant in Europe and America: monograph of an immigrant group [M]. Urbana: University of Illinois Press, 1996.

[65] TOOM A, PYHÄLTÖ K, O'CONNELL R, F. Teachers' professional agency in cont-radictory

times [J]. Teachers and Teaching, 2015, 21 (6): 615-623.

[66] TSUI A B M. Complexities of identity formation - a narrative inquiry of an EFL teacher [J]. TESOL Quarterly, 2007, 41 (4): 657-680.

[67] WENGER E. Communities of practice: learning, meaning and identity [M]. Cambridge: Cambridge University Press, 1998.

[68] ZEMBYLAS M. Emotions and teacher identity: a poststructural perspective [J]. Teachers and Teaching: Theory and Practice, 2003 (3): 213-238.

[69] 班杜拉. 思想和行动的社会基础: 社会认知论 [M]. 林颖, 王小明, 译. 上海: 华东师范大学出版社, 2001.

[70] 蔡基刚. 危机中的英语专业出路: "外语+"复合型还是专门用途英语? 上海理工大学学报 (社会科学版) [J]. 2023 (3): 227-232.

[71] 常文梅. 教师专业发展的生态化探析 [J]. 教育理论与实践, 2013 (16): 36-39.

[72] 操太圣. 能动性与教师本体性安全 [J]. 全球教育展望, 2011 (5): 45-49.

[73] 陈金平, 程红艳, 周馥郁. 21 世纪国际二语/外语教师心理研究的主题演进及启示——基于 Web of Science 核心文献的可视化分析 [J]. 外国语文, 2013 (1): 160-170.

[74] 陈向明. 质的研究方法与社会科学研究 [M]. 北京: 教育科学出版社, 2000.

[75] 范蔚, 俞明雅. 新世纪教师专业成长策略研究 [J]. 教师教育学报, 2015, (6): 14-20.

[76] 方玺. 国外教师身份认同研究的现状、趋势与启示——基于 2009—2014 年间 SSCI 收录文献的分析 [J]. 湖州师范学院学报, 2017 (3): 102-108.

[77] 傅敏, 田慧生. 教育叙事研究: 本质、特征与方法 [J]. 教育研究, 2008 (5): 36-40.

[78] 付维维. 挣扎与成长: 教师自我身份认同的叙事探究 [J]. 教师教育论坛, 2020 (1): 79-83.

[79] 高立霞. 我国高校英语教师专业发展能动性及其影响因素调查 [D]. 天津: 天津科技大学硕士论文, 2021.

[80] 高立霞, 展素贤. 高校外语教师职业能动性的内涵探究 [J]. 天津电视大学学报, 2021 (1): 72-76.

[81] 高雪松, 陶坚, 龚阳. 课程改革中的教师能动性与教师身份认同——社会文化理论视野 [J]. 外语与外语教学, 2018 (1): 19-28.

[82] 梅瑞迪斯·高尔, 乔伊斯·高尔, 沃尔特·博格. 教育研究方法 [M]. 6 版. 徐文彬, 侯定凯, 范皑皑, 等译. 北京: 北京大学出版社, 2016.

[83] 顾佩娅, 古海波, 等. 高校英语教师专业发展环境调查 [J]. 解放军外国语学院学报, 2014 (4): 51-58+83.

[84] 顾佩娅, 陶伟, 古海波, 等. 外语教师专业发展环境研究综述 [J]. 外语教学与研究, 2016 (1): 99-108.

[85] 谷禹, 王玲, 秦金亮. 布朗芬布伦纳从襁褓走向成熟的人类发展观 [J]. 心理学探新, 2012, 32 (2): 104-109.

[86] 胡文仲．中国英语专业教育改革三十年［N］．光明日报，2008－11－12（11）．

[87] 黄国文．外语教学与研究的生态化取向［J］．中国外语，2016（5）：9－13．

[88] 黄景．教师身份·教师能动·教师自主：二十年从教经历的反思［J］．教育学术月刊，2010（8）：27－31．

[89] 黄琼．PPCT模型下的高职学生潜能开发行动研究——基于成长需要的视角［D］．武汉：华中科技大学，2020．

[90] 教育部高等学校教学指导委员会．普通高等学校本科专业类教学质量国家标准［M］．北京：高等教育出版社，2018．

[91] 教育部高等学校外国语言文学类专业教学指导委员会英语专业教学指导分委员会．普通高等学校本科外国语言文学类专业教学指南（上）．英语类专业教学指南［M］．北京：外语教学与研究出版社，2020．

[92] 姜勇．论教师专业发展的后现代化转向［J］．比较教育研究，2005（5）：67－70．

[93] 蒋玉梅．大学英语女教师的职业生涯发展研究［D］．南京：南京大学，2011．

[94] 康翠萍，王之．论教育仪式中的教师角色及其功能定位［J］．教师教育研究，2021（4）：26－31．

[95] 康铭浩，沈骑．"一带一路"建设背景下高校非英语外语教师能动性研究［J］．外语教育研究前沿，2022（3）：3－11．

[96] 科恩，等．教育研究方法［M］．程亮，等译．上海：华东师范大学出版社，2013．

[97] 赖俊明．教师专业成长：基于"师本化"的视角．［J］教育学刊，2010（1）：74－76．

[98] 李江．从掩蔽到解蔽：教师身份认同的迷失与重塑——基于重庆市1095名中小学教师的调查［J］．当代教育科学，2019（2）：64－69．

[99] 李茂森．教师的身份认同研究及其启示［J］．全球教育展望，2009（3）：86－90．

[100] 李茂森．教师身份认同的影响因素分析［J］．教育发展研究，2009（6）：44－47．

[101] 李强，邓建伟，晓筝．社会变迁与个人发展：生命历程研究的范式与方法［J］．社会学研究，1999（6）：1－18．

[102] 李清雁．困惑与选择：基于身份认同的教师德性养成论［M］．北京：人民出版社，2016．

[103] 李霞，李昶颖．学校文化对高校英语教师学习影响的实证研究——教师能动性的中介作用［J］．外语教学，2021（6）：79－84．

[104] 李霞，徐锦芬．职前英语教师教育实习期身份建构叙事探究［J］．外语教学理论与实践，2022（3）：64－73．

[105] 李晓博．有心流动的课堂：教师专业知识的叙事探究［M］．北京：外语与教学研究出版社，2011．

[106] 李子建，邱德峰．实践共同体：迈向教师专业身份认同新视野［J］．全球教育展望，2016（5）：102－110．

[107] 连榕．新手－熟手－专家型教师心理特征的比较［J］．心理学报，2004（1）：44－52．

[108] 林崇德，等．教师素质的构成及其培养途径［J］．中国教育学刊，1996（6）：16－

22.

[109] 刘杰．教育实习生专业发展能动性研究［D］．长春：东北师范大学，2018.

[110] 刘晶．高校英语教师专业身份发展叙事探究［D］．上海：上海外国语大学，2019.

[111] 刘宏刚．基于 Brofenbrenner 生态系统理论的外语教师发展研究：综述与展望［J］．外语教学理论与实践，2021（2）：56－63.

[112] 刘宏刚，褚文秀．外语教师心理韧性研究——回顾与展望［J］．中国外语，2022（6）：91－97.

[113] 刘良华．教育叙事研究：是什么与怎么做［J］．教育研究，2007（7）：84－88.

[114] 刘新阳．教师"眼高手低"现象解析：生态取径的教师能动性视角［J］．全球教育展望，2019，49（11）：92－106.

[115] 刘艳，蔡基刚．新文科视域下新建商务英语专业教师身份认同研究［J］．西安外国语大学学报，2021（2）：72－77.

[116] 刘洋．教师身份认同建构问题新探［J］．教育理论与实践，2015（33）：42－44.

[117] 刘雨．外语教师的身份认同研究——一项基于黑龙江省5所高校的个案调查报告［J］．外语学刊，2014（6）：132－135.

[118] 刘育红．从身份认同到自主生发：高校翻译专业教师发展路径及解读［J］．西安外国语大学学报，2022（4）：69－73.

[119] 龙德银，廖巧云．新文科背景下高校外语教师的能动性研究［J］．外国语文，2021（5）：139－146.

[120] 卢德生，苏梅．关键事件促进教师专业发展的作用机制分析［J］．教学科学论坛，2016（10）：24－27.

[121] 卢乃桂，王夫艳．教育变革中的教师专业身份及其建构［J］．比较教育研究，2009（2）：20－24.

[122] 卢晓中，王雨．教师身份认同及其提升［J］．高等教育研究，2020（12）：58－66.

[123] 欧阳护华．教学法改革中的组织文化与教师身份重构：人类学视野下中国教师发展的本土路径探索［J］．民族教育研究，2016（6）：40－45.

[124] 彭剑娥．外语教师发展研究的生态学视角［J］．语言教育，2015（4）：37－42.

[125] 齐梅．教育研究方法［M］．北京：北京师范大学出版社，2017.

[126] 齐亚静，王晓丽，伍新春．教师专业发展能动性及影响因素：基于工作特征的探讨［J］．中国临床心理学杂志，2020，28（4）：779－782＋778.

[127] 容中逵．即体即用：一种不容忽视的中小学教师身份认同趋向［J］．全球教育展望，2019（4）：74－80.

[128] 容中逵．中小学教师身份认同构建的基本理路［J］．中国教育学刊，2019（1）：85－88.

[129] 容中逵．基于自律的教师身份认同内部自我统整路径［J］．中国教育学刊，2020（11）：85－91.

[130] 阮晓蕾．生命历程视角下高校英语教师学习能动性个案研究［J］．外语教育研究，2018（4）：9－17.

[131] 阮晓蕾. 课程改革背景下的英语专业教师教学能动性探究 [J]. 山东外语教学, 2020, 41 (3): 121-131.

[132] 桑国元, 叶碧欣, 黄嘉莉. 教师能动性: 内涵、维度与测量 [J]. 中国教育政策评论, 2019 (1): 116-133.

[133] 沈骑. 中国国家外语能力建设40年回顾与前瞻 (1978—2018) [J]. 中国外语, 2019 (4): 43-49.

[134] 史兴松, 程霞. 国内教师身份认同研究: 回顾与展望 [J]. 现代教育管理, 2020 (4): 54-60.

[135] 宋改敏. 教师专业成长的学校生态环境 [M]. 重庆, 重庆大学出版社, 2011.

[136] 宋改敏, 陈向明. 教师专业成长研究的生态学转向 [J]. 现代教育管理, 2009 (7): 49-52.

[137] 孙晨红, 张春宏, 王睿. 教师专业化发展与教师成长 [M]. 哈尔滨: 东北林业大学, 2016.

[138] 孙有中. 振兴发展外国语言文学类本科专业: 成就、挑战与对策 [J]. 外语界, 2019 (1): 2-7.

[139] 孙智慧, 孙泽文. 论教育叙事研究的内涵、结构及环节 [J]. 教育评论, 2018 (2): 36-39.

[140] 唐玉光. 教师专业发展的研究 [J]. 外国教育资料, 1999 (6): 39-43.

[141] 陶丽, 顾佩娅. 选择与补偿: 高校英语教师职业能动性研究 [J]. 外语界, 2016 (1): 87-95.

[142] 陶丽, 李子健. 课程改革背景下教师专业身份的理解与建构——基于师生互动的视角 [J]. 教师教育研究, 2018 (3): 79-85.

[143] 田贤鹏, 姜淑杰. 为何而焦虑: 高校青年教师职业焦虑调查研究——基于"非升即走"政策的背景 [J]. 高教探索, 2022 (3): 39-44+87.

[144] 王定华. 改革开放40年我国外语教育政策回眸 [J]. 课程·教材·教法, 2018, 38 (12): 4-11.

[145] 王飞, 徐继存. 我国中小学教师教育观念的代际差异研究 [J]. 山东师范大学学报 (人文社会科学版), 2018 (2): 100-108.

[146] 王加强, 范国睿. 教育生态分析: 教育生态研究方式初探 [J]. 教育理论与实践, 2008 (7): 7-10.

[147] 王莲. 《英语教学中的教师能动性与政策回应》评介 [J]. 语言战略研究, 2018 (5): 85-96.

[148] 王青, 汪琼. 情感对教师身份发展影响的叙事探究 [J]. 教师教育研究, 2020 (1): 95-102.

[149] 王雪梅. "文革"期间外语专业教育概述 [J]. 燕山大学学报 (哲学社会科学版), 2011 (2): 126-130.

[150] 王艳. 从学习型组织的视角谈建构大学英语教师的专业认同 [J]. 现代大学教育, 2013 (2): 102-106.

[151] 王月丽, 赵从义. 叙事视角下的教师身份研究: 理据、范式与潜势 [J]. 高教探

索，2021（5）：46-51.

[152] 吴明隆．结构方程模型：AMOS 的操作与应用［M］．重庆：重庆大学出版社，2010.

[153] 吴艳，陈永明．教师专业发展［M］．北京：高等教育出版社，2017.

[154] 夏征农，陈至立．辞海：第六版普及本［M］．上海：上海辞书出版社，2010.

[155] 肖丽萍．国内外教师专业发展研究述评［J］．中国教育学刊，2002（5）：57-60.

[156] 谢爱磊，陈嘉怡．质性研究的样本量判断——饱和的概念、操作与争议［J］．华东师范大学学报（教育科学版），2021（12）：15-27.

[157] 徐锦芬，文灵玲．论外语教师教育的创新研究［J］．外语教学，2013（1）：52-55.

[158] 徐锦芬．文灵玲．秦凯利．21世纪国内外外语二语教师专业发展研究对比分析［J］．外语与外语教学．2014（3）：29-35.

[159] 徐淑芹．中国教师身份的伦理分析［J］．教学与管理，2007（19）：3-6.

[160] 许悦婷．大学英语教师在评估改革中身份转变的叙事探究［J］．外语教学理论与实践，2011（2）：41-49.

[161] 许悦婷，陶坚．线上教学背景下高校外语教师身份认同研究［J］．外语与外语教学，2020（5）：12-21.

[162] 寻阳．从教师身份认同看我国英语教师的专业发展——基于中学教师的实证研究［J］．当代教育科学，2015（12）：35-38.

[163] 寻阳，孙丽，彭芳．我国外语教师身份认同量表的编制与检验［J］．山东外语教学，2014（5）：61-67.

[164] 寻阳，郑新民．十年来中外外语教师身份认同研究述评［J］．现代外语，2014（2）：118-128.

[165] 魏海苓，刘建达，田璐．高校英语教师线上教学能动性的实证研究［J］．外语电化教学，2022（5）：45-51.

[166] 文秋芳．中国外语教育70年发展的特点与面临的挑战：在2019中青年语言学者沙龙中的主题演讲［EB/OL］．（2019-01-20）［2019-08-30］．http://www.yidianzixun.com/article/0LAzP9xM.

[167] 杨建新，王雅琪．教师科研发展的生态机制——基于H大学的个案分析［J］．教育学术月刊，2020（12）：67-73.

[168] 杨洲．从教育叙事到教育叙事研究：教师叙事的范式转换［J］．当代教育科学，2016（22）：3-6.

[169] 叶菊艳．叙述在教师身份研究中的运用——方法论上的考量［J］．北京大学教育评论，2013（1）：83-94.

[170] 叶菊艳．专业身份认同：教师队伍质量的核心［J］．人民教育，2018（8）：17-21.

[171] 叶菊艳．教师身份建构的历史学考察［M］．北京：北京师范大学出版社，2017.

[172] 尤伟．我国高校教师发展制度的演变与优化［J］．扬州大学学报（高教研究版），2016（6）：18-21.

[173] 袁丽. 中国教师形象及其内涵的历史文化建构 [J]. 教师教育研究, 2016 (1): 103-109.

[174] 展素贤. 高校教师职业学习共同体的建立、维系与评估 [M]. 天津: 南开大学出版社, 2018.

[175] 展素贤, 薛齐琦. 我国高校英语教师身份认同构建: 自我感知与情境塑造 [J]. 扬州大学学报, 2021 (2): 46-54.

[176] 展素贤, 陈媛媛. 国外教师能动性研究特点及主题分析——基于WOS核心合集的可视化分析 [J]. 继续教育研究, 2022 (7): 75-81.

[177] 展素贤, 侯方兰. 我国教师身份认同研究述评（2004—2021）——基于CiteSpace的文献可视化分析 [J]. 湘南学院学报, 2022 (4): 101-106.

[178] 张华, 许斌. 大学英语教师身份认同的现状与分析——基于浙江省5所大学的调查研究 [J]. 教育科学, 2017 (4): 69-76.

[179] 张姗姗, 龙在波. 活动理论视角下高校英语经验教师专业发展能动性研究 [J]. 外语教学, 2021 (6): 85-90.

[180] 张淑华, 李海莹, 刘芳. 身份认同研究综述 [J]. 心理研究, 2012 (1): 21-27.

[181] 张莲. 高校外语教师专业发展的制约因素及对策: 一项个案调查报告 [J]. 中国外语, 2013, 10 (1): 81-88+102.

[182] 张莲, 左丹云. 叙事视角下高校外语教师过往情感体验对专业身份认同建构的调节研究 [J]. 外语教学, 2023 (1): 46-53.

[183] 张娜. 教师专业发展能动性量表的研制 [J]. 心理研究, 2012, 5 (3): 78-84.

[184] 张娜, 申继亮. 教师专业发展: 能动性的视角 [J]. 教育理论与实践, 2012, 32 (19): 35-38.

[185] 张忠华, 况文娟. 论高校教师专业发展的缺失与对策 [J]. 高校教育管理, 2017 (1): 79-85.

[186] 赵昌木. 教师成长角色扮演与社会化 [J]. 课程·教材·教法, 2004 (4): 57-62.

[187] 周燕. 论外语教育的学科定位与教师的身份认同 [J]. 外语教育研究前沿, 2019 (188): 11-15.

[189] 朱光明, 陈向明. 教育叙事探究与现象学研究之比较——以康纳利的叙事探究与范梅南的现象学为例 [J]. 北京大学教育评论, 2008 (1): 70-78.

[190] 朱旭东. 论教师的全专业属性 [J]. 教育科学研究, 2017 (9): 1-7.

[191] 扎哈维·丹. 胡塞尔现象学 [M]. 李忠伟, 译. 北京: 商务出版社, 2022.

[192] 中国教育改革和发展纲要（中共中央、国务院年月日印发）[J]. 江苏教育, 1994 (Z1): 14-22.

[193] 中共中央关于教育体制改革的决定 [EB/OL]. (1985-05-27) [2024-05-31]. http://www.ce.cn/xwzx/gnsz/szyw/200706/14/t20070614_11750610.shtml.